GÜTERSLOHER VERLAGSHAUS
DIE VISION EINER NEUEN WELT

Chris Paul

Ich lebe mit meiner Trauer

GÜTERSDIE
LOHERVISION
VERLAGSEINER
HAUSNEUENWELT

Inhalt

Einleitung

Trauern ist die Lösung, nicht das Problem! 9

Das Kaleidoskop des Trauerns 10

Überleben – Wirklichkeit begreifen – Gefühle – Sich anpassen – Verbunden bleiben – Einordnen – Begegnungen, die »Trittsteine« auf dem Trauerweg sind – Begegnungen, die »Stolpersteine« auf dem Trauerweg sind

Die ersten Stunden

Der Trauerweg beginnt 25

Trauerfacette Überleben 26

Unwillkürliche Schutzreaktionen – Zusammenbruch? – Zusammenreißen – Das Überleben der anderen – Übung

Trauerfacette Wirklichkeit 33

Plötzliche und gewaltsame Tode als Stolperstein – Spirituelle Wirklichkeit und Rituale – Stolpersteine, die die Wirklichkeit verzerren

Trauerfacette Gefühle 39

Überleben kann wichtiger sein als Gefühle fühlen – Medikamente und Gefühle

Trauerfacette Sich anpassen 43

Nichts ändern können – Handlungsmöglichkeiten oder Bevormundung – Unterstützungsangebote

Trauerfacette Verbunden bleiben 47

Trauerfacette Einordnen 48

Die ersten Wochen

Eine besondere Zeit 51

Trauerfacette Überleben 52

Überlebensstrategien – Fachliche Unterstützung – Übung

Trauerfacette Wirklichkeit 57

Körperliche Wirklichkeit – Der letzte Abschied vom Körper – Die spirituelle Wirklichkeit des Todes – Übung – Wirklichkeit in Worten – Unperfekte Worte – Überwältigende Erlebnisse

Trauerfacette Gefühle 69

Von Fassungslosigkeit über Wut und Liebe bis zum Stress – Gefühle im Körper – Rituale – Übungen

Trauerfacette Sich anpassen 78

Begrenzte Wahlmöglichkeiten – Sachzwänge – Neue Aufgaben

Trauerfacette Verbunden bleiben 83

Trauerfacette Einordnen 84

Ein ganzes Leben zusammenfassen – Wem gehört der Verstorbene? – Bin ich krank oder verrückt?

Das erste Trauerjahr

Der Trauermarathon hat begonnen 91

Trauerfacette Überleben 92

Überlebenshilfen – Fachliche Unterstützung (auch für die weiteren Trauerjahre) – Trauergruppen für Erwachsene – Trauergruppen für Kinder und Jugendliche – Weitere hilfreiche Möglichkeiten – Trauercafe – Wandern, Segeln, Malen, Tanzen – Ärzte, Psychotherapeutinnen, Neurologen, Traumatherapeutinnen – Naturheilkunde, Homöopathie

Trauerfacette Wirklichkeit 111

Alles zum ersten Mal – Feiertage und Urlaube – Wirklichkeit und Zeit

Trauerfacette Gefühle 115

Starke Gefühle aushalten – Körperliche Beschwerden – Wut und Hass – Scham – Neid – Erleichterung – Einsamkeit – Angst – Sehnsucht und Liebe – Rituale –Trauer oder Depressionen

Trauerfacette Sich anpassen 135

Umgang mit den Dingen – Was sage ich wem? – Mitmenschen, »stabile Personen«, »praktische UnterstützerInnen« – Umgang mit den Rollen

Trauerfacette Verbunden bleiben 141

Erinnerungen – Die Angst vor dem Vergessen – Die Angst vor dem Schmerz der Erinnerung – Erinnerungen an überwältigende Situationen – Gegenstände – Orte – Symbole, die wir selber wählen – »Zeichen« – Bleibendes – Übung – Präsenzerlebnisse – Spiritualität und Glauben – Imaginationen – Übungen – Ähnlichkeiten – Vorwürfe und Hass – Mit-Leiden – Verbundenheit mit den Lebenden

Trauerfacette Einordnen 176

Verunsicherung – Wie passt dein Tod zu deinem Leben? – Wie passt dein Tod zu meinem Leben? – Vergeltung oder Vergebung – Wie passen dein Tod und meine Trauer zu meiner Zukunft?

Todestage

Der erste Todestag 185

Trauerfacette Überleben 186

Unklares Sterbedatum – Serie von schweren Tagen

Trauerfacette Wirklichkeit 188

Das eigene Weiterleben – Belastende Erinnerungen

Trauerfacette Gefühle 189

Trauerfacette Sich anpassen 191

Trauerfacette Verbunden bleiben 191
Verbundenheit mit dem geteilten Leben

Trauerfacette Einordnen 193
Beispiele für die Gestaltung von Jahrestagen

Die weiteren Trauerjahre

Trauerwege und Trauerentwicklungen 199

Trauerfacette Überleben 200
Kraftquellen – Darf Freude sein? – Nur Überleben? – Überleben und die anderen Trauerfacetten – Fachliche Unterstützung

Trauerfacette Wirklichkeit 208
Wirklichkeitsmacher – Redeverbote innerhalb der Familie

Trauerfacette Gefühle 212
Gefühle verändern sich – Verlust von Vertrauen in sich selbst – Sorge und Angst

Trauerfacette Sich anpassen 217
Neue Schwerpunkte – Beziehungen verändern sich – Neu verlieben – Ein neuer Platz für die alte Liebe – Die Eifersucht der »Neuen« auf die Verstorbenen – Wieder schwanger werden

Trauerfacette Verbunden bleiben 225
Mit dem Verstorbenen weiterleben – Mit sich selbst weiterleben – Idealisierung – Vermächtnis

Trauerfacette Einordnen 231
»Weil du trotzdem da bist.«

Danksagung 236

Literaturhinweise 237

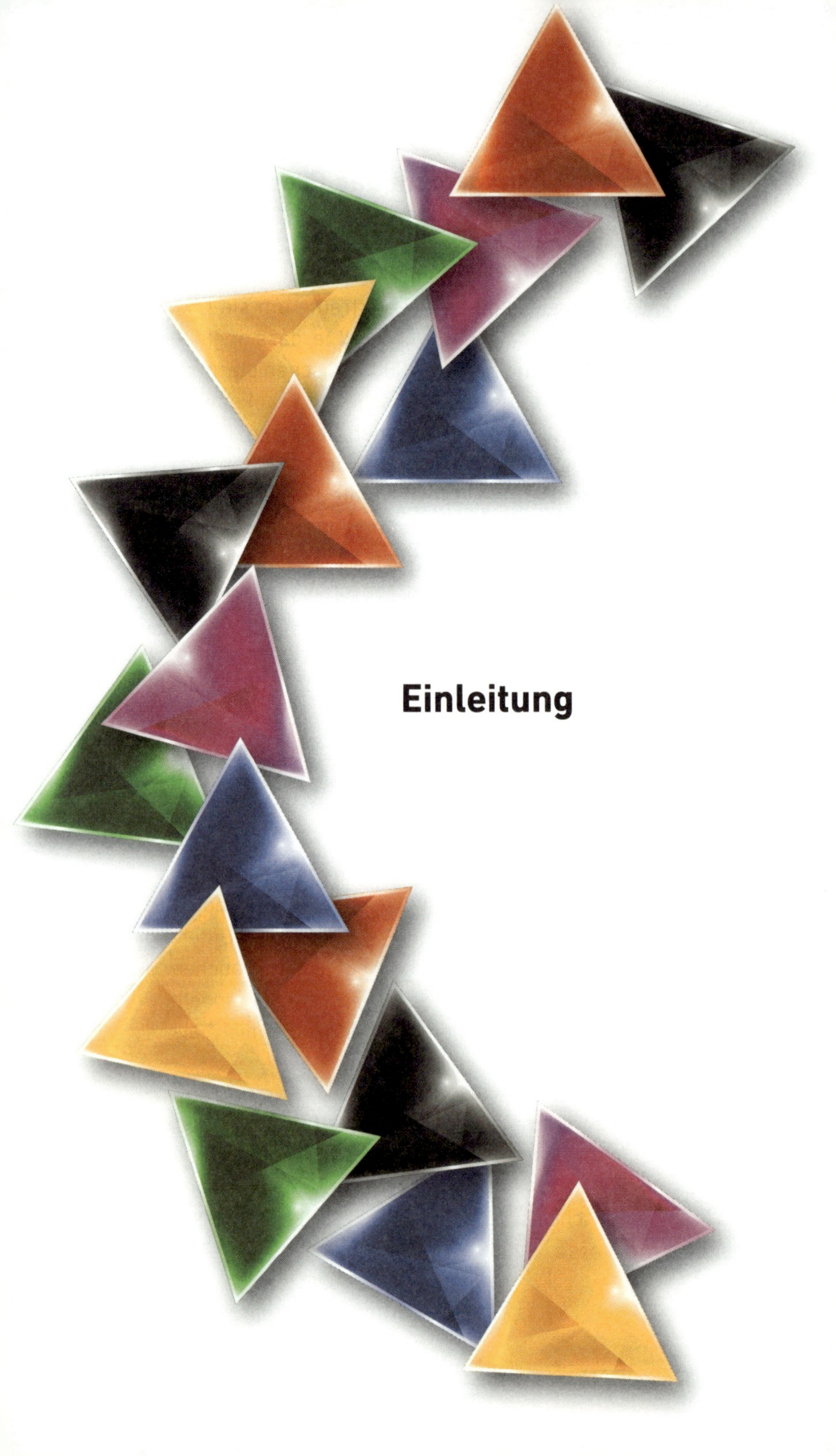

Einleitung

Trauern ist die Lösung, nicht das Problem!

Die Menschheit existiert schon einige zehntausend Jahre und von Anfang an mussten Menschen damit umgehen, dass Familienmitglieder und andere Vertraute um sie herum starben. So ist es bis heute – wussten Sie, dass allein in Deutschland pro Jahr mehr als 800.000 Menschen sterben? Heutzutage sterben die meisten Menschen in Krankenhäusern oder Altenheimen. Andere kommen bei einem Unfall ums Leben, bei einer Naturkatastrophe oder sie töten sich selbst. Die Nachricht von einem Tod fühlt sich oft an, als käme ein wildes Tier und würde den wichtigsten Menschen im eigenen Leben wegreißen. Eigentlich alle Menschen wissen beim Tod eines sehr vertrauten Menschen nicht, wie es weitergehen soll. Doch die menschliche Seele hat eine Art Programm entwickelt, um das eigene Weiterleben zu ermöglichen – das ist der Trauerprozess. Er führt durch die Zeiten von einem Leben *mit* diesem Menschen, der gestorben ist, hin zu einem aushaltbaren Leben *ohne* ihn. Auch wenn Sie keine Ahnung haben, wie Sie den Schmerz und die Unsicherheiten nach einem Tod überstehen sollen – in Ihnen liegt die Fähigkeit, es zu tun.

Vieles werden Sie automatisch »richtig« machen, wenn Sie auf sich selbst hören. Man geht davon aus, dass mindestens 80 Prozent aller Hinterbliebenen keine fachliche Unterstützung für ihren Trauerprozess benötigen. Sie brauchen ihre Freunde und Familien – *jeder Mensch braucht andere Menschen*, aber eben als Freunde und Verwandte, nicht als »Trauerprofis«.

In diesem Buch erläutere ich die vielen Facetten eines Trauerprozesses. Ich möchte Sie anregen und ermutigen und dazu beitragen, dass Sie sich selbst besser verstehen. Und dass Sie die Menschen um sich herum ein bisschen besser verstehen.

Das Kaleidoskop des Trauerns

Der Trauerprozess beinhaltet deutlich mehr als Vergessen und Weitermachen. Trauern, so wie ich es erfahren habe, ist auch deutlich mehr als das Gefühl »Traurigkeit«. Trauerprozesse enthalten viele starke Gefühle und gleichzeitig viele wirre Gedanken. Sie bringen die mühsame Gewöhnung an ein verändertes Leben mit sich und die Auseinandersetzung mit spirituellen Fragen. Vor allem bestehen Trauerprozesse aus Erinnerungen. Das menschliche Überlebensprogramm nach dem Tod von anderen Menschen ruft die vielen Erinnerungen an den Verstorbenen ins Gedächtnis und sortiert sie nach ihrer bleibenden Bedeutung. Es ist wie eine sehr große Kiste voller Fotos und Videos, die angesehen werden. Schöne und beglückende Bilder, aber auch belastende und anstrengende Erinnerungen sind da versammelt. Irgendwann wird klar sein, welche Bilder die wichtigsten und stimmigsten sind. Zu diesen Bildern gibt es Geschichten, die auf den Punkt bringen, wer dieser Mensch war und was er im Guten hinterlassen hat. Trauerprozesse enden nicht mit Vergessen, sie münden irgendwann in »leichtes Gepäck«. Keiner weiß im Voraus, wann das so weit sein wird. Es dauert aber auf jeden Fall länger als sechs Wochen. Für viele dauert es länger als das berühmte »erste Trauerjahr«.

In diesem Buch habe ich die einzelnen Facetten des Trauerns mit feststehenden Begriffen benannt, die Sie immer wieder finden werden. Mitten in einem Trauerprozess fühlt es sich chaotisch und unübersichtlich an. Das löst Gefühle von Hilflosigkeit aus, die lähmend und entmutigend wirken können. Deshalb stelle ich Ihnen diese Struktur zur Verfügung, damit Sie ab und zu einen Blick auf sich selbst werfen können und ein bisschen Orientierung finden.

Die sechs Facetten des Trauerprozesses sind von Anfang an alle zugleich präsent. Sie formen ein Kaleidoskop verschiedener Elemente und Farben, die sich immer neu mischen. Anders als in einem Programm, das Sie von Schritt Eins bis Schritt Sechs nacheinander abarbeiten sollen, beschäftigen Sie sich meistens mit mehreren Facetten gleichzeitig.

Wenn Sie bisher dachten, der Trauerweg sei wie ein schnurgerader Hürdenlauf, bei dem Sie von einem Startpunkt aus in gerader Strecke auf ein Ziel loslaufen, dann verabschieden Sie dieses Bild bitte. Der Trauerprozess ist kein geradeaus laufender Weg. Er ähnelt mehr einer *Spirale* (Sie laufen größer werdende Runden auf einem Sportplatz) oder einem *Labyrinth* (Sie laufen einen *Marathon* durch eine Stadt und werden in vielen Schleifen und Windungen immer durch dieselben Gebiete geleitet).

Jeder trauernde Mensch läuft seinen eigenen Weg im eigenen Tempo, Trauerprozesse sind kein Massenlauf mit der gleichen abgesteckten Wegstrecke für alle. Jeder Trauerweg ist individuell, verschieden von anderen Trauerwegen und doch unterwegs auf denselben Themenfeldern.

Trauern muss nicht »vorbei« gehen, also gibt es keine Ziellinie, wie bei einem Marathon. Es ist eher, als würden die Kreise immer weiter und dabei kämen immer mehr Facetten hinzu: Facetten des Lebens, in denen der Verlust keine Rolle spielt. Und die Gangart ändert sich, wird weniger angestrengt, kann zunehmend wieder ins Schlendern oder auch mal Hüpfen übergehen. In diesen weiter werdenden Kreisen betreten Menschen in unterschiedlich großen Zeitabständen immer wieder auch eine oder mehrere Facetten des Trauerns. Die wiederkehrende Beschäftigung mit den verschiedenen Facetten des Trauerprozesses führt dazu, dass die meisten Menschen erleben, wie die Wucht des Seelenschmerzes und der Ratlosigkeit mit der Zeit nachlässt. Sie finden einen inneren Frieden mit dem, was geschehen ist und sie haben hauptsächlich Erinnerungen, die sie genießen können. Das geschieht bei den meisten Trauernden fast von allein – die Unterstützung ihrer Freunde und Angehörigen reicht als Wegbegleitung. Nur zehn bis zwanzig Prozent der Menschen, die um jemanden trauern, brauchen zusätzlich fachliche Unterstützung.

Wenn ein naher Mensch gestorben ist, dauert dieser Weg durch die verschiedenen Facetten eines Trauerprozesses oft mehrere Jahre. Dieses Buch begleitet Sie durch alle Zeiten Ihrer Trauer – von den Sterbestunden durch das ganze erste Trauerjahr bis zu den weiteren Trauerjahren. Die Facetten des Trauerns mischen sich auf diesem Weg immer neu. Deshalb beschreibe die einzelnen Trauerfacetten ausführlich in jedem Zeitabschnitt. Ich zeige Ihnen, wie vielfältig Sie jede einzelne Trauerfacette ausgestalten können. Hinweise auf die Stolpersteine, die Ihren Trauerweg erschweren können, ergänze ich um viele verschiedene Trittsteine. Mit diesen Hilfen können Sie Schritt für Schritt auch durch schwierige Trauerzeiten gehen.

Dieses Buch ist für Sie auf Ihrem Trauerweg geschrieben. Wenn Sie Ihren engen Familienangehörigen und Freunden das Kaleidoskop des Trauerns nahebringen möchten, können Sie Ihnen das Buch »Wir leben mit deiner Trauer« empfehlen und vielleicht sogar darüber ins Gespräch kommen. Ich habe es für die Menschen geschrieben, die Ihnen den Trauerweg erleichtern und dabei manchmal selbst Unterstützung brauchen.

Kaleidoskop des Trauerns

Überleben

Wirklichkeit

Gefühle

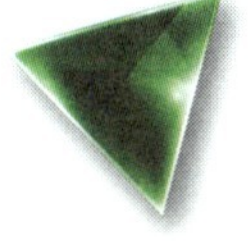

Sich anpassen

Verbunden bleiben

Einordnen

Überleben

Dieser Facette habe ich die Farbe Orange zugeordnet. Leuchtend und schrill wie eine Warnweste. Denn Überleben ist etwas anderes, als es sich gut gehen zu lassen. Überleben ist eine rohe, simple Angelegenheit. Man atmet weiter und übersteht den Tag und die Nacht und den nächsten Tag. Jeder von uns macht das anders. Alles Fühlen, Erinnern und Sprechen ist diesem Anliegen untergeordnet. Überleben hat Vorrang und Überleben ist immer wieder dran *zum Kraftschöpfen und zum Ausruhen* von den Anstrengungen der anderen Trauerfacetten.

Hier eine unvollständige Liste der Möglichkeiten, die wir nutzen, um etwas Erschreckendes zu überstehen:

Ablenken, laute Musik, Fernsehen, Alkohol, Internet. Sich in Arbeit stürzen. Alles so machen wie zuvor. Reden wie ein Wasserfall. Verstummen. Nähe suchen. Sich zurückziehen. Einschlafen. Innerlich abschalten. Ganz viel Sport. Raus in die Natur. An Schönes denken. Aggressiv werden. Beten oder Meditieren. Pflichtbewusst sein. Für andere da sein. Weglaufen. In der Vergangenheit leben. Die Vergangenheit abstreiten. Vieles von dem, was Ihnen an Ihrem eigenen Verhalten seltsam und unvernünftig erscheint, ist eine Überlebensstrategie. Das gilt auch für das Verhalten der Menschen um Sie herum.

Wirklichkeit begreifen

Dieser Facette habe ich die Farbe Dunkelgrau zugeordnet, weil es sich so unerträglich dunkel und bedrückend anfühlen kann, wenn man begreift, dass ein geliebter Mensch »wirklich« tot ist. Es fällt schwer zu verstehen, dass jemand gestorben ist und was das eigentlich bedeutet. Die Möglichkeit, den Sterbenden und dann den Verstorbenen sehen und berühren zu können, hilft dabei. Dieses buchstäbliche »Be-greifen« am Sterbebett, bei einer Totenwache oder beim *Abschiednehmen* unterstützt die *Realisierung des Todes*. Darüber zu sprechen hilft auch dabei, die Wirklichkeit eines Sterbens zu verstehen. Jedes Mal, wenn klar benannt wird, dass jemand gestorben ist (nicht »gegangen« oder »eingeschlafen«), wird der Tod ein Stück wirklicher. Die Geschichte des Abschieds erzählen können, von anderen etwas dazu hören, *sich austauschen* und bestätigen, macht den Abschied wirklicher. Hilfreich beim Realisieren ist auch der *Zugang zu den Informationen* darüber, woran und wie jemand gestorben ist, so entsteht eine zusammenhängende begreifbare Geschichte.

Sterben ist wirklich etwas anderes als Verreisen oder den Kontakt abbrechen. Es ist *end-gültig*, nicht zurück zu nehmen und für immer. Diese Wirklichkeit des Todes lernt man nur mit jedem Tag, der vergeht.

Sterben ist auch deshalb anders als Verreisen, weil es *Fragen nach dem »Danach«* aufwirft. Seelenwanderung? Auferstehung? Schwarzes Loch? Wiedergeburt? Das sind Glaubensinhalte und Überzeugungen, aber sie fühlen sich ganz wirklich und wahrhaftig an und Menschen brauchen diese Vorstellungen für ihr »Begreifen der Wirklichkeit eines Todes«.

Gefühle

Dieser Facette habe ich ein kräftiges Rosa zugeordnet, weil die vielen unterschiedlichen Gefühle so intensiv und stark sind, aber auch zart und zärtlich sein können.

Trauerprozesse enthalten eine Vielzahl von Gefühlen: Verzweiflung, Wut, Ohnmacht, Schmerz, Erleichterung, Angst, Neid, Dankbarkeit, Sehnsucht, Liebe und viele mehr. Alle diese *verwirrenden überwältigenden Gefühle* sind wichtig. Auch wenn sie anstrengend sind, die Konzentration für den Alltag rauben und einem selbst peinlich sind – sie helfen, den Verlust zu bewältigen. *Jedes Gefühl braucht dafür auch einen Ausdruck*, hier einige Beispiele:

Traurigkeit, Verzweiflung und auch Sehnsucht können sich in *Tränen* einen Weg bahnen oder in Rückzug. Wut, Hilflosigkeit und Abwehr äußern sich in Geschrei und Streit oder in

Schweigen und Abwendung. Sehnsucht findet z. B. in Grabbesuchen, Trauertagebüchern, dem Gestalten von Erinnerungskisten oder Fotobüchern ihren Ausdruck. Liebe und Dankbarkeit können sich in Erzählungen und Ritualen ausdrücken.

Der Seelenschmerz drückt sich oft auch körperlich aus. Manchmal verwandelt sich der Seelenschmerz direkt in *Körperschmerz* – z. B. in Magenkrämpfe und Kopfschmerzen. Nicht nur das metaphorische Herz, sondern auch das physische Herz fühlt sich dann schwer an und stolpert. Der Seelenschmerz kann sich in Atemnot, Beklemmungen und starkem Frieren ausdrücken. Die inneren Kreisläufe sind oft so durcheinander wie die eigenen Gedanken und Gefühle – Schlafen und Essen finden dann nur mit Mühe in einen vertrauten Rhythmus zurück. Der Körperschmerz braucht den Ausdruck des Seelenschmerzes, um langfristig wieder in den Hintergrund zu treten!

Sich anpassen

Dieser Facette habe ich die Farbe Grün zugeordnet, weil es um uns herum immer etwas Grünes gibt, und hier geht es um alles, was außerhalb der eigenen Gedanken stattfindet.

Nach dem Tod eines nahen Menschen ändert sich das eigene Leben – manchmal bleibt keine Minute des Alltags, wie sie vorher war. An diese Veränderungen müssen Trauernde sich anpassen. Sie sind gezwungen neue Wege zu finden, mit sich selbst und dem Leben umzugehen.

Diese Veränderungen betreffen das *Zuhause* und den Alltagsablauf. Sie betreffen auch die Rollen und Aufgaben, die man in einer Familie oder Partnerschaft übernimmt. Veränderungen, an die Trauernde sich anpassen müssen, betreffen auch die Reaktionen aller Menschen, denen man begegnet, z. B. in der Nachbarschaft, im Kollegenkreis, in der Lerngruppe oder im Fitnessstudio. Man muss damit umgehen, dass manche Menschen nicht mehr grüßen und andere mit ungebetenen Ratschlägen reagieren.

Es kostet Kraft, sich im veränderten Leben zurechtzufinden und *neue Rollen* und Verhaltensweisen auszuprobieren.

Verbunden bleiben

Dieser Facette habe ich ein leuchtendes Gelb zugeordnet, weil die Verbundenheit mit dem Verstorbenen für viele Trauernde wie ein Sonnenstrahl ist.

Menschliche Beziehungen zwischen Lebenden bestehen aus dem Bewusstsein innerer Verbundenheit, aber auch aus Blicken, Berührungen und gemeinsamen Aktivitäten. Nach dem Tod eines Menschen muss man auf alle körpergebundenen Gemeinsamkeiten verzichten und sich mit gedachten und geahnten Bindungsfaktoren begnügen:

Erinnerungen und Anekdoten ermöglichen ein Gefühl von Verbundenheit. *Träume vom Verstorbenen* und die Wahrnehmung von »*Zeichen*« schaffen ein Gefühl von innerer Verbindung.

Manchmal ist es, als sei der Verstorbene auf eine nicht zu erklärende Weise immer präsent im eigenen Leben, unterstützend und freundlich. Manche empfinden die Verstorbenen wie *gute Geister oder Schutzengel*, die in entscheidenden Momenten spürbar werden und Rat geben.

Verstorbene waren normale Menschen, die *Licht- und Schattenseiten* hatten. Auf der Suche nach innerer Verbundenheit über den Tod hinaus werden beide Seiten und alle Widersprüche auch einer Beziehung näher erinnert. Denn bedrückende und beängstigende Erfahrungen können ebenso innere Bindungen schaffen wie Beglückendes. In dieser Trauerfacette geht es um das *Suchen nach dem, was bleiben soll und dem, was in den Hintergrund treten kann.*

Früher dachte man, Trauernde müssten sich komplett von den Verstorbenen lösen, um sich den Lebenden zuwenden zu können. Das gilt als überholt. Trauernde, die sich mit ihren Verstorbenen in positiver und stärkender Weise verbunden fühlen, sind offen für das Leben und die Menschen darin.

Einordnen

Dieser Facette habe ich die Farbe Blau zugeordnet, Blau wie der Himmel über uns, der so selbstverständlich ist, dass wir ihn oft gar nicht mehr bemerken.

Genauso wenig achten wir im Alltag auch darauf, *welche Gedanken wir denken*, und darum geht es hier. Trauerprozesse bringen nicht nur intensive Gefühle mit sich, sondern sie bewirken auch in unserem Gehirn Höchstleistungen! Jede »*Warum?*«-Frage, jede Suche nach neuem Lebenssinn ist eine Denkaufgabe. Trauernde versuchen einzuordnen und zu bewerten, was ihnen zugestoßen ist.

Der Tod eines nahen Menschen und die eigene Reaktion darauf stellt alle bisherigen *Grundüberzeugungen* in Frage: Stimmt das so noch? Oder muss das jetzt alles noch mal neu interpretiert und geordnet werden? Bin ich das Glückskind, die starke Frau, der gute Mensch, für den ich mich immer gehalten habe? Ist die Welt wirklich gerecht? Habe ich mein Schicksal in der Hand, wie ich immer dachte? Heilt Liebe doch nicht alle Verletzungen und Krankheiten?

Manchmal bestätigt ein Sterben frühere Erfahrungen und tiefe Ängste. Manchmal widerspricht es dem Optimismus, der bisher stets getragen hat.

Die Neubewertung der Vergangenheit färbt den Blick auf die Gegenwart und hat dann auch Auswirkungen auf die *Zukunft*. Je düsterer und hoffnungsloser die Interpretation des eigenen Lebens in der Vergangenheit ausfällt, desto weniger Freude und Zufriedenheit sind für die Zukunft denkbar. Umgekehrt sind Vergangenheitsdeutungen, die Freude und Leid nebeneinanderstehen lassen können, ein guter Ausgangspunkt für wachsende Lebensfreude.

Begegnungen, die »Trittsteine« auf dem Trauerweg sind

Es gibt drei Halt gebende Rollen, in denen Sie andere Menschen auf ihrem Trauerweg erleben werden. Das sind:

Unterstützung durch eine *»stabile Person«*: Die »stabile Person« ist für eine begrenzte Zeit ein »Fels in der Brandung«. Sie steht mitten auf dem Trauerweg und fängt Sie auf, wenn Sie glauben, dass es nicht mehr auszuhalten ist. »Stabile Personen« können gelassen bleiben, egal wie hoch die Wogen der Emotionen um sie herum werden. Eine »stabile Person« kann die eigenen Gefühle und Gedanken ruhig halten und als *Ruhepol und stützender Arm* einfach da sein. Die »stabile Person« kann den Überblick behalten. Auf dem Trauerweg tauchen zu bestimmten Zeitpunkten berufliche Helfer als »stabile Personen« auf, vom Notfallseelsorger bis zur Bestatterin. Auch Freunde und Verwandte können diese Rolle immer wieder für eine kurze Zeit einnehmen. Das ist dann wunderbar, diese Unterstützung von einem vertrauten Menschen zu erfahren. Aber es ist für Freunde und Angehörige mitunter auch eine Überforderung, tage- und wochenlang als »Fels in der Brandung« ohne eigene Tränen und Ängste aufzutreten. Dann ist es gut, die Last auf mehrere Schultern zu verteilen und die Stabilität von berufsmäßigen Helfern annehmen zu können.

»Praktische UnterstützerInnen«: Die praktischen UnterstützerInnen brauchen Tatkraft, verfügbare Zeit und ein Talent für Alltagsbewältigung. Diese praktischen Unterstützungsleistungen sind konkret und zeitlich begrenzt, sie finden sich in allen Abschnitten direkt neben dem Trauerweg. Praktische Unterstützung kann sein: jemanden anrufen, etwas zu trinken besorgen, jemanden fahren, Informationen einholen und weitergeben, für ein Gespräch zur Verfügung stehen, im Haushalt und Garten helfen, anwesende Kinder beschäftigen und versorgen usw. Praktische Unterstützungsleistungen sind

zeitlich begrenzt und beziehen sich auf konkrete Aspekte der veränderten Lebenssituation. Viele verschiedene praktische Unterstützungsleistungen werden im Lauf des Trauerweges an verschiedenen Stellen gebraucht und es ist gut, dafür viele verschiedene Menschen mit verschiedenen Talenten ansprechen zu können.

Unterstützung durch »mitmenschliche Normalität«: Diese Unterstützenden sind am Rand des Trauerweges und in der Mitte des Lebensweges zu sehen, sie zeigen Anteilnahme und Rücksicht, aber alles in allem sind sie in einer Normalität verhaftet, die Ihnen selbst vielleicht abhandengekommen ist. Mitmenschliche Unterstützung kann wohltuend sein, weil sie Ihnen hilft, die Teile des Lebens, die nicht zerbrochen oder in Frage gestellt sind, wahrzunehmen.

Begegnungen, die »Stolpersteine« auf dem Trauerweg sind

Es gibt die unterstützenden und tröstenden Menschen auf dem Trauerweg, es gibt aber auch Begegnungen, die zu Stolpersteinen werden. Menschen, die Trauernden ausschließlich mit Angst und Sorge begegnen, werden wie zu einem »Zerrspiegel« in einem Spiegelkabinett. Dort sieht man sich ganz verzerrt – und jede einzelne Verzerrung ist hässlich. Wird man etwa mit übergroßer Sorge angeschaut, nimmt man sich nur in seiner Schwäche wahr und findet kein Echo für die eigene Überlebensfähigkeit. Ähnlich wirken unprofessionelle Helfer, die Trauernden alles aus der Hand nehmen wollen und sie dabei regelrecht entmündigen. Verzerrend wirkt es auch, wenn die Müdigkeit und der Rückzug, die neben vielem anderen zum Trauerprozess gehören, nicht akzeptiert werden.

Die ersten Stunden

Der Trauerweg beginnt

Mit dem Moment des Sterbens bzw. mit dem Eintreffen einer Todesnachricht beginnt der Trauerweg. Es kann sein, dass Sie vorbereitet auf diesen Weg zu gegangen sind, bei längeren Erkrankungen gab es schon viele kleine und große Trauerwege als Reaktion auf die Verluste, die die Erkrankung mit sich gebracht hat. Bei plötzlichen Toden gibt es keinen Übergang, das bisherige Leben endet von einer Sekunde auf die andere. Der Moment des Sterbens ist aber immer etwas Besonderes. Für die Angehörigen und Freunde des sterbenden Menschen bedeutet er: Hier endet die Hoffnung auf ein Wunder. Sterben ist nicht umkehrbar. Der Tod ist end-gültig.

Wahrscheinlich lesen Sie dieses Kapitel erst einige Wochen, nachdem die Todesnachricht Sie erreicht hat. Dann werden Sie sich in manchem wiedererkennen, und vielleicht einiges besser verstehen. Die Reaktionen auf das Sterben eines Menschen können sehr unterschiedlich sein, und sie werden von vielen verschiedenen Dingen beeinflusst.

Es gibt *Trittsteine*, die die ersten Schritte in die veränderte Lebenssituation über sicheren Boden leiten: Vorbereitet sein auf das Sterben, genug Zeit und Raum mit dem Sterbenden und Verstorbenen, Handlungsmöglichkeiten und Beteiligtsein, Gemeinschaft, sachkundige Unterstützer.

Es gibt auch *Stolpersteine*, die das Erleben des Sterbens oder der Todesnachricht wie ein Stolpern oder Stürzen erleben lassen: Plötzliche Todesursachen, dramatische Bilder vom Sterben, nicht dabei sein können/dürfen, Alleinsein, Bevormundung, unsichere und einengende Unterstützer.

Darüber hinaus sind Reaktionen auf einen Tod so, wie jemand grundsätzlich mit Gefühlen umgeht und wie er typischerweise in Krisen reagiert.

Zu Beginn des langen Trauerweges sind bereits alle Bereiche des Trauerns präsent: unterschiedlichste Gefühle, die Suche nach Verbundenheit, die Notwendigkeit von Anpassung und sogar das Einordnen in Geschichten. Aber es stehen zu Beginn zwei Facetten im Vordergrund, das sind die Facetten:

- Überleben – weil es schier unerträglich sein kann, wenn jemand gestorben ist.
- Wirklichkeit – weil die direkte Begegnung mit dem Sterben und dem gerade Gestorbenen unseren Sinnen eine besondere Form des Realisierens ermöglicht.

Trauerfacette Überleben

Diese Facette des Trauerns wird oft übersehen, aber sie hilft, das Verhalten vieler Menschen zu verstehen. Ich habe sie deshalb noch vor die Facette der Wirklichkeit und der Gefühle gesetzt. Wenn jemand stirbt, der uns zwar vertraut war, aber nicht existentiell wichtig für unser Leben, dann reagieren wir: traurig und ungläubig, erschrocken und bestürzt, aber wir können weiter atmen, gehen und denken. Dann können wir gleichzeitig weinen und überlegen, was als nächstes zu tun ist. So reagieren wir manchmal auch, wenn wir genug Zeit hatten, uns auf diesen Moment vorzubereiten. Aber manchmal ist es auch so, dass es sich anfühlt wie eine lebensbedrohliche Amputation, wenn jemand stirbt, der das eigene Herz fast ganz ausgefüllt hat.

Jetzt geht es darum, wie es gelingt, allein weiterzuleben und nicht mit zu sterben. Wie gelingt es, den nächsten Atemzug zu tun? Was unterstützt dabei, weiterleben zu wollen?

Unwillkürliche Schutzrektionen

Die Trauerfacette »Überleben« wird oft unwillkürlich ausgelöst, wir entscheiden uns nicht dafür, es passiert uns. Denn der Körper hat ein eigenes *Überlebensrettungsprogramm*, er versetzt Menschen, die eine schwere seelische Erschütterung durchleben, in einen Schockzustand. Dabei werden die Sinnesorgane schärfer, manche Gerüche, Bilder, Geräusche werden extrem intensiv wahrgenommen – aber nur in einem bestimmten Ausschnitt. Es ist wie ein *Tunnelblick*, der alle Sinne ergreift. Dieser Tunnelblick schützt Sie auf seine eigene Art. Viele Menschen sprechen von dem Gefühl, in Watte gepackt zu sein oder unter einer Art Käseglocke zu stehen. In dieser Schutzhülle wird die Vielfalt der Ereignisse ausgeblendet, und nur die Reize, die man gerade verarbeiten kann, kommen an. Das fühlt sich merkwürdig an, weil es Ruhe ermöglicht, wo man sonst verrückt würde. In dieser Schutzhülle spürt man sich selbst nur unvollständig: Hunger, Durst, Frieren, Müdigkeit und sogar körperliche Schmerzen werden nicht wahrgenommen. Leider trennt der *unwillkürliche Schutzmantel* auch von anderen Menschen, die mit ihren Gesten und Worten nur unvollständig durch die Hülle hindurchkommen. In den ersten Stunden nach einem erschütternden Erlebnis überwiegt der Nutzen dieses unwillkürlichen Schutzprogramms. Zu Beginn des Trauerweges kann es hilfreich sein, nicht nach rechts und links zu sehen, sondern einfach loszulaufen. Doch je länger »die Käseglocke« andauert, desto unwirklicher wirkt die Welt und desto weniger gelingt der Kontakt zu anderen Menschen.

Zusammenbruch?

Bei anderen Menschen bricht der innere Schutzwall zusammen, wenn die Todesnachricht eintrifft. Die Erkenntnis ist zu groß, sie können buchstäblich nicht ertragen, was passiert ist. Dann verlieren sie die Kontrolle über ihre Gefühle und Reaktionen. Das löst oft *Schamgefühle* aus, denn niemand möchte in der Gegenwart von anderen Menschen laut weinend zu Boden fallen oder vor Verzweiflung schreien. Für den weiteren Trauerweg ist eine starke emotionale Reaktion aber durchaus hilfreich, die Gefühle brechen auf und aus uns heraus und damit ist der erste Schrecken wie aus uns herausgewaschen. Auch wenn sich das anfühlt, als sei man gleich zu Beginn des Trauerweges in einem See versunken, ist es doch eigentlich wie der *laute Schrei, mit dem man vom Zehnmeterbrett springt*, um die gesammelte Anspannung loszuwerden. Damit das ein gelungener Sprung wird, ist die Anwesenheit und Unterstützung einer »stabilen Person« hilfreich. Das ist manchmal ein Notfallseelsorger, eine Rettungsassistentin oder eine Krankenschwester, manchmal ist es auch ein guter Freund oder Angehöriger. »*Stabile Personen*« sind in dieser Situation Menschen, die nicht mit eigenen Gefühlen beschäftigt sind. Sie behalten den Überblick und können Verantwortung für die übernehmen, die aufgewühlt und verzweifelt sind. Enge Freunde oder Verwandte sind im Moment des Sterbens oder der Todesnachricht selber betroffen, vielleicht nicht so sehr wie Sie selbst, aber sie sind doch auch aufgewühlt und traurig, deshalb können sie nur für eine begrenzte Zeit als »stabile Person« aktiv sein. Dann brauchen sie Gelegenheit, sich um sich selbst und ihre eigenen Gefühle zu kümmern.

Wenig Unterstützung als Stolperstein für den weiteren Trauerweg

Wenn man diese schweren Stunden allein durchlebt hat oder umgeben war von Menschen, die man nicht als hilfreich erlebt hat, dann kann sich eine große Verzweiflung einstellen, die als schweres Gepäck mit auf den weiteren Trauerweg geht. Ein Gefühl von »Es hilft mir ja doch keiner« macht den kommenden Trauerweg mühsamer, als er sein muss.

Trittsteine für diesen Stolperstein

- Erinnern Sie sich an die erste Situation nach dem Sterben, in der jemand auftauchte, der mit konkreten Hilfsangeboten als Unterstützer für Sie da war. Überlegen Sie, ob irgendwann auch jemand haltgebend als »stabile Person« dazu kam.
- Suchen Sie in Ihren Erinnerungen nach den Dingen/Eindrücken/Gedanken, an denen Sie sich festgehalten haben, solange niemand da war, der Sie gehalten hat.
- Versuchen Sie, anderen Menschen auf dem weiteren Trauerweg eine Chance zu geben, bei Ihnen zu sein. Es gibt unterstützende und stabile Helfer für Trauernde, versuchen Sie, sie zu finden!

Zusammenreißen

Ist das nicht ein seltsamer Begriff? Eigentlich wird ja immer etwas zer-rissen oder wie ein altes Wort es nennt »entzwei-gerissen«. Wir können uns aber tatsächlich auch zusammen-reißen. Vielleicht weil es sich eigentlich so anfühlt, als sei man in zwei oder sogar noch mehr Teile zerrissen. Das zu überleben kann heißen, die Bestandteile des eigenen Selbst wie mit Gewalt zusammenzupressen, so wie ein *Druckverband* ganz fest auf eine Wunde gedrückt wird. Oder wie eine feste Bandage, die dem Sportler gegen die Verstauchung angelegt wird, damit er noch ein Stück weiterlaufen kann. So reißen wir uns manchmal zusammen, aus Angst, das eigentliche Zerrissen-Sein nicht überleben zu können. Manche Menschen reißen sich ständig zusammen, weil das in ihrer Erziehung ein wichtiger Grundsatz war, und so reagieren sie auch auf eine Todesnachricht mit Zusammenreißen oder wie es dann auch genannt werden kann: mit »Haltung«.

Ein anderer Grund für das Zusammenreißen ist die *Angst*, andere mit unserem Gefühlsausbruch zu schockieren oder ihnen sogar Schaden zuzufügen.

Falls Sie sich gleich zu Beginn des Trauerweges so zusammen-gerissen haben, dann war das zum momentanen Schutz von anderen oder sogar um sich selbst zu schützen. Beobachten Sie sich und suchen Sie auf dem weiteren Trauerweg die Gelegenheiten, an denen Sie den Druckverband lockern und schreien, weinen, klagen können. Es macht das Leben schwer, wenn man noch Jahre nach dem Tod eines nahen Menschen den Schrei in der Kehle fühlt, den man nicht geschrien hat. Oder wenn man sich fürchtet, auch nur eine einzige Träne zu vergießen, aus Angst, dann kämen all die ungeweinten Tränen der Zusammenreißzeit heraus und man könnte nie wieder aufhören zu weinen. (Das ist eine unbegründete Angst – Tränen hören immer irgendwann von allein auf!)

Das Überleben der anderen

Die Facette »Überleben« hat auch noch eine andere Seite als das eigene Überleben: Das ist das Überleben von Menschen, für die Sie *Verantwortung* tragen. Es kann sein, dass Sie sich mehr um das Überleben von anderen gekümmert haben als um Ihr eigenes. Dann haben Sie Ihre eigenen Gefühle und Bedürfnisse unterdrückt, um jemandem beizustehen, der Ihnen noch bedürftiger vorkam. Das können z. B. die eigenen Kinder sein, wenn sie noch kleiner sind und mit dem Tod von Mutter oder Vater konfrontiert sind. Dass Sie selbst gleichzeitig mit dem Tod des Partners bzw. der Partnerin zurechtkommen müssen, kann für Sie in den Hintergrund getreten sein angesichts der Verantwortung für Ihre Kinder. Es kann aber auch andersherum sein, dass Heranwachsende sich für ihre Eltern verantwortlich fühlen. Dann sorgen sie mit »erwachsenem«

Verhalten dafür, dass es den Eltern nicht noch schlechter geht.

Vielleicht möchten Sie *mit Ihren Angehörigen und Freunden darüber sprechen*, wie jeder von ihnen die ersten Stunden erlebt hat: Wie war das bei ihnen – wer hat auf wen Rücksicht genommen? Und wie hat sich das auf Ihre Trauer ausgewirkt, für andere stabil geblieben zu sein oder dass da jemand für Sie stabil blieb? Tauschen Sie bitte »einfach« Ihre Erlebnisse aus und verzichten Sie auf Vorwürfe. Gegenseitiges Verständnis wird Ihnen auf dem bevorstehenden Trauerweg eine große Hilfe sein. (Das Kapitel »Die ersten Stunden« im Buch »Wir leben mit deiner Trauer« könnte eine gute Vorbereitung für ein solches Gespräch sein.)

Übung zum Rückblick auf die eigenen Überlebenshilfen

Wenn Sie dieses Kapitel einige Zeit nach dem Sterben des geliebten Menschen lesen, dann ist es Ihnen gelungen, weiter zu leben. Nehmen Sie sich einen Moment Zeit und überlegen Sie:

- Wie habe ich das gemacht, am Leben zu bleiben?
- Woran habe ich mich innerlich festgehalten?
- Wer war da? Gab es eine »stabile Person« für mich? Waren da »praktische UnterstützerInnen«?

Versuchen Sie, sich auf das zu konzentrieren, was Ihnen beim Überleben geholfen hat – z. B. eine Hand im Rücken, ein Gebet aus Kindertagen, die schlichte Anwesenheit anderer Familienangehöriger, das Alleinsein mit dem Verstorbenen oder auch das Rausgehen aus dem Sterbezimmer. Alles ist erlaubt, auch sarkastische Gedanken oder aggressive Impulse. Das »Nein«-Sagen gehört zu den möglichen Überlebensrettungsreaktionen dazu, die Verweigerung des Begreifens, dass jemand gestorben ist. Ebenso das schnelle und unerwartet vernünftige Handeln, oft abwertend »Aktionismus« genannt. Es geht darum zu erkennen, wie Sie einige der schwersten Stunden Ihres Lebens überlebt haben. Das ist etwas, das Sie getan haben, auch wenn Sie ohnmächtig mitansehen mussten, wie jemand starb, den Sie gern bei sich behalten hätten.

(Wenn Sie sich an vieles nicht erinnern können, dann ist das einer der Wege, die Sie zum Überleben gegangen sind: Sie haben diese für Sie erschütternden Stunden an einem sicheren Ort in Ihrem Verstand abgespeichert, wo die Erinnerungen Sie nicht so leicht stören können. Es kann sein, dass die Erinnerungen zurückkommen, wenn Sie sich wieder sicherer in Ihrem Leben fühlen, dazu brauchen Sie einige Monate. Falls Erinnerungen nicht von allein zurückkommen und Sie die Lücke füllen möchten, können Sie das in einer Psychotherapie versuchen. Sie allein entscheiden, ob Sie das möchten oder nicht!)

Geschichte

Eine Hospizkrankenschwester erzählte mir von einem Nachtdienst. Ein älterer Mann starb während ihres Dienstes. Sie hatte seinen einzigen Sohn vorher benachrichtigt, aber er traf erst etwas später ein und stand lange unentschlossen vor der Tür des Zimmers, in dem sein gerade verstorbener Vater lag. Sie sprach ihn an, ob sie etwas für ihn tun könne. Er erklärte ihr, wie schwer es für ihn sei, in dieses Zimmer zu gehen und seinen toten Vater zu sehen, obwohl er es so gern tun wollte. Er fürchtete, beim Anblick seines Vaters zusammenzubrechen und schreiend aus dem Hospiz zu laufen. Die Hospizschwester drängte ihn nicht, sondern nahm ihn mit in die Küche, bot ihm einen Stuhl an und setzte sich zu ihm. Er war sehr nervös und konnte kein Wort mehr herausbringen. Sie erzählte ihm, dass sie seinen Vater erst seit einigen Tagen betreut habe, er ihr aber ans Herz gewachsen sei. Sie sei selbst überrascht gewesen, dass er in dieser Nacht gestorben sei. Als der junge Mann weiter nichts sagen konnte, erzählte sie weiter, sie habe alle 30 Minuten nach seinem Vater gesehen und zwischen zwei dieser Kontrollen wäre sein Vater offensichtlich ruhig im Schlaf gestorben. Seine Augen seien geschlossen und sein Körper und sein Gesicht entspannt, wie er da in seinem Bett liege. Dann fragte sie noch einmal, wie sie ihn unterstützen könne. Der junge Mann sah sie zweifelnd an und sagte dann: »Wenn ich ehrlich bin, hätte ich jetzt gern ein Bier.« Die Krankenschwester holte ein Bier für ihn aus dem Kühlschrank. Sie saßen eine Weile ruhig in der Küche beieinander, während der junge Mann erzählte, wie er auf dem Weg ins Hospiz im Stau gestanden hatte und dass sein Vater ein leidenschaftlicher Autoliebhaber gewesen war. Dann nahm er sein Glas und ging ohne weiteres Zögern allein in das Zimmer seines Vaters, wo er lange bei ihm saß.

Trauerfacette Wirklichkeit

Erst wenn das schiere »Überleben« gesichert ist, kann sich ein Mensch der elementaren Erfahrung aussetzen, den Tod eines anderen zu verstehen. Aber wie versteht man den Unterschied zwischen Lebendigsein und Totsein? Ist es möglich, das zu erfassen? Die Stunden rund um das Sterben sind entscheidende Stunden für dieses Verstehen und Begreifen. Menschen, die bei einem ruhigen und vorbereiteten Sterben dabei sein können, berichten von besonderen Erlebnissen. Sie erzählen, dass sich die Stimmung im Raum verändert, wenn jemand stirbt. Manche haben das Gefühl, dass eine Kraft vom Verstorbenen auf sie übergeht. Andere nehmen tiefen Frieden wahr. Das kann man auch spüren, wenn man den Moment des Übergangs vom Leben zum Tod nicht miterlebt hat, aber in den Stunden danach in das Sterbezimmer tritt. Dieses Wahrnehmen und Spüren der »Wirklichkeit des Todes« empfindet man über die fünf Sinne – und es geht darüber hinaus.

Es hat also eine mit den Sinnesorganen erfahrbare Dimension und eine spirituelle Komponente. Wer ein ruhiges Sterben miterleben oder einen Verstorbenen in würdevoller Umgebung kurz nach seinem Tod besuchen kann, der »begreift« und versteht den Unterschied zwischen Leben und Tod.

Plötzliche und gewaltsame Tode als Stolperstein

Wenn der Tod plötzlich und mit Gewalt kommt, dann ist es für die Zurückbleibenden viel schwieriger, den Tod als etwas Natürliches und sogar Spirituelles zu begreifen. Die Unwissenheit über das, was genau geschehen ist, schafft Unwirklichkeit. Wo man nichts Genaues weiß, gibt es keine Realität, auf die man sich beziehen kann, sondern ein beunruhigendes Gemisch aus Hoffnungen, Befürchtungen, Wunsch- und Schreckensvorstellungen. Zu jeder einzelnen Vorstellung gibt es andere Gefühle, und so rasen die Gedanken und Gefühle in einem sich überschlagenden Kreislauf durch Kopf und Körper. Schreckensbilder lösen stärkere Reaktionen im Körper aus als friedliche Bilder, all das Adrenalin, das mit anderen Hormonen zusammen ausgeschüttet wird, kann sich gar nicht so schnell abbauen, wie neue Schreckensbilder entstehen. Man muss sich bewusst gegen diese Bilder wehren!

Trittsteine für diesen Stolperstein

- Stoppen Sie das Karussell der Schreckensbilder in Ihrem Kopf, indem Sie laut *Stopp* sagen oder in die Hände klatschen.
- Wagen Sie es, *Informationen einzuholen*, Menschen zu befragen, die dabei waren, und machen Sie sich ein möglichst »realistisches Bild«. Bitten Sie eine »stabile Person« um Hilfe.
- Lassen Sie Medieninformationen und Berichte, die ausschließlich auf das Schlimme und Dramatische abzielen, beiseite.

- Nutzen Sie Ihre Fantasie, um *Gegenbilder* zu entwickeln, in denen der Geist und die Seele des Sterbenden nicht gelitten haben, ganz egal, wie stark ein Körper verletzt wurde.

Spirituelle Wirklichkeit und Rituale

In vielen Facetten des Trauerprozesses können zeichenhafte, rituelle Handlungen eine Rolle spielen. Am Beginn des Trauerweges sind Rituale besonders hilfreich, um die Facette »Wirklichkeit« eines Todes zu durchleben. Religiöse und volkstümliche Rituale helfen beim ersten Begreifen eines Todes. Sie ermöglichen eine feste Form, in der Angehörige das Sterben begleiten können. Darüber hinaus geben Sie einen Deutungsrahmen vor, der die spirituelle Seite des Sterbeprozesses hervorhebt. Hier einige Beispiele:

- Eine christliche Tradition ist die *Aussegnung* oder Verabschiedung, bei der die Sterbende (oder die bereits Verstorbene) von einem Seelsorger gesegnet wird. In einer gottesdienstlichen Feier am Sterbebett wird Gottes Beistand erbeten und zugesagt.
- In der Islamischen Tradition werden am Sterbebett *festgeschriebene Verse zitiert*, die den Sterbenden auf seinen Tod und seine Begegnung mit Gott vorbereiten sollen.
- In buddhistischen Traditionen werden ebenfalls *bestimmte Texte vorgelesen*, die den Sterbenden auf dem angenommenen Weg durch verschiedene Stadien seines Sterbens stärken sollen.

Nach Eintritt des Todes gibt es auch *volkstümliche Rituale* wie das Öffnen der Fenster, das Verhängen der Spiegel oder das Anhalten der Uhren. Auch diese Rituale geben dem Tod eine Bedeutung – die Seele soll aus dem offenen Fenster ihre Reise antreten. Die häufig entzündete Kerze steht für das Licht in der Dunkelheit, für Hoffnung in der Stunde des Todes. Andere Rituale geben Trauernden eine Richtung: die Spiegel werden verhängt, um den Lebenden zu zeigen, dass nun eine Zeit ohne Eitelkeiten beginnt. Und die Uhren werden angehalten, um zu verdeutlichen, wie viele Hinterbliebene sich in der Sterbestunde eines geliebten Menschen fühlen – die Zeit bleibt mit Eintritt des Todes für eine Weile stehen, nichts ist mehr wichtig.

Die erste *Totenwäsche*, das Schließen der Augen und des Mundes, eventuell das Falten der Hände sind in der christlichen Tradition Vorbereitungen für die Aufbahrung. Sie werden heutzutage oft von den Pflegekräften einer stationären Einrichtung oder dem Bestatter vorgenommen, können aber natürlich auch von den Angehörigen selbst gemacht werden. Das wird als letzter Liebesdienst begriffen, eine Handlung der Zärtlichkeit und Fürsorge. Damit verbunden ist auch ein körperliches Begreifen, dass dieser so zärtlich und liebevoll hergerichtete Mensch nun nicht mehr lebendig ist.

Etwas später kann auch heute noch die *Totenwache* beim aufgebahrten Verstorbenen beginnen. Sie lässt uns in ruhiger Atmosphäre spüren und sehen, wie der Verstorbene sich schon innerhalb weniger Stunden verändert. Das christlich-katholisch tradierte Rosenkranzbeten beim aufgebahrten Verstorbenen gibt eine feste Struktur, die die Gedanken und Gefühle beruhigt und Trost spendet. Im katholischen Irland wird bei der dortigen Totenwache »wake« auch sehr viel Alkohol getrunken und mit gelöster Zunge an den Verstorbenen erinnert.

Stolpersteine, die die Wirklichkeit verzerren

Es gibt verschiedene Umstände, die das »Begreifen« der Wirklichkeit eines Gestorbenseins mit allen Sinnen erschweren oder sogar unmöglich machen:

- Wenn der Tod des nahen Menschen weit weg passiert ist.
- Wenn die Todesumstände dazu führen, dass der Verstorbene einige Tage lang in der Gerichtsmedizin untersucht werden muss.
- Wenn die Todesumstände dazu führen, dass der Körper des Verstorbenen so stark verletzt oder verändert ist, dass man ihn nicht mehr ansehen kann.

Trittsteine um diese Stolpersteine herum

Die oben genannten Stolpersteine sind Fakten, daran lässt sich nichts ändern. Aber es gibt Möglichkeiten, sich aktiv und kreativ mit diesen Stolpersteinen auseinanderzusetzen und sie auf verschiedenen Wegen zu umgehen.

Trittsteine, wenn der Tod des nahen Menschen weit weg passiert ist

- Fotos vom aufgebahrten Verstorbenen und von den Verabschiedungsritualen helfen, sich der Wirklichkeit zu nähern, auch wenn man nicht dabei sein konnte.
- Man kann Menschen befragen, die dabei waren, und sie bitten alle Einzelheiten des Abschieds zu erzählen. Dabei ist es hilfreich, sich auf die ruhigen und liebevollen Details zu konzentrieren statt auf Dinge, die verstörend waren.
- Man kann an vielen Orten eine Kerze für den Verstorbenen anzünden, auch in einem Hotelzimmer. Man kann überall beten oder meditieren, auch in einem Flugzeug oder in einer Bahnhofshalle.
- Man kann in jedem Land eine Kirche oder einen Tempel aufsuchen.
- Man kann mit den Menschen das Gespräch suchen, die gerade da sind, jede Kultur zeigt Mitgefühl im Angesicht des Todes.

Trittsteine, wenn die Todesumstände dazu führen, dass der Verstorbene einige Tage lang in der Gerichtsmedizin untersucht werden muss:

- Man kann eine Kerze anzünden und in Gedanken die eigene Liebe und Wärme an den Verstorbenen senden.
- Man kann die eigenen Fantasien lenken, weg von Schreckensbildern. Stellen Sie sich vor, dass die Mitarbeitenden der Gerichtsmedizin respektvoll mit dem Verstorbenen umgehen.
- Man kann sich überlegen, was man nach der sogenannten »Freigabe« des Verstorbenen wünscht, um die Wirklichkeit dieses Sterbens friedlich und mit allen Sinnen begreifen zu können. Eine Aufbahrung zu Hause oder beim Bestatter ist auch dann noch möglich!

Trittsteine, wenn die Todesumstände dazu führen, und der Körper des Verstorbene so stark verletzt oder verändert ist, dass man ihn nicht mehr ansehen kann:

- Man kann genau nachfragen, warum ein Abschiednehmen nicht möglich scheint und man darf auch widersprechen, wenn einem die Gründe nicht stichhaltig vorkommen.
- Welche Alternativen bietet das Bestattungsunternehmen an? In Ausnahmefällen ist der Abschied nur am geschlossenen Sarg möglich, aber das ist auch sehr nah am Verstorbenen und kann helfen, »Wirklichkeit« zu verstehen.
- Man kann sich darauf konzentrieren, dass das Sterben mehr ist als das Verlöschen der Körperfunktionen. Überprüfen Sie Ihre Todesvorstellungen: Glauben Sie an das Große Nichts nach dem Tod? Oder an eine Seele, die weiterwandert? Glauben Sie an Engel, die das Sterben begleiten oder an ein Licht, in das Sterbende gehen? Diese

Glaubensvorstellungen sind ebenfalls Teil der Wirklichkeit des Todes. Was immer Sie glauben – es gilt auch für Menschen, die durch einen Unfall, Mord oder Suizid ums Leben gekommen sind.

Geschichte

Eine Klientin erzählte mir diese Geschichte: Ihr Mann war im hohen Alter an einer schweren Depression erkrankt und hatte sich, als es gerade so aussah, als ginge es ihm endlich besser, vom Dach seiner psychiatrischen Klinik in den Tod gestürzt. Niemand war dabei gewesen. Sie hatte ihren verstorbenen Mann erst einige Tage später aufgebahrt beim Bestatter gesehen. Es waren nur leichte Verletzungen sichtbar, und seinen Gesichtsausdruck mit einem Lächeln hatte sie als versöhnliches Bild in Erinnerung. In den Fantasien der Frau war jedoch der Sturz ständig präsent und sie litt unter den Vorstellungen, die sie sich von seinen Sturzverletzungen machte. Da sie schon Jahrzehnte lang meditierte, nutzte sie eine Meditation, sich mit diesen Schreckensbildern auseinanderzusetzen. In einem tiefen Meditationszustand entstand ein Bild, bei dem ihr Mann in der Mitte seines Sturzes aufgefangen und ins Licht gezogen wurde. Die körperliche Verletzung standen von da an nicht mehr bedrohlich im Mittelpunkt ihrer Fantasie von seinem Sterben, sondern der Weg, den ihrer Vorstellung nach seine Seele gegangen war.

Trauerfacette Gefühle

Am Sterbebett und angesichts einer Todesnachricht können viele unterschiedliche Gefühle entstehen. Jeder Mensch reagiert individuell und sobald viele Menschen beieinander sind, können eine Menge widersprüchlicher Gefühle und Reaktionen aufeinanderprallen. Keine davon ist richtiger als die andere, jeder Einzelne ist bereits auf seinem einzigartigen Trauerweg.

Oft sind Menschen *schockiert* – selbst wenn ein Tod Folge einer langen Erkrankung ist, kommt der Moment des Todes immer unerwartet. Viele sind wie *betäubt, überwältigt*. Stille und *Frieden* können gespürt werden. *Angst* kann sich entwickeln vor dem, was jetzt kommt. Ohnmacht und Verzweiflung können sich ausbreiten. Erleichterung kann da sein. *Wut* kann entstehen. *Schuldzuweisungen* können ausgesprochen oder nur gedacht werden. Die aufgestauten Gefühle können durch Tränen abfließen, manchmal lösen sie sich in Beschimpfungen oder Geschrei. An manchen Sterbebetten wird auch *gelacht*, es werden schöne Erinnerungen in *Dankbarkeit* ausgetauscht.

Manche Menschen werden von ihren *Gefühlen überwältigt* – bei ihnen legt sich die Facette des Fühlens über alle anderen Facetten des Trauerns. Der Gefühlsausdruck bricht sich Bahn, ohne Rücksicht auf andere und vielleicht auch im Widerspruch zu dem, was man von diesem Menschen gewohnt ist. Lautes Klagen und Weinen bis zum körperlichen Zusammenbruch und aggressives Handeln gegen andere Menschen und gegen Dinge sind die Pole. Solche stark gezeigten Emotionen machen den Umstehenden große Angst. Vor gewalttätigen Aggressionen müssen sich Helfer und Angehörige selbstverständlich schützen. Aber der Ausdruck von Wut und Kummer ist so früh auf dem Trauerweg auch *hilfreich*, es staut sich nichts auf, was später den Trauerprozess beschwert.

Überleben kann wichtiger sein als Gefühle fühlen

Manche Menschen betreten die Facette der Gefühle so früh im Trauerprozess nur mit den Zehenspitzen. Dann hat sich die Facette des »Überlebens« über alle anderen Facetten geschoben. Diese Menschen wirken auf andere »kalt« und »gefühllos«, wenn sie sofort beginnen, das Zimmer auszuräumen und andere Dinge zu erledigen. Es kann sein, dass diese Menschen tatsächlich kaum Gefühle entwickeln, weil der Verlust für sie nicht groß ist. Es kann aber auch sein, dass das »Funktionieren« ihre *gewohnte Krisenbewältigung* ist. Diese Menschen können buchstäblich nicht »raus aus ihrer Haut«, die in solchen Momenten eher ein Korsett ist – es gibt Halt, aber es engt auch ein, schnürt die Luft ab und macht unnahbar.

Medikamente und Gefühle

Trauernden wird heute häufig ein Beruhigungsmittel angeboten. Das beruhigt die privaten Unterstützer und die berufsmäßigen Helfer meist mehr als die Betroffenen. Gefühlsausdruck ist nicht gefährlich, sieht aber von außen manchmal so aus. Lautes Weinen und Klagen sind entlastend, auch wenn man sich hinterher vielleicht schämt, dass man so sehr die »Kontrolle verloren« hat. Als *Alternative zur Ruhigstellung durch Medikamente* bieten sich an:

Trittsteine für den Ausdruck von Gefühlen

- Eine »*stabile Person*«, *die den Überblick behält und ohne Angst ist*. So ein stabiler Freund oder berufsmäßiger Helfer bleibt voller Liebe und Respekt und hält aus, was immer an Gefühlen da ist. Er läuft nicht weg, wenn lautes Weinen oder wütendes Geschrei entstehen. Er hält den Trauernden in der Gegenwart, so dass er auch im stärksten Gefühlsausdruck noch spürt, dass er lebt und dass jemand für ihn da ist. Eine Hand auf dem Rücken oder dem Oberarm vermittelt meist genug Halt und Kontakt.
- Hilfreich können auch »*praktische UnterstützerInnen*« sein, die sich um die Kinder oder andere Angehörige kümmern. Dann kann man sich den eigenen Gefühlen hingeben, ohne Angst um andere haben zu müssen.

- *»Praktische UnterstützerInnen«, die mit Sterbesituationen vertraut* sind, können ebenfalls hilfreich sein. Sie geben Rat und veranlassen die Umsetzung Ihrer Entscheidungen, so dass Sie sich nicht immer wieder zusammenreißen müssen, um die bürokratischen Abläufe zu steuern.
- Ein *separater Raum*, in dem man seinen Gefühlen freien Lauf lassen kann, ohne andere (vor allem Kinder) damit zu erschrecken, kann hilfreich sein.
- Auch für die erste unruhige Nacht können *vertraute Menschen*, die einen nicht allein lassen und vielleicht sogar im selben Bett schlafen, tröstlicher sein als ein Beruhigungsmittel.

Geschichte

Eine Sterbebegleiterin erzählte mir diese Geschichte: Eine alleinerziehende junge Frau war an Krebs erkrankt und mit Hilfe des ambulanten Hospizdienstes konnte sie ihren Wunsch, zuhause zu sterben, verwirklichen. Ihre drei Töchtern im Alter von vier, sieben und neun waren ihrer Mutter in deren letzten Lebensmonaten so nah wie möglich, sie hatten alle Zeiten der Erkrankung miterlebt und gingen unbefangen damit um, dass mitten in ihrem Wohnzimmer das Krankenbett, Infusionsständer und andere medizinische Geräte für die Mutter standen. Die ehrenamtliche Helferin des Hospizdienstes war zu ihrem regelmäßigen Besuch bei der Familie, als die Mutter starb. Das kam in diesem Moment überraschend, und zunächst waren die Hospizhelferin und die Kinder unsicher, was zu tun sei. Sie benachrichtigten natürlich den Hausarzt und während sie auf ihn warteten, kletterte die jüngste Tochter auf das Bett der soeben verstorbenen Mutter und rollte sich neben ihr ein. Nach einigem Zögern suchten die älteren Mädchen sich ebenfalls einen Platz auf bzw. nah am Bett, sie weinten und streichelten die Mutter. Nach einer Weile nahm die Hospizmitarbeiterin ein Fotoalbum, das die Mutter bis kurz vor ihrem Tod für die

Kinder angefertigt hatte und das noch neben dem Bett lag. Sie schlug es auf und zeigte den Mädchen die ersten Bilder. Im Lauf der nächsten halben Stunden mischten sich Tränen und Gekicher, als die Töchter sich mithilfe der Bilder im Album an Situationen mit ihrer Mutter erinnerten. Als der Arzt kam, um den Tod zu bescheinigen, richtete die Hospizmitarbeiterin einen kleinen Imbiss für die Mädchen. Sie nahmen das Album mit in die Küche und verbrachten den ganzen Nachmittag zwischen der Verstorbenen und der Küche, zwischen Lachen, Weinen und einfach Essen und Spielen, während auch Freundinnen und die Eltern der Verstorbenen zum Abschiednehmen eintrafen.

Trauerfacette Sich anpassen

Die meisten Menschen erleben nur wenige Male im Leben den Tod eines nahen Angehörigen oder Freundes. Die Situation ist jedes Mal überwältigend und neu. Man weiß gar nicht recht, wie man sich daran »anpassen« soll, es fehlen die Routinen und Erfahrungswerte. Gerade in den Sterbestunden und kurz danach braucht man Menschen, die sich mit dieser Situation auskennen. Sie sind wie Lotsen, die die verschiedenen Möglichkeiten und Wege in dieser unübersichtlichen neuen Situation erklären können. Das gilt genauso, wenn Sie nicht beim Sterben dabei waren, sondern die Todesnachricht am Telefon oder von einem anderen Menschen überbracht bekommen. Die ersten Stunden sind eine seltsame Mischung aus Nichts-mehr-Tun-Können und Dinge-Tun-Müssen. Erfahrene Lotsen durch diese ersten Stunden Ihres Trauerweges können Ihnen den Weg so weisen, dass Sie spüren, wo Sie noch etwas gestalten können.

Nichts ändern können

Das Sterben eines anderen Menschen gehört ihm – er stirbt seinen eigenen Tod. Die Menschen, die ihn lieben, möchten sein Sterben durch ihre Unterstützung möglichst schmerzfrei und leicht gestalten, aber ganz am Ende des Weges geht jeder Mensch seinen letzten Schritt allein. Das ist eine Erfahrung *absoluter Ohnmacht* für die, die zurückbleiben – wir als Weiterlebende können es nicht ändern. Wir können nicht ändern, DASS jemand stirbt. Wir können nicht einmal entscheidenden Einfluss darauf nehmen, WANN und WIE es geschieht. (Und wenn doch, wenn wir z. B. entscheiden sollen, ob lebenserhaltende Geräte eines für hirntot erklärten Sterbenden abgestellt werden, dann erleben wir das nicht als freie Entscheidung, sondern als Zwang.)

Handlungsmöglichkeiten oder Bevormundung

So groß die Ohnmacht angesichts des Sterbens an sich ist, so gibt es doch vieles, was Angehörige und Freunde entscheiden und tun können. Es gibt *winzige Wahlmöglichkeiten*: sitzen bleiben oder eine Weile ans Fenster treten. Jemanden in den Arm nehmen oder still für sich sein. Den Gefühlen freien Lauf lassen oder sie unterdrücken. Das sind die kleinen Handlungsspielräume des Moments. Dabei geht es nicht um Richtig oder Falsch, es geht nur darum, dass Bewegung und Wahl im ganz Kleinen möglich sind.

Je mehr Handlungsspielräume Trauernde von Anfang an haben, desto selbstbewusster gehen sie ihren weiteren Trauerweg. Berufsmäßige und private Helfende haben manchmal den Drang, den überwältigten Angehörigen alles aus der Hand nehmen zu wollen. Aber meiner Erfahrung nach verstärkt das die empfundene Hilflosigkeit noch. Es ist schlimm genug, dass man dem Sterben des geliebten Menschen ausgeliefert ist, man möchte nicht auch noch einem Bestatter oder einer Seelsorgerin »in die Hände fallen«, die gegen das eigene Empfinden handeln. *Bevormundung* und *Besserwisserei* sind Einengungen, die Trauernden gleich zu Beginn ihres Trauerweges die Luft zum ohnehin mühsamen Weiteratmen nehmen. Man muss sich dann nicht nur an den Tod des geliebten Menschen anpassen, sondern in erster Linie an das Regelsystem einer Organisation oder Einzelperson. Das kann eine stationäre Einrichtung sein, die darauf besteht, alle Besitztümer des soeben Verstorbenen sofort wegzuräumen. Das kann ein Bestattungsunternehmen sein, das keine Informationen über die Möglichkeiten von Aufbahrung und Abschiednehmen gibt. Das können auch Familienangehörige sein, die über den Kopf von Kindern und Jugendlichen hinweg bestimmen, wie verfahren wird. Die Ohnmacht wird dadurch verdoppelt.

Unterstützungsangebote

»*Stabile Personen*« können nicht nur ein »Fels in der Brandung« Ihrer Gefühle sein, sondern auch wie ein Leuchtturm die Richtung weisen, in die es jetzt gehen kann. Sie können genau die Informationen geben, die Sie brauchen – nicht mehr und nicht weniger. Sie können Angebote formulieren, die Ihnen die Wahl lassen. Das können mit ihrem beruflichen Fachwissen Mitarbeiter des Krankenhauses oder Altenheims sein, Seelsorger, Mitarbeiter der Krisenintervention oder Notfallseelsorge. Das können aber auch Freunde oder Verwandte sein, die selbst Verlust und Tod erlebt haben.

Hilfreich sind auch »*praktische UnterstützerInnen*«, die Ihnen einzelne konkrete Hilfen anbieten, damit Sie sich zurechtfinden können. Man kommt selten von allein auf die Idee, in den Stunden nach einem Tod gleich mehrere Mithelfende zu organisieren, deshalb ist es gut, wenn praktische Unterstützung unaufdringlich angeboten wird. Das kann z. B. ein »Fahrdienst« zum Bestatter sein, das Füttern der Haustiere, das Spielen mit den Kindern oder die Benachrichtigung von weiteren Angehörigen oder Freunden.

Geschichte

Familie Teufert schrieb mir diese Geschichte über den Tod ihrer zweieinhalbjährigen Tochter Finja: »Der Virus hatte sie sehr geschwächt und ihr Zustand wurde immer schlechter. Nach drei Tagen hatte ihr kleines Kämpferherz keine Kraft mehr. In unserem Beisein verlor sie den Kampf. Es kam so unerwartet, wir konnten es kaum fassen. Hier gilt unser Dank dem tollen Team der Intensivstation, welches uns in dieser Situation zur Seite stand und uns sehr geholfen hat. Man ließ uns zunächst mit unserer Tochter allein. Man legte sie in ein Krankenhausbett und wir konnten uns dazu legen. Wir durften sie spüren und berühren. Dabei schaute regelmäßig jemand durch das Fenster in der Tür, um zu sehen wie es uns ging. Nach einiger Zeit kam der Stationsleiter zu uns, den wir schon lange kannten. Er bot an, Finja mit uns zusammen zu waschen und anzuziehen. Mein Mann überließ es mir und so wusch ich sie ein letztes Mal und zog ihr die von uns ausgesuchte Kleidung an. Mein Mann hatte zwischenzeitlich unsere Eltern angerufen. Auch sie durften auf die Intensivstation kommen und sich verabschieden. Später haben sie uns gesagt, dass es ihnen sehr geholfen hat.

Zwei Stunden später haben wir selbst entschieden zu gehen. Das Krankenhaus bot uns noch an wiederzukommen, aber wir hatten uns verabschiedet.«

Trauerfacette Verbunden bleiben

Am Anfang des Trauerweges ist das Zusammenleben mit dem Menschen, der gerade gestorben ist, noch ganz nah. Die Bettwäsche riecht noch nach ihm oder ihr, die Schuhe stehen noch im Flur, die Trennung ist noch gar nicht real. Im Moment des Todes ist die emotionale Verbindung genauso stark wie in all den Momenten des gemeinsamen Lebens. Die Suche nach der bleibenden Verbindung über den Tod hinaus kann jetzt, ganz am Anfang des Trauerweges, bedeuten:

- Zeit in der Nähe des Verstorbenen verbringen.
- Die Verstorbene sehen, spüren, waschen, ankleiden.
- Mit dem Verstorbenen sprechen.
- Alles sagen, was noch zu sagen ist.
- Dem Menschen, der gerade gestorben ist »eine gute Reise wünschen«.

Geschichte

In der Nacht, in der meine Freundin plötzlich gestorben ist, habe ich – als Polizei und Sanitäter ihre Arbeit gemacht hatten und die wichtigsten Anrufe erledigt waren – alle weggeschickt. Ich habe mich in ihr Zimmer gesetzt, an ihren Schreibtisch und auf ihrem Papier einen langen Brief an sie geschrieben. Es gab niemanden außer ihr, mit dem ich sprechen wollte. Sie war die einzige, mit der ich dieses schreckliche Unglück teilen konnte, wie ich Unglücke und Freuden der Jahre zuvor mit ihr geteilt hatte. So sprach ich mit der gerade Verstorbenen über ihren Tod und das, was er mir bedeutete.

Trauerfacette Einordnen

Diese Facette des Trauerns erwarten wir von der Zeit lange nach dem Tod. Aber in Wirklichkeit beginnt schon am Sterbebett das Geschichten-Erzählen. Wenn eine alte Gartenliebhaberin, die sich nach ihrem dritten Schlaganfall noch einmal nachhause entlassen ließ, inmitten ihrer Rosen tot aufgefunden wird, dann ordnen wir das als richtig, stimmig und friedlich ein. Bei rätselhaften und überraschenden Toden gelingt das nicht so leicht. Man hat noch nicht einmal das genaue »Wie« verstanden, wie könnte man es sich selbst erklären?

Gedanken und Begründungen können wie Schemen am Rand des Bewusstseins auftauchen und alte Glaubenssätze sprechen lassen. Das kann z. B. heißen: »Wusste ich doch, dass ich kein Glück verdient habe«, oder »Mir wird alles geraubt, was ich liebhabe, ich bin der geborene Pechvogel«, aber auch »Gott gibt und Gott nimmt, ich füge mich.« Diese schemenhaften Gewissheiten können wie Wolken durch das Bewusstsein ziehen, ohne wirklich bemerkt oder hinterfragt zu werden. Erst im Laufe des weiteren Trauerweges werden sie offen ausgesprochen und überprüft werden.

Geschichte

Eine Klientin erzählte mir diese Geschichte: *Ihr Mann hatte sich im gemeinsamen Gartenbaubetrieb auf die Züchtung eines ganz bestimmten Baumes spezialisiert. Ein Prachtexemplar dieser Baumart stand vor ihrem Schlafzimmer. Ihr Mann war nach seiner letzten Krebsbehandlung zum Sterben zurück nachhause gekommen, und die ganze Familie war bei ihm im Schlafzimmer, als er starb. Der Sterbeprozess war schwer, erst langsam wirkten die Schmerzmittel, und dann bat der Mann, dass es ruhig sein sollte. Es wurde so still, dass die Frau und ihre gemeinsamen erwachsenen Kinder mit ihren PartnerInnen bei ihm im Zimmer immer wieder eindösten. In den*

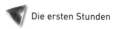

Morgenstunden waren alle um ihn herum eingeschlummert, und als sie erwachten, war der Mann gestorben. In den ersten Monaten machte die Frau sich schwere Vorwürfe, dass sie den Moment des Sterbens buchstäblich »verschlafen hatte«. Erst in einem Gespräch mit ihren Kindern erinnerte sie sich an den ausdrücklichen Wunsch ihres Mannes nach Ruhe im Zimmer und spürte noch einmal die erschöpfte, aber auch geborgene Stille, in der sie eingenickt war. Schließlich kam eine Erinnerung, die sie ganz vergessen hatte: Beim Blick aus dem Fenster in den Morgenhimmel war es wie ein Schneetreiben gewesen. Der blühende Baum, den ihr Mann so geliebt hatte, verlor innerhalb weniger Minuten alle seine Blüten. Für ihre Kinder blieb das einfach seltsam, aber für sie selbst bekam diese Nacht, in der ihr Mann gestorben war, dadurch etwas Besonderes, als wäre sogar der Baum beteiligt und in Trauer gewesen.

Bärbel aus Duisburg stellte mir diese Gedanken zum Tod Ihres schwerkranken Mannes zu Verfügung: *»Am 10.9. ist Jörg morgens gestorben. Mein erster Toter. Und es war auf eine bestimmte Art wunderbar. Warum? Weil es ein ›schöner‹, sehr friedlicher Tod war. Weil es für ihn – und schlussendlich auch für mich – eine Erlösung war. Das darf man so benennen. Die Belastung als Partner kann immens sein. Man macht es gerne. Man liebt ja. Sehr sogar. Aber es geht irgendwann an die Substanz. Man spürt die eigenen Grenzen. Nun war alles gut.«*

Die ersten Wochen

Eine besondere Zeit

Die Zeit zwischen Tod und Bestattung und noch einige Wochen darüber hinaus ist eine besondere Zeit. In vielen Religionen gelten die ersten 40 Tage – oder die ersten sechs Wochen – als die Zeit, in der die Seelen der Verstorbenen sich immer weiter von den Lebenden entfernen. Für *spirituelle Erfahrungen* ist aber wenig Zeit. Rund um die Trauerfeier muss man *unendlich viel erledigen, das steht im Vordergrund.*

Die »*stabilen Personen*« und »*praktischen UnterstützerInnen*«, die schon in den Sterbestunden wichtige Hilfe geleistet haben, sind weiterhin eine wichtige Stütze. Zum Glück *erweitert sich der Kreis* der Menschen, die dafür in Frage kommen. Freunde, Bekannte, Nachbarn und Familienangehörige können als UnterstützerInnen abwechselnd konkrete Handreichungen und einzelne Aufgaben übernehmen. Sie gehören aber auch zu denen, die stundenweise als »stabile Person« für Sie da sind. Das heißt, dass sie ohne von eigenen Gefühlen irritiert zu sein, Sicherheit und Geborgenheit vermitteln können. Idealerweise gibt es UnterstützerInnen für jedes einzelne Familienmitglied. Für Kinder und Jugendliche sind das auch Freunde, die den normalen Alltag auf Wunsch mit ihnen weirerleben. »Stabile Personen«, die im Rahmen ihres Berufes auf diese extremen Lebenssituationen vorbereitet wurden, sind die SeelsorgerInnen, die Redner und Musiker, die Floristen und die Gestalterinnen von Traueranzeigen, aber vor allem die Mitarbeitenden der Bestattungshäuser. Sie sollten nicht einengen oder bevormunden, sondern unterstützen und ermutigen.

Deshalb ist vor allem die Wahl des Bestattungsinstituts etwas, das man nicht dem Zufall überlassen sollte. In vielen Gegenden Deutschlands (auch außerhalb von Großstädten) arbeiten heute moderne BestatterInnen, die Wert darauf legen, den Hinterbliebenen möglichst viele Beteiligungsmöglichkeiten einzuräumen.

Meine Kollegin Ruth-Marijke Smeding hat den Begriff »Schleusenzeit«® (Mit freundlicher Genehmigung der Autorin) geprägt für die Zeit zwischen Tod und Bestattung. Sie hat darauf hingewiesen, wie wichtig MitarbeiterInnen von Bestattungshäusern, Pfarrer und freie RednerInnen sind. Sie nennt sie »Schleusenwärter«®, die wie Lotsen auf der ersten kurzen Strecke des Trauerweges arbeiten und dabei helfen, den Kurs zu halten. Dazu gehört ein tiefer Respekt vor dem Leben UND dem Tod. Schleusenwärter, die ungeduldig und bevormundend sind, machen ihre Arbeit nicht gut. Von solchen Menschen und Firmen kann man sich distanzieren.

Die Zeit zwischen Tod und Bestattung erleben viele Trauernde als Zeit des Funktionierens, in der es vor allem um das *»Überleben«* geht. In allem Organisieren und Erledigen nimmt man kaum wahr, dass man auch in den anderen Bereichen des Trauerprozesses bereits wichtige Erfahrungen macht. Vor allem das Verstehen der *»Wirklichkeit«* eines Todes steht im Mittelpunkt dieser Übergangszeit. »Gefühle« dürfen gezeigt werden oder sind hinter der inneren Schutzwand verborgen. Die Tragfähigkeit des sozialen Netzes erweist sich – oder auch nicht. Viele Erinnerungen an den Verstorbenen werden ausgetauscht, und ein erster Versuch, das ganz Besondere, Charakteristische an diesem Menschen zu formulieren, geschieht in der Ansprache der Beerdigungs- oder Abschiedsfeier.

Trauerfacette Überleben

Der Tod des Anderen und das eigene Überleben ohne ihn/sie sind so kurz nach dem Sterben noch ganz neu, ungewohnt, vielleicht auch schockierend. Das eigene Überleben kann sich bedroht anfühlen durch Trennung und Tod – so sehr, dass alle weiteren Trauerfacetten erst dann Raum bekommen, wenn das Überleben gesichert ist. Aber auch wenn man sicher ist, diese Situation überleben zu können, ist der Tod eines nahen Menschen fast immer eine Ausnahmesituation, die beunruhigt und herausfordert. *Vieles ist anders* als zuvor, und viele bisher praktizierte Wege sich zu beruhigen und mit Krisen umzugehen, funktionieren in diesem Moment nicht – weil sie häufig mit dem Verstorbenen zu tun hatten. Nach einem Tod greifen wir deshalb oft auf sehr *alte Strategien* zurück, mit denen wir uns schon früher, als Kind und Jugendlicher, beruhigt oder in Sicherheit gebracht haben. Für die aktuelle Situation sind sie manchmal unpassend, trotzdem greift man ohne darüber nachzudenken auf sie zurück. Sie vermitteln ein kleines Stück Sicherheit mitten in dem unsicheren neuen Lebensabschnitt. Nach den Überlebensstrategien der ersten Stunden, braucht es nun Überlebens-Wege, die auch mehrere Wochen lang tragen. Im Bild des Trauermarathons heißt das: nach dem Start ist nun die erste Strecke zu bewältigen, es geht jetzt um das Durchhalten eines längeren Zeitraums.

Überlebensstrategien

Überlebensstrategien können in den ersten Wochen ganz unterschiedlich aussehen, hier eine unvollständige Auswahl:

- Ohne Pause alles abarbeiten, was zu tun ist.
- Sich abschotten und zurückziehen, die sich verändernde Welt einfach nicht beachten.
- So tun, als wäre gar nichts geschehen.
- Sich mit Medikamenten, Alkohol oder Drogen betäuben.
- Zusammenbruch.
- Soviel Normalität aufrechterhalten wie nur möglich. Vor allem Kinder und Jugendliche überleben mithilfe der gewohnten Routinen. Sie möchten genauso essen, spielen, zu Bett gehen wie zuvor.
- Unterstützung annehmen, sich helfen lassen.

- Unterstützung suchen.
- Sich nicht alles aus der Hand nehmen lassen. Mitentscheiden. Mitgestalten.
- Aggressiv sein, streiten.
- Unbeugsam sein, auf dem eigenen Recht bestehen.

Jede dieser Strategien hilft dem, der sie anwendet, beim Überleben. Manche dieser Strategien machen anderen das Überleben schwerer. Vor allem Aggressionen, totaler Rückzug oder Zusammenbruch lösen bei Familienmitgliedern und Freunden große Sorgen aus. Die folgenden Trittsteine für das eigene Überleben helfen, bei sich und dem eigenen Trauerweg zu bleiben. Danach folgen Trittsteine für das Zusammenbleiben und gemeinsame Überleben als Familie oder Freundeskreis. Diese Reihenfolge gilt für den gesamten weiteren Trauerweg: *Man muss erst für sich selbst sorgen, damit man überhaupt für die anderen da sein kann!*

Trittsteine für das Überleben

- Menschen, die geduldig und zuverlässig da sind, ohne Vorschriften zu machen.
- Menschen, die nach Ihren Bedürfnissen fragen und vieles möglich machen.
- Menschen, die Ihnen nur das abnehmen, was Sie selbst wirklich nicht tun möchten.
- Menschen, die bei Ihnen bleiben, auch in der Nacht, wenn Sie das brauchen.
- Für den Körper: *Genug trinken*, aber möglichst wenig Kaffee und Alkohol.
- Für den Körper: *Essen*, soweit es möglich ist – am besten etwas Warmes und Nährendes.
- Zur Beruhigung und Stabilisierung: Kleider, Gegenstände, Orte, die als angenehm, vielleicht sogar tröstend wahrgenommen werden.

- Zur Beruhigung und Stabilisierung: Wenn Sie damit vertraut sind: *Atemübungen* zur Beruhigung, einfache Stabilisierungsübungen aus dem Yoga, Chi Gong oder Tai Chi. Gebet oder Meditation.
- Zur Beruhigung: *Pflanzliche Beruhigungsmittel* als Tee oder Dragees (Baldrian, Hopfen, Melisse, Lavendel), beruhigende und stabilisierende Gerüche (Lavendel), Bachblüten-Notfalltropfen.
- Zur Beruhigung in Ausnahmefällen: verschreibungspflichtige Medikamente als Tablette oder Spritze.

Trittsteine für das gemeinsame Überleben in der Familie

- Geduld miteinander!
- Toleranz für die unterschiedlichen Überlebensstrategien statt Besserwisserei.
- *Viel Unterstützung annehmen von »stabilen Personen« und »praktischen UnterstützerInnen«* aus dem Freundeskreis, der entfernteren Verwandtschaft und *von beruflichen Unterstützern.*
- Möglichst viele Alltagsroutinen für die Kinder der Familie, dabei können »stabile Menschen« und »praktische UnterstützerInnen« helfen.
- *Zusammensein*, möglichst niemanden wegschicken, vor allem nicht die Kinder.
- *Austausch*, so wie er möglich ist – wenn Reden nicht geht, sind auch Blicke, Umarmungen, einfaches Beieinandersein ausreichend.
- *Gemeinsame Entscheidungen* über das, was zu erledigen ist. Alle Bedürfnisse berücksichtigen, auch die der Kinder und Jugendlichen.

Fachliche Unterstützung

Die *Mitarbeitenden des Bestattungshauses* sind Ihre wichtigsten Ansprechpartner in den ersten Wochen. Es ist hilfreich, ein Unternehmen zu wählen, das Wert auf Unterstützung und Gestaltungsspielräume legt.

Der *Redner oder die Pfarrerin* bei der Beisetzung oder Abschiedsfeier kann eine wichtige Hilfe sein, um Erinnerungen zu ordnen und einen würdevollen Abschied zu gestalten.

Floristen, Musikerinnen, Anzeigengestalter und Texter stellen ihre Kompetenzen zur Verfügung.

Der *Hausarzt* kann Sie bei Bedarf für einige Tage krankschreiben und Ihnen erste Hinweise geben, wie Sie sich mit pflanzlichen Mitteln oder in Ausnahmefällen mit Medikamenten unterstützen können.

Trauerbegleitung und Psychotherapie sind in den ersten Wochen selten nötig, sie setzen erst später ein, wenn man übersehen kann, was man für den weiteren Trauerweg braucht. Denken Sie daran, dass Sie einen Weg gehen, den Millionen Menschen jedes Jahr gehen müssen und können, weil ein nahestehender Mensch gestorben ist.

Übung

Wenn Sie dieses Buch in den ersten Wochen lesen, nehmen Sie sich einen Augenblick Zeit und beobachten Sie sich selbst:

- Wie sehen Ihre Überlebens-Mittel aus?
- Möchten Sie etwas ändern, weil die Strategien, die Sie gerade anwenden, eigentlich schon lange nicht mehr zu Ihnen gehören?

Und wenn der Tod schon eine Weile zurückliegt:

- Können Sie sich erinnern, wie Sie diese Wochen überstanden haben? Überlegen Sie, wie Ihre Überlebensstrategien aussahen.
- Was hat Ihnen geholfen, diese Zeit zu überstehen?

- Wer hat Ihr Weiterleben unterstützt?
- Wie sahen die Überlebensstrategien Ihrer Familienmitglieder aus?
- Versuchen Sie, rückblickend Respekt für die unterschiedlichen Überlebensstrategien zu empfinden.

Geschichte

Antoine Leiris beschreibt in seinem Buch »Meinen Hass bekommt ihr nicht«, wie er in den ersten Tagen nach dem Tod seiner Frau mit dem gemeinsamen siebzehn Monate alten Sohn überlebt:

»Seit Freitag ist Melvil allein Herr über die Zeit. Als Dirigent gibt er mit seinem Taktstock den Rhythmus unserer beiden Leben vor. Das Aufwachen, die Mahlzeiten, die Mittagsschläfchen, das Zubettgehen. Was bedeuten schon die Stunden, er beschließt, wann das Universum aufstehen muss, und ich richte mich danach, damit seine Welt intakt bleibt. Jeden Tag spiele ich dieselbe Sinfonie, deren Metronom er ist, achte darauf, jeden Ton zu treffen. ... Mir ist sonst nichts eingefallen, womit ich ihm hätte sagen können, dass das Leben trotz allem weitergehen wird. Mich an unsere Gewohnheiten zu klammern bedeutet, das Schreckliche und das Wunderbare vor der Tür zu lassen. Das Grauen jener Nacht und das Mitgefühl, das ihm auf den Fersen folgt. Die Wunde und die Verbände, die man darauflegen wollte. Weder das eine noch das andere hat seinen Platz in unserem jetzt schon sehr ausgefüllten kleinen Leben.« (S. 67-68)

Trauerfacette Wirklichkeit

Die ersten Wochen nach einem Tod sind die ersten Wochen eines veränderten Lebens. Das Realisieren beginnt, auch wenn man sich weiter unter der »Käseglocke« fühlt oder wie in einem Traum, aus dem man bestimmt gleich erwacht. Falls der Tod tatsächlich zu bedrohlich für das eigene Überleben scheint, dann überdeckt die Trauerfacette »Überleben« jedes Realisieren. Da hilft dann nur die Suche nach zusätzlicher Unterstützung, Beruhigung und Stabilisierung (s.o. »Trittsteine für das Überleben« S. 54).

Falls jemand in Ihrer Familie diesen Tod zu diesem Zeitpunkt überhaupt nicht »begreifen kann«, verzichten Sie bitte auf Druck oder Abwertungen. Überlegen Sie lieber, ob Sie ihr/ihm zusätzliche Unterstützung in der Facette »Überleben« geben können.

Körperliche Wirklichkeit

Der Tod hat eine starke körperliche Wirklichkeit. Jeder lebende Mensch hat einen Körper, den die anderen wiedererkennen, wenn sie ihn sehen, hören, riechen und spüren können. Der eigenwillige Stimmklang, der charakteristische Rhythmus der Schritte, die ganz bestimmte Art zu grinsen, der unverwechselbare Geruch und das besondere Gefühl der Berührung bei einer Umarmung, – sie zeigen uns die Einzigartigkeit dieses Menschen.

In den ersten Wochen nach seinem Tod ist der Verstorbene noch eine Weile körperlich präsent – aber nicht mehr lebendig. Wenn Sie ihn/sie ansehen, fehlt das Heben und Senken des Brustkorbs beim Atmen. Die Haut ist kühl, die Augen sind blicklos und meist geschlossen, es gibt kein Begrüßungslächeln, kein Atemgeräusch, keinen noch so feinen Pulsschlag. Die Tage, in denen die Verstorbenen noch körperlich unversehrt anwesend sind, geben den Weiterlebenden die große Chance, mit allen Sinnen die *physische Wirklichkeit eines Todes* zu begreifen. »Das ist er nicht mehr!« »Da ist sie gar nicht mehr drin« sagen Kinder unverblümt und so fühlen auch Erwachsene. Vor diesem »Begreifen« haben viele

Menschen Angst, und es ist auch nicht »schön« im Sinne von romantisch oder perfekt. Aber wenn es in einer wertschätzenden Umgebung passiert und man sich diesem Moment so nähern kann, wie man es selbst aushält, dann ist es auch nicht »schrecklich«. Es ist einfach die Wirklichkeit.

Alle Religionen haben *Rituale* entwickelt, in denen die Hinterbliebenen mit dem Körper der Verstorbenen in Kontakt kommen. Dabei werden sie von Fachleuten unterstützt, die vor dem Tod weder erschrecken noch zurückweichen, sondern mit großer Ruhe und voller Respekt mit den Verstorbenen umgehen können. Die Verstorbenen werden von ihnen, manchmal mithilfe der Angehörigen, gewaschen und zurechtgemacht. Sie können dann offen aufgebahrt werden, letzte Gespräche mit ihnen geführt, Gebete bei ihnen gesprochen werden, Stunden, Tage und Nächte lang, und dabei wird ihre verlöschende Anwesenheit gespürt.

Eltern, die ein Kind kurz vor oder während der Geburt verlieren, berichten von der tröstlichen Erfahrung, ihr verstorbenes Baby noch einmal mit nachhause zu nehmen, es in die liebevoll ausgesuchten Babykleider zu hüllen, es zu wiegen und herumzutragen.

Menschen, deren Angehörige bei einem Unfall ums Leben kamen und schwere Verletzungen erlitten haben, möchten trotzdem sehr oft sehen und fühlen, wie der Verstorbene aussieht. Sie möchten ihm nah sein, sie möchten mit ihm sprechen, ihn streicheln. Sie möchten sich vergewissern, dass es wirklich ihr Mann, ihre Tochter, ihr Bruder, ihre Großmutter ist, die daliegt und nicht wieder aufstehen wird. Da sind bei starken Verletzungen auch eine unversehrte Hand mit dem vertrauten Ring oder eine Locke des unverwechselbar widerspenstigen Haars genug, um diese Bedürfnisse zu erfüllen.

Wenn der Körper des Verstorbenen doch zu stark verletzt ist, nehmen Menschen auch am geschlossenen Sarg Abschied, sie möchten dem Verstorbenen so nah sein wie möglich und wenigstens die Hand auf das Holz legen, unter dem er liegt.

Trittsteine für die Aufbahrung

- Die Möglichkeit, beim Waschen und Ankleiden beteiligt zu sein, *so wie man es möchte.*
- Die Möglichkeit, den Verstorbenen offen aufbahren zu lassen, *vielleicht sogar zuhause.*
- Eine angenehme, *würdevolle Umgebung.*
- Die Möglichkeit den Raum zu gestalten, Musik zu spielen, Erinnerungsgegenstände auszulegen.
- *Viel Zeit* und Möglichkeiten, immer mal wieder hin- und wieder wegzugehen.
- Fachleute, die erklären, wie der Verstorbene aussieht und die ihre Begleitung anbieten, auch für Kinder und Jugendliche. Das kann das einfache Mitgehen sein oder z. B. die Krankenschwester, die dem Verstorbenen liebevoll über die Wange streichelt, was man sich allein nie getraut hätte.

Stolpersteine für die Aufbahrung

- Wenn der Verstorbene nicht gefunden wurde.
- Wenn der Körper des Verstorbenen so stark verletzt ist, dass eine Aufbahrung nicht möglich ist.
- Wenn Fachleute pauschal von der Aufbahrung abraten, ohne Alternativen anzubieten.
- Ängste vor dem Anblick von Verstorbenen, die aus Erfahrungen mit anderen Sterbesituationen stammen.
- Der Versuch, sich oder andere zu schonen, ohne sich vorher zu informieren. Der Versuch von anderen, einem etwas zu ersparen, ohne zu fragen, was man selbst möchte.
- Wenn man gezwungen wird, einen Verstorbenen anzusehen oder für eine polizeiliche Untersuchung zu identifizieren, und wenn das ohne Vorbereitung und ohne eine wertschätzende Umgebung geschieht.

- Wenn der Verstorbene so stark geschminkt und zurechtgemacht ist, dass man ihn kaum erkennt.

Trittsteine für diese Stolpersteine

- *Wenn der Abschied vom Verstorbenen für Sie nicht so möglich ist oder nicht möglich war,* wie Sie es sich gewünscht haben, dann helfen Fantasiebilder von dem Abschied, den Sie sich gewünscht hätten. Sie können Ihre Fantasie nutzen, um sich auszumalen, was Sie gern gesagt und getan hätten. Schmücken Sie diese Bilder aus, Sie bekommen im Lauf der Zeit eine tröstliche Wirklichkeit.
- *Wenn jemand in der Ferne gestorben ist*, können Sie ein eigenes Abschiedsritual oder sogar eine kleine Feier mit Freunden und Angehörigen durchführen. Wenn Sie zu Beginn eine Kerze anzünden und zum Ende des Rituals bzw. der Feier diese Kerze ganz bewusst ausblasen, dann erleben Sie ein winziges Stück der »Wirklichkeit des Todes«.

Der letzte Abschied vom Körper

Schließlich kommt der Moment, in dem der Körper des Verstorbenen in den Sarg (oder ein Tuch) gelegt und mit dem Schließen des Sargdeckels unseren Blicken und Berührungen entzogen wird. Der geschlossene Sarg oder auch die Urne während der Abschiedsfeier definieren die Distanz zueinander: auf der einen Seite der Verstorbene, auf der anderen Seite die Lebenden in einer Gemeinschaft mit anderen Lebenden. Dazwischen die beruflichen »ÜbergangshelferInnen« – Seelsorger oder Rednerin, Bestatterin und vielleicht auch Musiker, die die Toten ehren und die Lebenden unterstützen sollen. Nach der Feier erfolgt *der Gang zum Grab* hinter dem Sarg her. In vielen Traditionen wird der Sarg (oder der in ein Tuch gehüllte Leichnam auf einem Brett) von nahen Angehörigen und verdienten Freunden getragen, eine letzte Möglichkeit, ihm körperlich so nah zu sein. Dann wird der verstorbene Körper noch weiter von den Lebenden entfernt und unerreichbar für die Sinne: Das *Absenken des Sarges* bzw. der Urne in ein Erdgrab oder in die Brennkammer eines Krematoriums sind schmerzhafte »Wirklichkeitsmacher« für unsere Augen. Bei einer Erdbestattung ist es Brauch, eine Schaufel Erde ins offene Grab zu werfen, das damit verbundene Geräusch gibt auch ein hörbares Signal dafür, dass hier etwas Unwiderrufliches geschieht. Das *Fortgehen vom Grab* markiert schließlich allen Lebenden die Trennung vom Körper des Verstorbenen.

Diese einzelnen Schritte der *Vergegenwärtigung eines Todes* lösen Schmerz aus, Tränen, Verzweiflung und Einsamkeit – es liegt nahe, sich und anderen diese Erfahrungen ersparen zu wollen. Falls die Trauerfacette Überleben im Vordergrund steht, wird das auch geschehen müssen, denn das Überleben hat unbedingten Vorrang. Aber leider ändert das Wegsehen nichts an der Tatsache, dass ein sehr vertrauter und nahezu lebens-wichtiger Mensch gestorben ist. Es ist wie bei Kindern, die sich die Augen zuhalten und meinen, damit unsichtbar zu sein. Die Tatsachen verschwinden nicht vom Wegsehen. Sie werden nur unschärfer, schwerer zu verstehen und dadurch bedrohlicher.

Geschichte

Eine Freundin von uns starb überraschend. Sie war im Abschiedsraum eines modernen Bestattungshauses aufgebahrt und wir kamen spät abends nach Arbeitsverpflichtungen, um sie noch einmal zu sehen. Ich erinnere mich an die eigenartige Stille und Schwere im Raum, sie wirkte wie in Stein gemeißelt. Um sie herum waren kleine Geschenke und Erinnerungsstücke drapiert, es waren ganz offensichtlich schon andere Freundinnen und ihre Familie bei ihr gewesen. Schöne bunte Tücher, wie sie sie geliebt hatte, waren über sie gebreitet. Sie hatte oft kalte Hände gehabt und jemand hatte ihr regenbogenfarbige Pulswärmer angezogen. Ich nahm meinen Schal und legte ihn vorsichtig neben ihren Körper. Es war sehr tröstlich, in all dem Unglück diese vielen kleinen Zeichen der Liebe und Wärme zu sehen. Später fand ich denselben Schal in einer anderen Farbe und schenkte ihn ihrer Schwester während der Beerdigung.

Die spirituelle Wirklichkeit des Todes

»Da ist sie nicht mehr drin!« – diese Erfahrung machen Menschen, wenn sie sich der körperlichen Wirklichkeit des Todes nähern können. Es bleiben die Fragen – wo ist sie/er dann? Sind die Toten überhaupt noch irgendwo? Oder gibt es nur das große Nichts? Auch wenn Vorstellungen von einem Leben nach dem Tod oder der Wiedergeburt zuvor als Unsinn abgetan wurden, – mit dem Tod eines nahen Menschen werden diese Fragen mit einem Mal existentiell wichtig.

Dabei beeinflussen die *Vorstellungen von dem, was nach dem Tod kommt,* auch andere Facetten des Trauerns. Das schiere »Überleben« scheint manchen Trauernden nur deshalb möglich, weil sie fest an ein Wiedersehen im Himmel glauben. Auch das »Verbundenbleiben mit den Verstorbenen« ist für viele Menschen eine spirituelle Erfahrung. Sie spüren Kraft, die sie als Kraft der Verstorbenen erklären, die auf sie übergeht. Sie sehen ungewöhnliche Dinge, die sie als Zeichen der Verstorbenen oder als Ausdruck einer schützenden göttlichen Kraft deuten. Sie nehmen hauchzarte Berührungen wahr, die Stimme des Verstorbenen scheint zu ihnen zu sprechen, in Tag- und in Nachtträumen sind die Verstorbenen ganz nah.

Ein Großteil der Menschheit glaubt daran, dass die Verstorbenen tatsächlich noch in irgendeiner Form da sind. Hier einige Beispiele:

- Das kann der *Glaube an Ahnen* sein, die uns begleiten und uns Rat geben, wie in vielen ursprünglichen afrikanischen Religionen und bei den australischen Aborigines.
- Im japanischen Shintoismus werden die Ahnen der jeweiligen Familie mit *Schreinen* verehrt, die selbstverständlich in der Wohnung stehen.
- Unterschiedliche hinduistische und buddhistische Strömungen gehen von einer *Wiedergeburt der Seelen* aus.
- Das Judentum, das Christentum und der Islam nehmen die *»Auferstehung des Fleisches«* erst für das Ende aller Zeiten an. Bis dahin leben die Seelen in einer Art Zwischenwelt.

In unserem 21. Jahrhundert mischen sich in Europa Kulturen, Religionen und spirituelle Vorstellungen, so dass sich heute jeder seine eigene Vorstellung aus den verschiedensten Traditionen zusammenbaut. Diese *Glaubensvorstellung* ist für jeden von uns Teil unserer Wirklichkeit, es »ist« für uns so, wie wir es uns vorstellen. Genauso wie es für ungläubige Menschen so »ist«, dass da nichts mehr kommt. Ein Streit darüber ist nutzlos! Aber ein interessierter Austausch über verschiedene Vorstellungen kann spannend sein und neue Impulse geben.

Trittsteine für die spirituelle Wirklichkeit des Todes

- Tröstliche Glaubensvorstellungen aus der Kindheit.
- Religiöse und weltliche Abschiedsrituale, die als stimmig und tröstlich empfunden werden.
- Offenheit für physikalisch nicht erklärbare Phänomene wie Licht- und Wetterveränderungen bei bestimmten Momenten, z. B. der Beerdigung.

- Angstfreier Umgang mit Präsenzerlebnissen, Träumen und der Wahrnehmung von wiederholt auftauchenden Tieren, z. B. Schmetterlingen oder Vögeln, die als ein liebevolles Zeichen der Verstorbenen wahrgenommen werden.
- Menschen, mit denen Sie sich über Ihre Erlebnisse, Vorstellungen und Fragen austauschen können.

Stolpersteine für die spirituelle Wirklichkeit des Todes

- Die Vorstellung vom »großen schwarzen Nichts«, in das die Sterbenden gehen.
- Religiöse und weltliche Rituale, die als unstimmig und aufgezwungen wahrgenommen werden.
- Menschen, die ihre eigenen Glaubensvorstellungen für die einzig möglichen halten und sie anderen aufzwingen wollen.
- Menschen, die tröstliche Glaubensvorstellungen und Präsenzerlebnisse für Ausdruck einer psychischen Störung halten.

Übung

Nehmen Sie sich einen Augenblick Zeit und denken Sie darüber nach, woran Sie glauben. Haben sich Ihre Vorstellungen durch den gerade erst erlebten Tod verändert? Finden Sie eventuelle Präsenzerlebnisse oder »Zeichen« eher beunruhigend oder tröstlich? Vielleicht gibt es Menschen, mit denen Sie sich über Ihre Vorstellungen und Fragen austauschen können. Die MitarbeiterInnen von Bestattungshäusern, Hospizen und auch alle, die in der Trauerbegleitung arbeiten, kennen viele Vorstellungen. Der Seelsorger kann Ihnen seine Glaubensvorstellung erklären, andere Trauernde haben vielleicht Bilder und Geschichten, die Ihnen helfen, Ihre Gedanken zu sortieren.

Wirklichkeit in Worten

Es gibt Umschreibungen des Sterbens: Ein Mensch sei »eingeschlafen« oder »von uns gegangen« heißt es. Im Umgang mit Kindern merkt man schnell, wie ungenau diese Begriffe sind. Einschlafen tun wir alle am Abend und wachen am Morgen wieder auf – doch der/die Verstorbene wacht nicht wieder auf! Verstorbene kommen auch nicht zurück wie jemand, der vom Einkaufen oder aus dem Urlaub zurückkehrt. Ein Mensch ist gestorben und ein Mensch ist tot, das sind die Worte, die genau beschreiben, was geschehen ist. Deshalb möchte man sie auch nicht benutzen, es tut zu weh, klingt zu kalt. Manchmal geht es auch darum, eine spirituelle oder deutende Wirklichkeit des Todes zu beschreiben und auszudrücken, dass es ein sanfter Übergang war. Trotzdem braucht es auch die schlichte *wirklichkeitsschaffende Mitteilung*, dass jemand gestorben und tot ist.

Geschichte

Eine Kursteilnehmerin, deren Sohn während eines Arbeitsaufenthalts im Ausland gestorben war, erzählte von ihrer totalen Fassungslosigkeit. Sie konnte nicht begreifen, dass ihr einziger Sohn gestorben war. Obwohl die Firma ihres Sohnes ihr sofort einen Flug finanzierte, so dass sie ihn noch dort sehen und sich von ihm verabschieden konnte, blieb es unwirklich. Er war monatelang im Ausland gewesen und es schien zunächst keine Veränderung seines »Wegseins« zu geben. Sie erzählte mir, dass ihr erst der Satz »Mein Sohn ist tot, mein Sohn ist gestorben!« half. Sie sprach ihn wochenlang zu sich selbst und schrieb ihn immer wieder auf. Über das wiederkehrende Aussprechen dieser für sie unbegreiflichen Tatsache konnte sie langsam daran glauben, dass es wirklich passiert war.

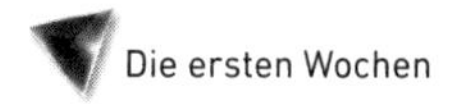

Unperfekte Worte

Es kann eine Weile dauern, bis die eigenen Worte wieder ausdrücken können, was man fühlt und denkt, denn bei schockartigen Zuständen kann das Sprachzentrum eine zeitlang beeinträchtigt werden. Aber es entlastet enorm, wenn man es wagt, sich selbst und seine Erlebnisse in Worte zu fassen. Worte schaffen Wirklichkeit, *es müssen nicht perfekte Worte sein*, es reichen einfache Worte: geschriebene Worte auf Zettel und in Tagebücher. Veröffentlichte Worte in der Todesanzeige. In den ersten Wochen bieten andere Menschen Ihnen Worte an für das, was geschehen ist: gesprochene Worte auf der Begräbnisfeier und beim anschließenden Zusammensitzen. Geschriebene Worte, die in Beileidskarten stehen. Worte, die in Erinnerungsblogs und Gedenkbüchern aufgeschrieben werden. Sie können auch auf die Worte von fremden Menschen zurückgreifen und sich darin wiederfinden: Worte, die in Gedichten und Liedtexten bekannt geworden sind. Worte, die in heiligen Schriften stehen.

Lassen Sie auch Ihre *Kinder* sprechen und erzählen Sie ihnen in einer Sprache, die dem jeweiligen Alter entspricht, was passiert ist (bei Kindern sollten Sie neben den Worten auch Bilder, Symbole und einfache Geschichten benutzen). Zeigen und benennen Sie, was Sie fühlen und was Sie tun. Auch wenn ein Kind den einzelnen Begriffen noch nicht viel Inhalt zuordnen kann, ist es wichtig, sie zu benutzen. Neue Begriffe füllen sich für Kinder (und auch für Erwachsene) im Lauf der Zeit mit dem, was sie bedeuten.

Überwältigende Erlebnisse

Falls man etwas Bedrohliches oder Überwältigendes im Zusammenhang mit dem Sterben eines Angehörigen/Freundes erlebt hat, dann kann es passieren, dass die Bilder von diesem Erlebnis immer wieder auftauchen. Das ist dann jedes Mal mit derselben Panik verbunden wie beim ursprünglichen Erlebnis. Deshalb versucht man intensiv, das Ganze zu vergessen. Wenn man dann doch darüber spricht, bricht die Geschichte aus einem heraus, und man fühlt sich genauso fürchterlich wie während des ersten Erlebens. Die Geschichte verselbstständigt sich, sie wird eine Floskel, die sich jedes Mal in denselben Worten und mit denselben Gefühlen wiederholt. Diese Form des Erzählens macht die Geschichte jedes Mal noch schrecklicher, statt Entlastung zu verschaffen, wie man das vom Erzählen sonst gewöhnt ist.

Trittstein für diesen Stolperstein

Versuchen Sie, die »fertige Geschichte« auseinander zu nehmen. Erzählen Sie sie sich selbst und anderen jedes Mal ein wenig anders. Setzen Sie früher oder später ein als sonst, fassen Sie die besonders bedrohlichen Teile zusammen, atmen Sie zwischen den Sätzen bewusst ein und aus. Sehen Sie Ihr Gegenüber an, starren Sie nicht auf den Boden oder an die Decke, es ist wichtig, dass Sie beim Erzählen merken, dass das jetzt NICHT die damalige Situation ist, sondern eine andere. Widerstehen Sie dem Automatismus, die Geschichte in der Gegenwartsform zu erzählen, zwingen Sie sich, in der Vergangenheitsform zu sprechen, dann merken Sie, dass diese Geschichte nicht JETZT passiert, sondern schon passiert ist. Versuchen Sie, sich nicht nur an die bedrohlichen Details zu erinnern, sondern auch daran, wer bei Ihnen war. Wer hat Sie unterstützt? Wie haben Sie das ausgehalten? Woran haben Sie sich innerlich festgehalten? Geben Sie diesen Teilen der Geschichte immer mehr Raum. Auf S. 76ff. und S. 93-100 finden Sie Anregungen, wie Sie sich immer wieder selbst beruhigen können. Falls Ihnen das im Lauf der nächsten Wochen nicht gelingt, suchen Sie Unterstützung bei einem erfahrenen Trauerbegleiter oder Traumatherapeuten.

(Das Zuschütten der bedrängenden Erinnerungen mit Alkohol oder das Betäuben mit Schlaftabletten sind keine dauerhafte Lösung!)

Geschichte

Antoine Leiris beschreibt, wie er drei Tage nach dem gewaltsamen Tod seiner Frau die Worte wiederfand:

»Seit Freitagabend hatte ich den Gebrauch der Sprache praktisch verloren. Sätze mit mehr als drei Wörtern waren mir zu anstrengend. Die bloße Vorstellung, ich müsste Wörter aneinanderreihen, die die Frucht eines Gedankens wären, raubte mir alle Kraft. Ich war ohnehin nicht fähig zu denken. In meinem Kopf waren nur sie, die ich verloren hatte, und er (der gemeinsame Sohn Melvil), den ich vor diesem Rauschen, das alles Übrige verschwimmen ließ, beschützen musste. Selbst auf einfache Fragen antwortete ich mit Schweigen. Bestenfalls ernteten manche ein mehr oder minder nachdrückliches Knurren ... Seit ich sie wiedergesehen habe, beginnt das Rauschen nachzulassen und meine Zunge sich zu lösen.« (S. 52-54).

Trauerfacette Gefühle

Von Fassungslosigkeit über Wut und Liebe bis zum Stress

Was fühlen Menschen so kurz nach dem Tod eines nahen, geliebten, vertrauten, wunderbaren Menschen? Es gibt keine Regel, jeder fühlt etwas anderes und die Gefühle können ständig wechseln, es ist eine ver-rückte Zeit, in der alles möglich ist.

Manche Hinterbliebenen sind sogar *empfindungslos*, weil ihr Überleben so gefährdet ist durch die Ereignisse, dass ihr inneres »Überlebensprogramm« den Zugang zu den eigenen Emotionen blockiert. Wenn Sie diese Empfindungslosigkeit erleben, können Sie im Abschnitt »Überleben« (S. 54 und S. 93-100) einige Ideen bekommen, wie Sie sich stabilisieren und beruhigen können. Vielleicht zeigen sich dann Gefühle, vielleicht brauchen Sie aber einfach noch eine »Schonzeit«.

Gefühlen tut es gut, wenn sie ausgedrückt werden. Das Zusammenreißen kann für manche Situationen Halt geben, aber auf der langen Strecke eines Trauerweges wird es zum Stolperstein.

Fassungslosigkeit und Ungläubigkeit sind die Reaktionen, die mit der Facette »Wirklichkeit« ringen. »Das kann nicht wahr sein!«, »Das ist ein Traum, aus dem ich gleich erwachen werde …«, »Sowas passiert anderen, aber doch nicht mir …«. Nehmen Sie die Fassungslosigkeit an, das Begreifen wird mit der Zeit kommen. Schreiben Sie Ihre Fragen auf, egal wie oft, dann sind sie raus aus dem Kopf.

Mit jedem kleinen Begreifen, dass der/die andere tatsächlich gestorben ist, brechen *Schmerz und Sehnsucht* auf. Der Seelenschmerz ergreift Körper und Seele gleichermaßen und ist so stark, wie viele ihn noch nie in ihrem Leben empfunden haben. Verzweiflung folgt dem Schmerz und eine brennende Sehnsucht, bei dem Verstorbenen zu sein. Falls Sie weinen können, nützen Sie den Tränenstrom als Entlastungsventil für den reißenden Seelenschmerz. Falls Sie sich nicht dafür schämen, erlauben Sie sich auch, das Stöhnen, Wimmern und Klagen rauszulassen. Suchen Sie sich aber Pausen vom Schmerzausdruck, in denen Sie einen Moment der Ruhe und des Trostes spüren könnten, oder einfach die Taubheit der Erschöpfung.

Gedanken an den eigenen Tod können auftauchen. Selber tot sein würde diesen irrwitzigen Zustand des Schmerzes und der Ratlosigkeit beenden. Selber tot sein hieße auch, dem Verstorbenen wieder nah sein – das ist zumindest die Fantasie. (Falls Sie ernsthafte Suizidgedanken haben, sprechen Sie bitte zum Schutz Ihres eigenen Lebens mit Ihren Angehörigen darüber und suchen Sie ärztliche Unterstützung! Sie möchten Ihren Angehörigen das nicht antun, dass Sie jetzt auch noch sterben.)

Wut kann sich einstellen. Zorn, Rachegelüste, starke aggressive Impulse, die irgendwas zerstören wollen. Unvernünftig ist das, eine impulsive Abwehrreaktion, als könnte man das Sterben wegjagen wie ein wildes Tier, das den Verstorbenen angegriffen hat. Diese instinktive Wut braucht einen Ausdruck – versuchen Sie aber bitte, Ihren Zorn nicht an Ihrer Familie oder den UnterstützerInnen auszulassen! Schreien Sie z. B. lieber ein Foto an, schmeißen Sie Kissen durch die Gegend oder stürzen Sie sich in anstrengende Gartenarbeit (Ideen für weitere »Wutventile« finden Sie auf S. 122).

Die Empfindung, der Verstorbene sei erlöst, sei gut aufgehoben, kann *inneren Frieden* entstehen lassen.

Ein *entrückter Zustand von Hingabe* an die nicht mehr änderbare Situation kann eine unerwartete Erfahrung sein (sie hält in der Regel nicht dauerhaft an).

Tiefe Liebe, unverbrüchliche Treue, Dankbarkeit für die gemeinsame Lebenszeit, Bewunderung und Respekt für den Verstorbenen können Kraft geben.

Zehrendes Mitleid mit dem Leiden des Verstorbenen kann den Schmerz vertiefen. Versuchen Sie, den Verstorben nicht auf sein Leiden zu reduzieren, setzen Sie – falls es Ihnen möglich ist – Erinnerungen an die kraftvollen und selbstbestimmten Seiten des verstorbenen Menschen neben die Erinnerungen an sein Leiden wie in einer Fotocollage.

Die *Sorge* um andere Familienmitglieder kann *Kummer, Angst, Bedauern und Überforderung* auslösen. Versuchen Sie, auf die Überlebensstrategien der andern zu schauen. Versuchen Sie, die Unterstützung innerhalb der Familie und von außen wahr- und anzunehmen. Es könnte sein, dass Sie nicht alles allein zusammenhalten müssen.

Sture Entschlossenheit, nicht unterzugehen und niemanden in der Familie untergehen zu lassen, gibt Kraft und lässt Sie manches bewältigen, was unmöglich scheint.

Angst, dass noch etwas geschieht, kann sich ausbreiten. Kinder zeigen diese Angst sehr direkt: Wenn ein Elternteil gestorben ist, fürchten Kinder unmittelbar, dass der zweite Elternteil auch stirbt und sie völlig allein sind. Kinder wollen deshalb ständig wissen, wo die lebenden Familienmitglieder sind und wollen bei ihnen schlafen. Aber auch Erwachsene können es oft nicht gut ertragen, allein zu sein, weder tagsüber noch nachts. Bitten Sie um Nähe und Unterstützung, nehmen Sie Angebote an, die zu Ihnen passen. Und seien Sie bitte geduldig mit Familienmitgliedern, die in diesen ersten Wochen mehr Angst haben und mehr Nähe brauchen (bzw. weniger Nähe aushalten) als Sie selbst.

Stress, Anspannung und Druck angesichts all der Dinge, die zu erledigen sind, führen zu Mutlosigkeit oder Zorn. Versuchen Sie es mit Listen, in denen Sie aufschreiben, was wann zu tun ist und haken Sie ab, was Sie geschafft haben. Verschieben Sie alles, was verschoben werden kann. Geben Sie Angelegenheiten ab, die jemand anderes erledigen kann. Nehmen Sie Unterstützung in Anspruch, Sie haben es verdient! Gönnen Sie sich Pausen, sonst halten Sie das nicht lange durch.

Gefühle im Körper

Auch der Körper drückt die Empfindungen und Gefühlszustände aus. So verwirrt die Gefühle und Gedanken sind, so verwirrt können in diesen ersten Wochen der Schlafrhythmus, das Essverhalten und andere Körperkreisläufe sein.

- *Schlafprobleme* können auftreten, als hätte der Körper vergessen, wie das Einschlafen und das Durchschlafen funktioniert.
- Hunger ist für viele nicht mehr vorhanden, *Essen* kann Ekel auslösen, man »bekommt nichts runter«. Ständige Übelkeit kann Angst und Überforderung ausdrücken.
- Die Temperaturregelung kann aussetzen, ungewöhnliches Frieren oder Schwitzen sind die Folge.
- *Das Atmen* kann schwerfallen, Beklemmungen, ein Kloß im Hals und Druck auf der Brust können sich einstellen.
- *Das organische Herz* kann mit dem metaphorischen Herz zusammen schmerzen und ins Stolpern geraten.
- Der *Kreislauf* ist eventuell durcheinander, Übelkeit, Schwächegefühle oder eine Ohnmacht können die Folge sein.
- Der Stress verstärkt bestehende Verspannungen im Schulter-Nackenbereich,
- Der Seelenschmerz kann einen Körperschmerz an jeder beliebigen Stelle des Körpers auslösen, ohne dass es dafür eine organische Ursache gibt.
- Selbst das Gehirn ist durcheinander, *Konzentrationsschwierigkeiten* sind die Folge, vieles wird vergessen oder gar nicht erst wahrgenommen. Das schafft zusätzliche Verunsicherung und schürt die Angst, verrückt zu werden.

Kein Wunder, dass so viel Durcheinander im Körper herrschen kann, denn etwas Überwältigendes und Einschneidendes ist geschehen. Der Organismus braucht jetzt eine Weile, sich von dem Schrecken zu erholen und in seine gewohnten Verhaltensweisen zurückzufinden.

Versuchen Sie, das Durcheinandersein von Körperreaktionen, Gedanken und Gefühlen *eine Weile auszuhalten.* Der Organismus beruhigt sich in der Regel im Lauf der kommenden Wochen, Sie brauchen nicht gleich mit Tabletten gegen das

Durcheinander anzugehen. Sie können sich und Ihre Familie unterstützen, indem Sie zwischendurch *kleine Ruhe-Inseln* schaffen. So erinnert sich Ihr Organismus daran, wie er normalerweise funktioniert.

Rituale

Rituale sind Handlungen, die mehr bedeuten, als das, was eigentlich getan wird. So ist die »Totenwäsche« mehr als das Reinigen des Verstorbenen, sie bedeutet Hingabe und Liebe, Würdigung und oft auch eine spirituelle Reinigung. Die Auswahl der Kleidung, der Frisur und des Makeups drücken die Persönlichkeit des Verstorbenen aus. Wer dabei sein oder sogar mithelfen mag, die Verstorbene herzurichten, kann dem geliebten Körper noch einmal zärtlich und respektvoll begegnen. In der Trauerfacette »Wirklichkeit« habe ich bereits einige Rituale beschrieben (S. 57ff.). *Rituale locken Gefühle hervor und sie geben den Gefühlen einen fest gefügten Ausdruck*: von Zärtlichkeit über Entsetzen bis zu tiefem Frieden. Das gelingt ihnen nur dann, wenn Sie als Trauernder mit dem Ritual einverstanden sind. Suchen Sie deshalb das Gespräch mit dem Bestattungshaus und dem Geistlichen über die Rituale vor und während der Abschiedsfeier, *bringen Sie Ihre Vorstellungen ein*!

Viele Rituale werden innerhalb von *Kulturen und Religionsgemeinschaften* weitergegeben und beziehen dadurch einen Teil ihrer Kraft. Man muss sich dann nicht allein ausdenken, welche Form man seinen Gefühlen geben möchte, sondern kann das in einem vertrauten Rahmen tun. Solche traditionellen Rituale werden meist innerhalb einer Gruppe ausgeübt und auch das kann als stärkend und tröstlich erlebt werden, aber nur, wenn man sich weitgehend mit dem Ritual und der Gruppe wohlfühlt! Bestattungen gehören in allen Kulturkreisen zu den »kollektiven« Ritualen und sogar Menschen, die sich von ihrer Glaubensgemeinschaft abgewandt haben, können es als tröstlich und machtvoll erleben, wenn gemeinsam ein vertrautes Gebet gesprochen oder ein bekanntes Lied gesungen wird.

Die *»Beileidsbezeugung« am Grab* kann ein rituelles Erlebnis der Verbundenheit sein, an das man sich lange erinnern wird, man sollte sie nicht von vornherein ausschließen. Ein Bestatter erzählte mir, dass er Hinterbliebenen rät, sich alle Optionen offen zu halten.

Der *»Beerdigungskaffee« ist ebenfalls eine kollektive rituelle Handlung,* die weit über das Kaffeetrinken hinausgeht. Hier treffen sich die Trauernden und gehen ein Schritt in den Alltag miteinander, in dem sie essen und trinken und miteinander sprechen. Alltagsgespräche wechseln ab mit Erinnerungen an den Verstorbenen und auch die Freude, alte Bekannte wiederzusehen. Die Trauerfacette »Überleben« wird hier ganz unerwartet deutlich sichtbar.

Andere Rituale entwickeln Trauernde als *intimen Ausdruck ihrer ganz persönlichen Liebe* und Verbundenheit. Dazu gehört z. B. das Bemalen eines Sargs. Manche Hospize und/oder Bestattungshäuser bieten das auch durch die Begleitung eines Künstlers an. Man kann nur den Sargdeckel oder den ganzen Sarg bemalen, das gilt für die Innenseite ebenso wie für die Außenseite. Die Bemalung kann die Persönlichkeit des Verstorbenen widerspiegeln oder ihm gute Wünsche mit auf den Weg geben. Es können gemalte »Grabbeigaben« sein, das Lieblingspferd, die Landschaft des Herzens. Auch spirituelle, schützende und unterstützende Bemalungen können den Verstorbenen »auf seinem letzten Weg« begleiten. Trauernde drücken so ihre Liebe und ihre Fürsorge für den Verstorbenen aus.

Ähnlich sind die vielen Möglichkeiten, der Verstorbenen etwas mit in den Sarg zu legen: eine Kinderzeichnung, die bevorzugte Schokolade, ein Kuscheltier und vieles mehr. Ein persönlicher Brief zum Abschied, der dem Sarg verschlossen beigelegt wird, kann auch *widersprüchliche Gefühle* ausdrücken: Wut, Fassungslosigkeit und Verzweiflung können neben Hoffnung, Sehnsucht und Dankbarkeit benannt werden.

Stimmige Rituale können starken Gefühlen einen Rahmen und eine Form geben. Deshalb sind Rituale wichtig für Trauerprozesse, sie unterstützen Menschen darin, mit ihren Gefühlen in Kontakt zu kommen und sie auszudrücken.

Trittsteine zum Aushalten von starken Gefühlen

Körperübung

Wenn Ihnen das Fühlen zu viel und zu stark wird, suchen Sie Möglichkeiten, sich zwischendurch zu beruhigen. Stellen Sie die Füße auf den Boden, fangen Sie einfach immer damit an, Ihre Füße fest auf den Boden zu stellen und den Boden zu spüren. Bewegen Sie Ihre Hände, reiben Sie sie aneinander. Klopfen Sie mit einer Hand den gegenüberliegenden Arm ab. Wiederholen Sie das mit der anderen Hand. Klopfen Sie auch Ihre Oberschenkel, oder reiben Sie fest über Ihre Haut. Versuchen Sie jetzt, tiefer als bisher zu atmen. Spüren Sie wieder Ihre Füße auf dem Boden. Wenn Sie möchten, können Sie aufstehen und ein paar Schritte gehen, vielleicht holen Sie sich etwas zu trinken oder essen sogar eine Kleinigkeit.

Fantasieübung

Eine andere Möglichkeit, uns zu beruhigen, finden wir in unserer Fantasie.

Stellen Sie sich z. B. vor, Ihre Gefühle seien wie das Meer in Ebbe und Flut: die intensiven Gefühle kommen und dann weichen sie ein Stück zurück, dann branden sie wieder an den Strand, dann fluten sie wieder ein Stück zurück und immer so weiter. Suchen Sie sich innerlich einen Ruheort, von dem aus Sie das Spiel des Meeres beobachten können, vielleicht eine Düne, auf der Sie sich im warmen Sand ausstrecken können. Nehmen Sie den Sand wahr, die Kuhle, in der Sie liegen, den Wind, der über Sie hinwegstreicht, und ein

Stück entfernt kommt und geht das Meer. Vielleicht brauchen Sie auch das innere Bild eines Leuchtturms, in dem Sie hoch oben über der stürmischen See in Sicherheit sind. Spüren Sie die festen Mauern, sehen Sie den Lichtschein, der über Land und Meer streicht, spüren Sie den Rhythmus, in dem alles geschieht. Sie können Ihren Ruheort jederzeit mit Ihren Gedanken aufsuchen.

Stolpersteine für das Spüren und Ausdrücken von Gefühlen

- *Vorschriften*, wie Gefühle jetzt zu sein haben und wie sie ausgedrückt werden sollen (auch wenn Sie selbst solche Vorschriften Ihren Angehörigen und Freunden gegenüber aussprechen, damit machen Sie sich und den andern das Leben schwer).
- Wenn Sie sich für *Kontrollverlust schämen.*
- Wenn Sie *Angst vor starken Gefühlen* oder vor bestimmten Gefühlen haben.
- Wenn Sie meinen, Sie müssten *für andere stark sein*.

Trittsteine (um diese Stolpersteine herum)

- *Geben Sie sich eine Chance,* zu fühlen und probieren Sie, wieweit Sie gehen können.
- Nehmen Sie wahr, wo und wann Sie Gefühle zulassen können, ohne das zu bewerten.
- Versuchen Sie zu respektieren, dass andere Trauernde anders mit Gefühlen umgehen als Sie selbst.
- Versuchen Sie es mit *Vertrauen* in die Menschen um Sie herum – meistens sind die erleichtert, wenn Sie etwas weniger kontrolliert und »stark« agieren.

Trittsteine, die zu Stolpersteinen werden können

Wenn Sie in diesen Wochen Ihre Gefühle mit Alkohol, Drogen oder Medikamenten in Grenzen halten oder ganz abstellen, dann ist das im Moment Ihr Weg, die Stärke der Emotionen zu regulieren. Das gehört zum »Überleben« und ist ein Trittstein. Gleichzeitig unterdrücken Sie damit das Fühlen Ihrer Gefühle, und verhindern die Erfahrung, dass die Gefühle aushaltbar sind und es sogar Erleichterung verschafft, sie rauszulassen. Stattdessen wird Ihre Angst vor den eigenen Gefühlen immer größer, und das ist dann auf dem weiteren Trauerweg ein Stolperstein.

- Nutzen Sie Mittel zum Unterdrücken von Gefühlen nur in den Momenten, wenn es wirklich nicht anders geht (Vorsicht bei Alkohol und besonders bei harten Drogen!).
- *Suchen Sie aber auch andere Wege*, mit Ihren Emotionen umzugehen.
- *Sprechen Sie mit anderen*, lassen Sie sich erzählen, wie Ihre Freunde und Angehörigen mit der Angst vor dem »Zuviel« an Gefühl und dem Verrücktwerden umgehen.
- Probieren Sie *Alternativen* wie pflanzliche Mittel oder Atemübungen.
- Falls Sie merken, dass Ihre Probleme mit Gefühlen schon länger bestehen, dann könnten Sie das später in einer Psychotherapie bearbeiten. Aber jetzt, in den ersten Wochen nach dem Tod eines nahestehenden Menschen, gehen Sie bitte so offen mit Ihrem Fühlen um, wie es gerade geht.

Trauerfacette Sich anpassen

Begrenzte Wahlmöglichkeiten

Es beginnt mit einem Blick in den Kleiderschrank und der Frage, was die angemessene Kleidung ist nach dem Tod eines Familienmitglieds. Schwarz ist zurzeit in Europa die Farbe, die Trauer signalisiert, aber es wird nicht mehr als pietätlos empfunden, wenn man etwas anderes trägt. Oder doch? Es beginnt das Abwägen zwischen den Ansprüchen von anderen und dem, was sich für einen selbst richtig anfühlt. Die Kinder einer Familie bestehen meist auf möglichst normaler, also bunter Kleidung. Die Älteren sind noch vertraut mit dem Witwenschwarz. Aber muss jeder auf der Straße sofort sehen, was passiert ist?

Sie haben in begrenztem Ausmaß die Wahl – draußen auf der Straße, im Supermarkt, beim Sport können Sie vielleicht so tun, als sei nichts passiert. Die Menschen dort reagieren noch so wie früher auf Sie. Bei dramatischen Todesfällen und wenn etwas davon in der Zeitung stand, dann wird dieser Spielraum sehr klein. Aber gleichgültig, wie viel andere schon wissen: Anpassen heißt, dass Sie Entscheidungen treffen können. Sie haben die Wahl, was Sie wem auf welche Art und Weise mitteilen. Sie wählen die Worte und Bilder für die Karte und die Todesanzeige. Sie bestimmen, wer auf der Bestattung sprechen soll, welche Musik gespielt wird und ob es eine offene Aufbahrung gibt. Sie haben auch die Wahl, sich dabei mit anderen Familienmitgliedern abzusprechen oder manche dieser Entscheidungen jemandem zu überlassen und andere wieder selbst bzw. gemeinsam zu fällen.

Trittsteine

- *Menschen, die nach Ihrer Meinung fragen* und Sie dabei unterstützen, Ihre Wünsche umzusetzen.
- *Mut zu sich selbst.*

Stolpersteine

- *Menschen, die Ihnen Vorschriften machen*
- Angst vor der Meinung von anderen.
- Medikamente, die so stark sind, dass Sie sich selbst nicht mehr spüren und Ihnen alles egal ist.

Vielleicht möchten Sie selbst nie mehr im Leben etwas Anderes tragen als tiefstes Schwarz, weil nur das Ihrer Verzweiflung entspricht. Vielleicht sehnen Sie sich aber auch nach Ihrer buntesten Jacke, weil sie mit guten Erinnerungen verknüpft ist oder einfach, weil sie Ihnen Mut zum Weiterleben gibt. Anpassen heißt abwägen, was besser auszuhalten ist: die Missbilligung von anderen oder das Gefühl, sich selbst nicht gerecht zu werden. Vielleicht hilft Ihnen der Gedanke, dass man es nie allen zugleich recht machen kann.

Sachzwänge

Die Wochen nach dem Tod eines nahen Menschen sind in Deutschland eine Zeit der bürokratischen Vorschriften und Zwänge: die Bestattung *MUSS* organisiert werden, andere Freunde und Angehörige *MÜSSEN* benachrichtigt werden. Versicherungen, Geldinstitute, Vermieter, Rententräger, Arbeitgeber bzw. Ausbildungsstätten *MÜSSEN* kontaktiert werden.

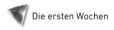

Trittsteine für die Bewältigung von Sachzwängen

Auch in all diesen Sachzwängen gibt es Freiräume. Man kann vieles verschieben. Für etliche begrenzte Aufgaben lassen sich UnterstützerInnen finden, und ein modernes Bestattungsunternehmen stellt Ihnen viele Hilfen zur Verfügung.

- Machen Sie eine *Liste* – ein gutes Bestattungsunternehmen hilft Ihnen dabei aufzuschreiben, was alles getan werden muss und wann. Sie können dann auch festlegen, was davon abgegeben werden kann. Z. B. können viele Behördengänge und auch die Benachrichtigung von Ämtern vom Beerdigungsunternehmen für Sie erledigt werden.
- *Lassen Sie sich helfen:* Falls Sie z. B. die schriftlichen Todesanzeigen per Hand adressieren möchten, können Sie sich von Freunden helfen lassen. Die sind auch hilfreich beim Zusammensuchen von Adressen und Papieren, können Fahrten übernehmen, einkaufen gehen, Mahlzeiten zubereiten.
- Suchen Sie *vertraute Menschen*, die für Ihre Kinder da sind. Kinder möchten zwar in Ihrer Nähe sein und einbezogen werden, aber auch spielen und vielleicht sogar zum Sport. Paten, Nachbarn, Eltern der besten Freunde sind da hilfreich. Und natürlich die Großeltern – falls die nicht selbst stark betroffen sind.

Neue Aufgaben

In einer Beziehung oder in einer Familie hat jeder seine Rolle und Aufgaben. Wenn jemand stirbt, sind diese Aufgaben plötzlich offen. In der Trauerfacette »Anpassen« geht es auch um diese offenbleibenden Aufgaben, die oft ganz alltäglich sind. Wer bringt jetzt den Müll runter? Wer macht jetzt die Wäsche? Wer fällt jetzt die Entscheidungen? Wer hört mir jetzt zu?

In den ersten Wochen geschieht das ohne viel Nachdenken. Jeder »rutscht« an eine freiwerdende Stelle. Die Trauerfacette »Anpassen« kann für manche Familienmitglieder alle andern Facetten überdecken und sich dabei mit dem »Überleben« verbinden. Vor allem Kinder und Jugendliche passen sich der veränderten Situation sofort an und übernehmen dabei oft Aufgaben, die eigentlich von Erwachsenen übernommen werden sollten. Ältere Geschwister kümmern sich ungefragt um die Jüngeren, bringen sie ins Bett, lesen ihnen die gewohnte Gutenachtgeschichte vor und machen ihnen Frühstück, wenn die Erwachsenen mit anderen Dingen beschäftigt sind. Sie übernehmen den Haushalt und fällen Entscheidungen, wenn die Erwachsenen sich nicht dazu in der Lage sehen. Auch heranwachsende und erwachsene »Kinder« kehren ins Elternhaus zurück, wenn z. B. der Vater gestorben ist und sind für die verwitwete Mutter da – ohne zu beachten, dass auch sie selbst um den soeben verstorbenen Vater trauern.
Wenn Sie selbst in dieser Situation sind, achten Sie darauf, diese Rolle im Laufe der kommenden Trauermonate und -jahre möglichst bald wieder abzugeben! *Sie dürfen Ihr eigenes Leben behalten.* (Das Buch »Wir leben mit deiner Trauer« könnte hilfreich für Sie sein.)

Falls Sie sehen, dass Ihre Kinder sich plötzlich sehr erwachsen benehmen, während Sie sich sehr schwach fühlen, sprechen Sie bitte andere Erwachsene an, die Ihren Kindern und Ihnen beistehen. Das können z. B. Paten, Großeltern und Freunde sein. Überlegen Sie gemeinsam, wie die Situation gestaltet werden kann, um die Kinder zu entlasten. Denken Sie auch darüber nach, welche Unterstützung Ihre Kinder auf ihrem Trauerweg brauchen könnten.

Trauerfacette Verbunden bleiben

Haben Sie auch im T-Shirt des Verstorbenen geschlafen und in der Bettwäsche, die noch nach ihm/ihr roch? Haben Sie den Anrufbeantworter wieder und wieder abgehört, um die vertraute Stimme sprechen zu hören? Das *Verbundenbleiben* zeigt sich so kurz nach einem Tod auf verschiedene Weise. Es gibt die *körperlichen Spuren*, die noch ganz lebendig sind, im Duft der zuletzt getragenen Kleider, im Lippenstiftrand auf der Lieblingstasse, im aufgeschlagenen Buch neben dem Sessel. Man bewahrt sie, so lange es möglich ist, spürt darin die Gegenwart und Besonderheit des Menschen, der nicht mehr lebt.

Daneben gibt es die nicht-körperlichen Erlebnisse, die für manche erschreckend sind, für andere beglückend, und wieder andere sehnen sich vergeblich nach ihnen. Die Verstorbenen scheinen anwesend zu sein, sie scheinen *Zeichen* zu senden oder *Traumbilder* mit Nachrichten. Viele Glaubenstraditionen sehen die ersten vierzig Tage bzw. sechs Wochen als eine besondere Zeit, in der die Verstorbenen noch nicht ganz im Jenseits, im Totsein angekommen sind. Ich finde es unwichtig, ob das so ist oder ob unsere Sinne uns einen Streich spielen, weil sie sich nicht so schnell daran gewöhnen können, wie sehr jetzt alles anders ist. Solche *Präsenzerlebnisse* sind in der Regel tröstlich und lindern die Einsamkeit für Momente.

Intensive Erinnerungen an einen Menschen, der gerade gestorben ist, nehmen viel Raum ein in den Vorbereitungen und der Durchführung der Abschieds- oder Beerdigungsfeiern. Dadurch ist der/die Verstorbene in Gedanken und Gefühlen ganz nah, alles, was zusammen erlebt wurde, fühlt sich lebendig und stark an. So kann ein Bewusstsein entstehen, dass der vor kurzem verstorbene Mensch über seinen Tod hinaus tatsächlich den vielzitierten »Platz im Herzen« haben kann.

Es kann auch sein, dass das Erleben von Einsamkeit und Zurückgelassensein stärker ist als Momente von Verbundenheit. Dann schmerzt die *»Abwesenheit der Anwesenheit«* immer mehr, und jedes Erlebnis von Verbundenheit lässt die entstandene Lücke nur noch intensiver bewusst werden. Es wird viele Schritte auf dem Trauerweg brauchen, bis Verbundenheit wieder ermutigend spürbar sein wird.

Und es kann sein, dass der Todeskampf sehr anstrengend war oder dass wenig Kontakt oder Konflikte die Zeit miteinander geprägt haben. Dann gibt es eher *Erleichterung* über die Nicht-Verbundenheit, weil der erst kurze Zeit zurückliegende Tod ein Ende vieler Schwierigkeiten bedeutet. Erst auf dem weiteren Trauerweg mischen sich in diese Erleichterung meist Sehnsucht, Verlustschmerz und auch die wohltuenden Erinnerungen an die frühere Verbundenheit.

Trauerfacette Einordnen

Die Menschen, die wir lieben (und manchmal auch hassen) geben unseren Gefühlen eine Richtung, sie sind uns der *Spiegel*, in dem wir uns selbst sehen. Sie sind auch die *Platzanweiser*, die uns eine Rolle und eine Bedeutung im Leben zuweisen. Wenn der/die andere tot ist, stehen die Weiterlebenden plötzlich allein auf einer Bühne: aus dem Dialog wird ein Monolog, die Stichwörter passen nicht mehr. Man glaubte bisher, in einer Komödie für mehrere Personen zu spielen, findet sich aber plötzlich in einem tragischen Einpersonenstück wieder: »Nichts passt mehr zusammen!« »Alles ist jetzt sinnlos!«, so drücken es viele Hinterbliebene aus. Ohne den Verstorbenen fühlen sich Trauernde manchmal richtungslos und verloren in der Welt. Ihr innerer Kompass war auf das gemeinsame Leben ausgerichtet, oder zumindest war der Andere immer im Hintergrund präsent.

Dadurch, dass dieser Mensch plötzlich tot ist, fehlt ein wesentliches Puzzleteil der eigenen Welt, und alles scheint auseinanderzufallen.

Die Gegenwart kann in den ersten Wochen mit all den zu erledigenden Dingen ein hilfreiches Korsett sein, in dem man die eigene Ratlosigkeit verstecken kann. Es gibt eine Menge klarer Aufgaben, die zu erledigen sind, es sind Menschen da, die dabei helfen, und mehr muss jetzt gerade gar nicht passieren.

Ein ganzes Leben zusammenfassen

Gesellschaftliche Rituale helfen dabei, den Rückblick auf das Leben des Verstorbenen sinn-voll zu organisieren. Für die *Todesanzeige und die Bestattung* werden Erinnerungen an den Verstorbenen gesammelt, geordnet und zusammengefasst. In Bildern, Texten und der Würdigung des Lebens bei der Abschiedsfeier – bzw. Messe soll mehr sichtbar werden als eine Ansammlung von biografischen Fakten. Was war das Besondere an ihm oder ihr? Was hat sie/er der Welt hinterlassen? Gibt es ein Gefühl von »dieser Tod passt zu diesem Leben«? Ist da etwas »rund geworden«? Auch in den *Beileidskarten, in Kondolenzbüchern und in posthumen Facebook-Einträgen* wird das Leben der Verstorbenen gewürdigt. Bestimmende Charakterzüge und Leistungen werden hervorgehoben, Fotos in typischen Posen oder Situationen formen *das Bild, das bleiben soll.* Anekdoten von eigenwilligen Aussagen oder Verhaltensweisen geben den vielfältigen Erinnerungen eine Richtung: auf *DIESE* Dinge sollte man sehen, denn *SO* ist dieser Mensch gewesen! *DAS* hat er uns bedeutet!

Diese ersten Versuche, den verstorbenen Menschen rückblickend in seine Zeit und seine Gemeinschaft einzuordnen, werden in den kommenden Trauermonaten und –jahren in Frage gestellt und immer weiter vervollkommnet wer-

den. Das wird dann im kleinen Kreis geschehen, und jeder Einzelne wird das für sich tun. Sie merken wahrscheinlich schon am Anfang des Einordnungsprozesses, wie sehr manche Einordnungs-Vorschläge Ihnen gegen den Strich gehen. Das, was in der Öffentlichkeit über einen Verstorbenen gesagt wird, ist selten das, was die engen Angehörigen und Freunde wissen und denken.
Ärgern Sie sich nicht zu sehr über Nachrufe, die Ihnen völlig »daneben« vorkommen. Nehmen Sie das öffentliche und auch *das beschönigende Erinnern* als Zeichen, dass der Mensch, um den Sie trauern, in vielen Leben eine Spur hinterlassen hat. Auch wenn er z. B. bei Ihnen Verletzungen hinterlässt, kann er anderen Menschen positiv in Erinnerung bleiben, das muss sich nicht gegenseitig ausschließen.

Wem gehört der Verstorbene?

Ein anderer Aspekt des Einordnens betrifft die *»Rechte und Pflichten«*, die einzelnen Trauernden zugestanden werden. Es gibt sozusagen Trauernde erster, zweiter und dritter Klasse. Vor dem Gesetz sind Ehepartner vorrangig, dann kommen die leiblichen Kinder, Eltern und Geschwister. In dieser Reihenfolge gibt es das Recht und die Pflicht auf Bestattung und die Rechte und Pflichten bei der Auflösung und Verteilung des Nachlasses. Das bekommt große Bedeutung, wenn zwei Menschen unverheiratet zusammengelebt haben. Solange es nicht testamentarisch anders festgelegt ist, können die Eltern der Verstorbenen die Beerdigung und die gesamte Erbschaft auch ohne Einwilligung des unverheirateten Partners regeln. Auch wenn es jahrelang keinen Kontakt mehr gegeben hatte.

Das Kämpfen um *Vorrechte bei der Bestattung* ist eine Auseinandersetzung um die gefühlt »wichtigste« Beziehung. Da sind die verschiedenen Beteiligten nicht immer einer Meinung. Eltern von erwachsenen Kindern können z. B. die Jahre aufzählen, die sie ihr Kind erzogen haben und meinen, dass einige Jahre Partnerschaft dagegen weniger wichtig sind. Auch Geschwister, die eine enge Bindung an den verstorbenen Bruder oder die Schwester hatten, empfinden deren Partner manchmal als wenig bedeutend für das Leben des Verstorbenen. Partner wiederum sprechen von der Seelenverwandtschaft, die sie mit dem Verstorbenen geteilt haben und meinen, dass sich damit kein Mitglied der Herkunftsfamilie messen kann.

Hier mischen sich die Facetten »Einordnen« und »Verbunden bleiben« und sogar »Überleben«. Sehnsucht und Schock führen zu dem Bedürfnis, maximale Kontrolle über die weiteren Abläufe zu bekommen. Man will alles allein und nur nach den eigenen Bedürfnissen gestalten, niemand soll sich einmischen, niemand soll einem den Toten noch ein Stück wegnehmen.

Wenn Sie solche *inneren »Besitzansprüche«* in sich bemerken: Versuchen Sie, auf die anderen zuzugehen. Suchen Sie Gespräche und den Blick über den eigenen Gartenzaun. Da laufen verschiedene Menschen einen Trauermarathon. Viele trauern um denselben Menschen. Versuchen Sie, das als Wertschätzung dem Verstorbenen gegenüber einzuordnen.

Wenn Sie durch solche »Besitzansprüche« anderer in Ihrem Trauerweg begrenzt werden: Suchen Sie Ihre *Freiräume*. Organisieren Sie z. B. eine eigene Abschiedsfeier, wenn Sie von der offiziellen ausgeschlossen wurden. Bleiben Sie, wenn es irgendwie geht, mitfühlend mit den Angehörigen, die so handeln. In meiner Praxis habe ich immer wieder erlebt, dass solche *verletzenden Konstellationen* sich wenigstens teilweise auflösen können. Das dauert allerdings oft Jahre und es braucht innere Gelassenheit.

Einordnen betrifft auch die Sicht, die Sie selbst auf Ihre Reaktionen entwickeln – und die Sicht, die andere Menschen um Sie herum auf Ihre Reaktionen haben. In welche »Schublade« werden Sie gesteckt? *Ich schlage Ihnen in diesem Buch vor, sich als trauernder Mensch zu betrachten,* der intensive, anstrengende und verwirrende Zeiten durchlebt. Aus meiner Sicht sind Sie ein normaler Mensch, der auf ein extremes Lebensereignis reagiert – und das manchmal auf genauso extreme Weise, wie der Tod eines nahen Menschen Sie getroffen hat.

Der Gesetzgeber hat genau zwei Tage vorgesehen, die die engsten Angehörigen sich frei nehmen können, wenn jemand gestorben ist. Das reicht selten aus, um alles zu erledigen und sich wenigstens eine Weile mit der eigenen Trauer beschäftigen zu können. Viele Trauernde werden deshalb *»krankgeschrieben«*, weil sie noch gar nicht wieder in der Lage sind, ihren normalen Berufsalltag auszufüllen. Die wenigsten Arbeitsnehmer wissen, dass sie dann nicht wegen »Trauer« krankgeschrieben wurden, denn diese Diagnose gibt es unter den vielen möglichen Gründen für eine Krankschreibung bisher nicht. Die Diagnose lautet »Belastungsstörung bzw. außergewöhnliche Belastungsreaktion durch ein besonderes Lebensereignis«. Und häufig lautet sie bereits in den ersten Tagen: »Depressive Episode«. Man kann sagen, dass es egal sei, was als Begründung aufgeführt wird, aber ganz egal ist es nicht. Solch ein Vorgehen verändert den Blick auf Trauer und lässt sie als »Störung« oder gar Krankheit erscheinen. Es führt aber vor allem auch dazu, dass sehr schnell Medikamente verschrieben werden, die gegen Depressionen wirken, nicht aber gegen Trauer. *Da Trauer keine Krankheit ist, braucht man gar keine Medikamente »dagegen«.* Was Trauernde brauchen, ist Unterstützung bei einem Übermaß an Aufregung, bei einem Schock und bei Gefühlen, die man nicht aushält. Diese Unterstützung erfolgt in den allermeisten Fällen durch andere Menschen, sie kann durch pflanzliche Mittel ergänzt werden und in Ausnahmefällen durch Schlafmittel oder Psychopharmaka.

Trittsteine gegen die Angst vor dem Verrücktwerden

- Nehmen Sie die *Nähe und Unterstützung* von nahen Menschen an. Suchen Sie sich »stabile Personen« für die Beerdigung und andere besonders aufregende Situationen. Suchen Sie zusätzlich »stabile Personen« für Ihre Kinder.
- Wenn Sie nicht allein sein können, bitten Sie reihum Freunde und Verwandte, bei Ihnen zu übernachten, bei Bedarf auch im halbleeren Ehebett. (Ertragen Sie auch die ehrlichen »Neins« und fragen Sie andere!)
- Es gelten immer noch, wie in den Sterbestunden, die *pflanzlichen Mittel* Baldrian, Hopfen und Melisse zur allgemeinen Beruhigung und als Einschlafhilfe. Diese Mittel wirken unmittelbar, ohne eine längere Gewöhnungszeit (Johanniskraut zur Stimmungsaufhellung und Lavendel gegen Grübelei wirken meist erst nach einigen Tagen). Probieren Sie aus, welches Kraut am besten zu Ihnen passt und in welcher Dosierung, Sie können sie als Dragee oder als Tropfen nehmen, es gibt sie auch in homöopathischer Form als Globuli oder als Tee, in Ihrer Apotheke sollte man Sie dazu beraten können. Diese Kräuter haben so gut wie keine Nebenwirkungen (bitte lesen Sie die Beipackzettel trotzdem!) und machen nicht abhängig, sie bewirken eine Beruhigung oder gar nichts.

Das erste Trauerjahr

Der Trauermarathon hat begonnen

Die Zeit bis zur Bestattung war wie eine Schleuse, nun beginnt der Lauf in offenem und zunehmend ungeschützten Gelände. Die beruflichen Unterstützer weichen zurück und auch die Unterstützung der Freunde und Angehörigen kann brüchiger werden, je mehr Zeit vergeht. Das erste Trauerjahr gilt traditionell als der Zeitraum, in dem Trauerreaktionen erlaubt sind. Früher waren Verwitwete sogar verpflichtet, im ersten Trauerjahr Schwarz zu tragen und auf Freude jeder Art zu verzichten. Dagegen soll es heutzutage eigentlich schon nach der Beerdigung »wieder gut sein«. Doch für die nahen Angehörigen und Freunde ist es in unterschiedlich starkem Ausmaß alles andere als »wieder gut«. Das ganze erste Trauerjahr lang wird immer deutlicher, was sich verändert hat, wie weh das tut und wie ungewiss die Zukunft nun ist.

Alle Facetten des Trauerns sind im ersten Trauerjahr präsent, nun entwickeln sich die ganz eigenen Trauerwege. Für jeden in der Familie und im Freundeskreis stehen andere Facetten zu anderen Zeiten im Vordergrund. Viel *Geduld und Akzeptanz* sind gefragt, um die aneinander vorbeiführenden Trauerwege zu ertragen. An den Wegkreuzungen drohen Streit und Vorwürfe über die Verschiedenheit des Trauerns. Vielleicht hilft Ihnen das Bild eines Irrgartens, in den Sie – ohne es zu wollen – geraten sind. Sie und Ihre Freunde und Angehörigen suchen einen Weg hindurch, jeder für sich, aber immer wieder treffen Sie sich, müde und ratlos oder aufgeregt und zuversichtlich. Sie können dort streiten, sich gegenseitig Vorwürfe machen. Sie könnten aber auch einen Moment beieinander ausruhen und sich gegenseitig ermutigen, bevor jeder wieder in seinem Tempo und mit seinen Mitteln weitergeht. *Irgendwann werden Sie alle rausgefunden haben aus diesem Irrgarten und freier gemeinsame Wege gehen können.*

Das erste Trauerjahr ist entgegen landläufiger Meinung *nicht das einzige Trauerjahr.* Das zweite, dritte und viele weitere Trauerjahre können sich anschließen. Der Trauerweg ändert sich dabei, die Trauerfacetten mischen sich mit anderen Facetten des Lebens, sie blitzen irgendwann nur noch für einzelne Tage und Erlebnisse auf. Schmerz und Wehmut steigen – oft nur für kurze Zeit – so immer wieder auf, Vermissen und Sehnsucht und die Angst vor weiteren Verlusten. Das, was dauerhaft bleibt, ist meist etwas Funkelndes, Kostbares, voller Dankbarkeit und Liebe, etwas, das man nicht missen möchte. Dahin geht der Trauerweg langfristig, aber jetzt beginnt er mit dem ersten Jahr.

Die Umrundung des Jahreskreises mündet für alle in den Tag, an dem sich das Sterben zum ersten Mal jährt. Dieses Datum, oder eher die ganze Zeit drum herum, wird als besonders schmerzhaft wahrgenommen. Danach ist es für viele etwas einfacher, ins zweite und dritte Trauerjahr zu gehen. Aber für manche vertieft sich der Schmerz noch weiter. Meist haben diese Trauernden auf dem Wegstück des ersten Jahres sehr viel Energie auf das schiere Überleben konzentriert, deshalb können sich die anderen Facetten ihres Trauerns nach und nach erst im zweiten oder dritten Jahr zeigen. *Vieles, was in diesem Kapitel über das erste Trauerjahr steht, gilt auch für die weiteren Trauerjahre oder wird für manche Trauernde erst dann spürbar.*

Trauerfacette Überleben

Für manche Menschen ist das erste Trauerjahr ein Überlebensjahr. Wenn Sie kleine Kinder zu versorgen haben oder kranke Eltern pflegen, dann haben Sie eigentlich keine Wahl. Diese Menschen sind von Ihnen abhängig: Ein Baby kann sich nicht selbst füttern. Ein Schulkind braucht Ihre Unterstützung. Aber auch wenn Sie kurz vor Ihrem Schulabschluss oder einer Zwischenprüfung stehen, wenn Sie gerade ihren Traumjob bekommen haben, dann wird Ihr eigenes Überleben in Frage gestellt. Das Schuljahr wiederholen? Die Prüfung verschieben? Die berufliche Chance verstreichen lassen? Das ist für alle Menschen schwer zu entscheiden, aber vor allem für junge Erwachsene. Sie stehen am Anfang Ihres selbständigen Lebens und müssen ohnehin mit vielen Unsicherheiten und Veränderungen umgehen. Nun kommt auch noch der Trauerweg dazu. Viele entscheiden sich trotzdem, ihr Leben weiter aufzubauen: die Prüfung zu absolvieren, ins Auslandsjahr zu gehen, die Karrierechance zu ergreifen. Alle anderen Trauerfacetten werden dafür in den Hintergrund geschoben.

Überlebenshilfen

Als erstes nenne ich ein paar ganz einfache »Überlebenshilfen«. *Sie können herumexperimentieren mit diesen Überlebenshilfen, ein ganzes Jahr lang, nichts muss auf Anhieb perfekt sein.* Manches hilft eine Zeitlang, dann brauchen Sie es nicht mehr, oder Sie finden einen neuen Trittstein, der wieder für eine Zeit der richtige für Sie ist. (Falls Sie die folgenden Vorschläge schon umgesetzt haben, dann haben Sie offensichtlich keine Probleme mit dieser Facette des Trauerns. Lesen Sie einfach das nächste Kapitel!)

Achten Sie auf Ihren Körper! Er überlebt für Sie und braucht dabei Ihre Unterstützung, um das alles mit Ihnen aushalten zu können:

- *Essen* Sie so vernünftig wie möglich. Eine warme Mahlzeit am Tag tut gut. Wenn Sie selbst nicht kochen mögen, suchen Sie ein Restaurant mit Mittagstisch oder greifen Sie auf Tiefkühlkost zurück. Versuchen Sie, im Lauf des Jahres einen Rhythmus mit regelmäßigen Mahlzeiten zu entwickeln, die Ihnen schmecken.

- Gehen Sie jeden Tag mindestens eine *halbe Stunde raus*. Die Bewegung an frischer Luft steigert den Sauerstoffgehalt in Ihrem Blut und das Tageslicht weckt Hormone, die die Stimmung heben. Steigern Sie die Zeit ruhig auf fünfundvierzig Minuten oder eine ganze Stunde, wenn das möglich ist.
- Haben Sie früher *Sport* gemacht? Versuchen Sie, ganz langsam wieder damit anzufangen: z. B. ein paar Minuten Gymnastik oder eine Runde Walken jeden zweiten Tag. Nach einem halben Jahr können Sie vielleicht wieder ab und zu Ihr Fitnesscenter oder Ihre Yogagruppe besuchen.
- Haben Sie schon lange keinen *Sport* mehr gemacht? Überlegen Sie nach einigen Monaten dieses ersten Trauerjahres, was Sie als Kind gern getan haben. Mochten Sie Schwimmen? Dann könnten Sie versuchen, das Hallenbad in der Nähe zu besuchen. Wenn Sie gern in der Natur waren, dann erweitern Sie Ihre tägliche halbe Stunde an der Luft zu einer kleinen Wanderung.
- Zur *Beruhigung und Stabilisierung*: Besorgen Sie sich eine Hör-CD mit Entspannungsübungen, entweder aus der Progressiven Muskelentspannung, dem Autogenen Training oder mit Achtsamkeitsübungen. Finden Sie heraus, welche Technik zu Ihnen passt. Versuchen Sie, regelmäßig zu üben, das unterstützt auch den Nachtschlaf.
- Zur *Beruhigung und um sich selbst zu spüren*: Mochten Sie früher Massagen? Dann lassen Sie sich Entspannungsmassagen verschreiben oder schenken Sie sich selbst eine. Das gibt Ihren verkrampften Muskeln eine Atempause.
- Lassen Sie nach ca. einem halben Jahr Ihre Blutwerte untersuchen. Ein Mangel an Eisen und Vitaminen als Folge der großen emotionalen Anstrengung kann Sie zusätzlich kraftlos machen, was Ihnen das entmutigende Gefühl gibt, dass es nie wieder besser werden könnte.

Achten Sie auf Ihren Schlaf, denn nicht nur der Körper, sondern auch die Seele regeneriert sich im Schlaf.

- Wenn Sie Schwierigkeiten mit dem *Einschlafen* haben: Das Hören von Hörspielen oder entspannender Musik hilft. Der Schlaf ist dabei besser, als wenn Sie regelmäßig vor dem Fernseher einschlafen.
- *Pflanzliche Präparate* wie Baldrian, Melisse und Hopfen helfen beim Einschlafen.
- Lavendelpräparate helfen gegen Grübelei.
- Wenn Sie häufig aufwachen: Legen Sie einen *Block ans Bett* und schreiben Sie Ihre Gedanken oder Träume auf, seltsamerweise lassen Sie sich tatsächlich aufs Papier bannen. Wenn Sie trotzdem einmal länger wachliegen, stehen Sie auf, tun Sie irgendetwas Ablenkendes, (z. B. Lesen, Spülen, in einem Trauerforum chatten), bis Sie wieder müde werden.
- Wenn Sie regelmäßig im Morgengrauen aufwachen: Seien Sie nicht verzweifelt über den Schlafmangel, sondern nutzen Sie die Morgenstunden, genießen Sie die Dämmerung zum Kaffeetrinken in aller Ruhe, für eine Runde Yoga oder einen Morgenbrief an den Verstorbenen.
- Wenn Sie trotz dieser Unterstützungsmethoden mehrere Wochen nicht schlafen können, lassen Sie sich ein *Schlafmittel* verschreiben, das Sie leicht wieder absetzen können. Dosieren Sie es so gering wie möglich und spüren Sie, wie lange Sie es brauchen.

Tun Sie Dinge regelmäßig, schaffen Sie sich einen Rhythmus, der Sie trägt.

- Wenn Sie regelmäßig ein *Instrument* geübt oder sich zu bestimmten Zeiten mit *Freunden getroffen* haben, spüren Sie nach, wann Sie die ersten Versuche machen können, diese regelmäßigen Aktivitäten wiederaufzunehmen.
- Wenn Sie bisher *regelmäßig gekocht* haben, versuchen Sie spätestens nach ca. einem halben Jahr langsam

wieder in diesen Rhythmus des Kochens und Essens zurückzufinden.

- Wenn Sie eine bestimmte *Entspannungstechnik* praktiziert haben, beginnen Sie möglichst bald wieder damit. Wenn Sie die übliche Entspannung dabei nicht erleben, lassen Sie sich nicht entmutigen. Nehmen Sie erst nur eine einzige Yoga- oder Tai-Chi-Übung, die Sie täglich oder auch nur einmal in der Woche machen. Erweitern Sie die Übungssequenz nach und nach. Lassen Sie sich von Pausen nicht entmutigen, Sie haben das ganze erste Jahr und danach das ganze zweite und dritte, um sich wieder zu versenken.
- Wenn Sie eine *Gebetspraxis* haben, nehmen Sie sie sobald wie möglich wieder auf. Streiten Sie ruhig mit Gott, aber sprechen Sie regelmäßig mit ihm wie zuvor.
- Vielen Trauernden hilft es, auch die *Erinnerungen und das Gedenken an den Verstorbenen in einen regelmäßigen Rhythmus* zu bringen, z. B. jeden Abend eine Kerze anzünden oder jeden zweiten Tag eine halbe Stunde Fotos ansehen, zum Grab gehen, einfach an den vermissten Menschen denken.

Knüpfen Sie ein Unterstützungs-Netzwerk und nutzen Sie es auch.

- Holen Sie die Unterstützung Ihrer *Hausärztin* dazu, wenn Sie körperliche Beschwerden haben, die Ihnen Sorgen machen. Falls Sie sehr erschöpft sind und Zeit für Ihren Trauerweg brauchen, können Sie hier auch über die Möglichkeiten der Krankschreibung und der psychosomatischen Kur sprechen.
- Nehmen Sie bei Bedarf weitere Fachleute in Ihr Netzwerk, z. B. eine *Physiotherapeutin* oder einen erfahrenen *Homöopathen*.
- Es kann sein, dass auch eine *Seelsorgerin* oder ein spiritueller Lehrer zu Ihrem Unterstützungsnetzwerk gehö-

ren. Spiritualität und Glauben sind wichtige Kraftquellen auf Trauerwegen.

Trittsteine für das Überleben unter erschwerten Bedingungen

Es kann sein, dass Sie – ohne es zu merken – sich allen anderen Facetten des Trauerns gegenüber verschließen, weil Sie viel mehr mit dem Überleben beschäftigt sind, als Sie dachten. Die folgenden Zustände und Erlebnisse können als *große Stolpersteine auf Ihrem Trauerweg* liegen. Gleichzeitig sind Sie eventuell so daran gewöhnt, dass Sie sie gar nicht als hinderlich bemerken.

Alle oben genannten »Überlebenshilfen« gelten auch für Sie! Hier kommen noch einige dazu, denn Sie gehen einen besonders schweren Weg mit Ihren Erfahrungen vom Alleingelassensein und Immer-Stark-Sein-Müssen. Trauerwege sind menschlich und normal, können aber auch ungeheuer anstrengend und entmutigend sein, wenn es zu wenig Trittsteine rund um die Stolpersteine herum gibt.

Wenn Sie es gewohnt sind, die Kontrolle zu haben:

- Der Tod eines nahen Menschen ist eine Herausforderung für Menschen, die immer *»alles im Griff«* hatten. Überlegen Sie, wie Sie es ertragen könnten, dass Sie eben nicht »alles« regeln und bestimmen können.
- Sehen Sie sich um nach Menschen in Ihrem Umfeld, die Gefühle und Kontrollverlust zulassen können. Spüren Sie nach, ob Sie diese Menschen verachten. Wenn nicht – könnten Sie diese Menschen zum *Vorbild* nehmen? Vielleicht können Sie sich etwas abgucken, wie es möglich ist, Kontrolle abzugeben, ohne dabei unterzugehen.
- Wahrscheinlich tut es Ihnen gut, sich immer wieder auf die Felder zu konzentrieren, auf die Sie tatsächlich immer noch Einfluss haben, z. B. im Job.

- Wenn Sie der Meinung sind, dass alles zusammenbricht, wenn Sie »jetzt auch noch« die Kontrolle verlieren – das wird vermutlich nicht so sein. Es gibt eine gute Chance, dass die Menschen um Sie herum Sie auffangen könnten.
- Es gibt Möglichkeiten, Gefühle zu regulieren, bitte lesen Sie dazu die Hinweise auf S. 76-78 und 116-117.

Wenn Sie den Eindruck haben, dass Sie ohnehin keinen Einfluss haben und niemand sich für ihre Meinung interessiert:

- Sie haben erlebt, dass Ihre Meinung und Ihr Wohlbefinden ignoriert wurden. Ich möchte Sie *ermutigen*, sich das nicht länger gefallen zu lassen!
- Probieren Sie etwas Neues aus, *nehmen Sie sich selbst wichtig* und tun Sie das, was Sie jetzt wichtig finden und brauchen.

Wenn Sie erschöpft und ausgelaugt sind, weil Ihr Leben schon vorher anstrengend war – oder weil z. B. eine eigene Erkrankung, die Verantwortung für andere Menschen oder finanzielle Sorgen zusätzlich Ihre Kraft beanspruchen:

- Es gibt staatliche Unterstützungsmöglichkeiten, auf die Sie ein Recht haben: Sie können sich krankschreiben lassen und später mit reduzierter Stundenzahl wieder mit der Berufstätigkeit beginnen (das sog. »Hamburger Modell«). Sie können bei der Krankenkasse oder beim Jugendamt für begrenzte Zeit eine Haushaltshilfe beantragen. Sie können eine psychosomatische Kur beantragen, einige Kurkliniken bieten inzwischen auch spezielle Angebote für Trauernde an. Dazu gehören auch verschiedene Mutter/Vater/Kind-Kuren.
- Lassen Sie sich von Ihrem Hausarzt beraten und bitten Sie Freunde, für Sie zu recherchieren, was möglich ist.
- Überlegen Sie, welche Aufgaben Sie an Freunde und Verwandte abgeben können (z. B. den Hund ausführen, die Kinder zum Sport fahren, kochen).

- Überlegen Sie, welche Arbeiten Sie an bezahlte Kräfte abgeben können (z. B. Gartenarbeit, Haushaltstätigkeiten).
- Wenn Sie mit dem Überlegen und Sortieren überfordert sind, bitten Sie eine Freundin oder Verwandte, Ihnen dabei zu helfen.

Wenn Sie es gewohnt sind, alles mit sich allein auszumachen:

- Finden Sie den Mut, etwas Neues auszuprobieren und andere Menschen in Ihren Trauerprozess einzubeziehen. Sie könnten sehr davon profitieren, möglichst wenige Abschnitte Ihres Trauerweges allein zu gehen. Versuchen Sie ein Unterstützungsnetz mit möglichst vielen Fäden zu knüpfen. Gönnen Sie sich ab und zu eine Pause vom gewohnten »Ich kann und muss da alleine durch«: Suchen Sie Wege, Ihrem Partner/Ihrer Partnerin nah zu sein. Sprechen Sie miteinander – nicht nur im Streit.
- Lassen Sie Ihre Kinder in der Nähe sein, gehen Sie zwischendurch im Tempo Ihrer Kinder, lassen Sie sich von ihnen anregen. So sehr Sie sich bemühen, es nicht zu zeigen – im Lauf der Zeit spüren Ihre Kinder, dass Sie sehr traurig und durcheinander sind. Wenn Sie das leugnen, wissen Ihre Kinder nicht mehr, was Sie glauben sollen – das, was sie spüren oder das, was ihnen gesagt wird. Mit offen gezeigten Gefühlen können Kinder besser umgehen als damit, belogen zu werden.
- Erlauben Sie Ihren Angehörigen und Freunden manchmal einen Blick »hinter die Fassade«, es kann sein, dass Sie positiv überrascht werden.
- Suchen Sie sich »Weggefährten« in einer Trauergruppe oder Online-Community für Trauernde, wenn Sie das Bedürfnis danach haben.
- Vielleicht fällt es Ihnen leichter, einen berufsmäßigen Unterstützer ins Vertrauen zu ziehen, dann wird Ihnen eine Reihe von Einzelgesprächen mit einem Trauerbegleiter guttun.

Wenn Sie bereits andere Verluste erlebt haben, die als schweres Gepäck mit auf den jetzigen Trauerweg gehen. Wenn der Verlust plötzlich kam, mit Gewalt verbunden war. Wenn Sie mit starken Schuldfragen beschäftigt sind:

- Wenden Sie sich an eine Trauerbegleiterin oder einen Psychotherapeuten, wenn Ihr Trauerweg so schwer zu gehen ist, dass Sie einen »erfahrenen Wanderführer« brauchen.
- Wenn immer wieder verstörende Bilder auftauchen, können Sie in einigen Terminen mit einem Traumatherapeuten Hilfe finden. Lesen Sie dazu auch S. 108ff.

Stolperstein unsichere Bindungserfahrungen

Alles, was Sie in Ihrem Leben bisher gelernt und erlebt haben, beeinflusst Ihren Trauerprozess. Ein Einfluss aus der eigenen Biografie wird zurzeit in der Trauerforschung besonders stark diskutiert: Es geht dabei um die Erfahrung, die wir mit Bindungen schon in unserer Kindheit gemacht haben. Manche Kinder werden *behütet und sicher erwachsen*. Sie lernen, dass jemand, der weggeht, auch wiederkommt. Sie erleben, dass sie *getröstet werden*, wenn sie sich wehtun. Sie merken, dass man ihnen *vertraut* und sie nur so weit behütet, wie sie es brauchen. Sie lernen *Regeln, die nützlich sind,* um das Zusammenleben einfach zu gestalten und an die sich alle in der Familie halten. Sie dürfen *Fehler machen*, ohne dafür verdammt zu werden. In diesem sicheren Rahmen entwickeln sie sich zu Persönlichkeiten, die Vertrauen in sich selbst und in das Leben haben, das sogenannte *Urvertrauen*. Sie wissen ja, dass grundsätzlich Regeln befolgt werden, dass Trost existiert und dass Menschen zuverlässig liebevoll sind. Sie entwickeln tief in sich verankerte Ideen von diesen Grundzuständen und fühlen sich sicher, auch wenn gerade niemand bei ihnen ist, sie nicht getröstet werden und ihnen etwas Schlimmes oder Ungerechtes zustößt. Ihr Urvertrauen ist so tief verankert, dass sie diese unangenehmen Erlebnisse für vorübergehend halten und nicht in ihrer Sicherheit wanken, dass der eigentliche Zustand sich wiederherstellen wird.

Andere Kinder werden groß in einer Umgebung, wo das Urvertrauen sich nicht voll entwickeln kann. Menschen *verlassen sie*, ohne wiederzukehren. Regeln werden verkündet, aber von den Erwachsenen selbst *nicht eingehalten*. Fehler werden *brutal bestraft*. Wenn sie verletzt sind, gibt es wenig oder *keinen Trost*. Erwachsene vertrauen ihnen nicht und lassen sie nicht ihre eigenen Wege gehen. (Man nennt das *»unsichere Bindungen«)* Diese Kinder werden zu Erwachsenen, die *viele Zweifel* am Leben und an sich selbst haben. Zustände von Trost, Vertrauen, Geliebtwerden erleben sie nur in den Momenten, in den ihnen das von jemand anderem konkret zur Verfügung gestellt wird. Sobald niemand anwesend ist, der sie liebt, tröstet und ihnen vertraut, bekommen sie *Angst* – sie haben ja erlebt, dass Menschen nicht wiederkommen, dass Menschen lügen, unzuverlässig und abwertend ihnen gegenüber sind. Niemand garantiert ihnen, dass das nicht gerade schon wieder passiert.

Wenn ein Mensch, der in seiner Kindheit kein Urvertrauen entwickeln konnte, einen geliebten Menschen verliert, dann *kehren alte Ängste* zurück. Der Mensch, der gestorben ist, war vielleicht der einzige (oder einer der wenigen), dem er wirklich vertraut hat. Der Verstorbene war in der Wahrnehmung des Hinterbliebenen die einzige Ausnahme, der Seelengefährte und innere Zwilling. Wenn in dieser Konstellation einer der beiden stirbt, dann stirbt für den Hinterbliebenen schlimmstenfalls auch der Glaube daran, dass es in seinem Leben mehr als immer wiederkehrende Enttäuschungen gibt.

Die Erinnerungen an das gemeinsame Glück sind für diese Trauernden dann keine Quelle des Trostes und der inneren Wärme, sondern ein ständiger Schmerz darüber, dass sie ihre einzige Chance auf Glück und Gemeinsamkeit verloren haben.

Trittstein für diesen Stolperstein

Robert Neimeyer hat für diese Trauernden die *Fragen nach dem »Bleibenden«* entwickelt. Sie finden Beispiele dafür auf S. 162. Mit diesen Fragen ist es möglich, sich mit dem Verstorbenen unauflöslich verbunden zu fühlen, weil die *Spuren*, die er hinterlassen hat, nicht mehr rückgängig zu machen sind. Die neuen Erfahrungen von Verbundenheit, Zuverlässigkeit, Glück und Trost sind in den Trauernden eingeschrieben. Man kann sich darauf konzentrieren, diese Spuren so intensiv wahrzunehmen, dass sie es mit den unsicheren Bindungen der Kindheit aufnehmen können. Wenn man möchte, kann man dann in einer *Psychotherapie* noch einmal die Erfahrungen der Kindheit aufarbeiten.

Geschichte

Eine junge Frau kam zum Vorgespräch für eine Trauerbegleitung. Ihr Bruder war fünf Jahre zuvor bei einem Unfall ums Leben gekommen, sie hatte in der Zwischenzeit ihre Ausbildung abgeschlossen, geheiratet, ein Kind bekommen und sich in ihrem Beruf selbstständig gemacht. »Ich habe nie um meinen Bruder getrauert«, schluchzte sie. »Ich habe mich nur um mich selbst gekümmert. Was bin ich nur für eine Schwester!« Ich erklärte ihr, dass sie sich auf die Trauerfacette »Überleben« konzentriert hatte, wie es viele junge Menschen tun, um nicht in einen Sog zu geraten, in dem sie den eigenen Lebenswillen verlieren. Im Gespräch stellten wir fest, dass sie auch viele andere Facetten des Trauerweges betreten hatte, ohne es zu merken: Sie hatte viel um ihren Bruder geweint, heimlich, ohne dass irgendjemand es mitbekam. Genauso heimlich schrieb sie ihm in den ersten Jahren immer wieder Briefe, die sie verbrannte, um die Asche in Flüsse oder das Meer zu streuen. Sie war nach zwei Jahren im Ausland in die Nähe Ihrer Eltern gezogen, um die sie sich große Sorgen machte. Ihr Sohn trug als zweiten Namen den ihres ver-

storbenen Bruders. Es beruhigte die junge Frau zu sehen, dass sie viele Facetten des Trauerweges um ihren »kleinen Bruder« berührt hatte. Vor allem aber beruhigte sie die Idee, dass auch das energische eigene »Überleben« ein unschätzbar wichtiger Teil ihres Trauerprozesses war.

Fachliche Unterstützung (auch für die weiteren Trauerjahre)

Die ersten Stunden und ersten Wochen nach einem Tod sind anerkannte »Ausnahmezeiten« und es gibt in allen Kulturen spezialisierte Berufsgruppen, die ihr Fachwissen zur Verfügung stellen und Sie wie eine Gruppe von Lotsen durch den Beginn des Trauerweges führen. Nach der Beerdigung gibt es unterschiedliche Motivationen, »Fachleute« oder spezielle Angebote für Hinterbliebene aufzusuchen. Das geschieht zum einen, wenn der Trauerweg besonders viele Stolpersteine aufweist, die alleine bzw. mit Hilfe der Familienangehörigen und Freunde nicht zu bewältigen ist. Das geschieht zum anderen, wenn Trauernde einen besonders großen Wunsch nach Austausch mit anderen Trauernden haben. Man geht in internationalen Forschungen davon aus, dass maximal *zwanzig Prozent der Trauernden nach einem Verlust* solche Angebote brauchen. Grundsätzlich sind fachliche Unterstützungs-Angebote für Trauernde zusätzliche Trittsteine auf dem individuellen Trauerweg. Mit ihrer Hilfe werden Stolpersteine und Einsamkeit besser überwunden, und das Weitergehen auf dem Trauerweg auch ohne fachliche Unterstützung ist das Ziel.

Für alle fachlichen Unterstützungsangebote gilt:

Unterstützungsangebote auf dem Trauerweg sind *»Dienstleistungen«*, manchmal ehrenamtlich und unbezahlt, manchmal gegen Bezahlung. Sie selbst entscheiden, welche davon zu Ihnen passt und welche Sie in Anspruch nehmen möchten.

Die Chemie muss stimmen! Der Trauerbegleiter, die Ärztin oder Psychotherapeutin sollte Ihnen *selbstverständlich kompetent und unterstützend vorkommen, und Sie sollten sich dort wohl fühlen.* Das gilt genauso für Gruppenangebote. Falls Sie sich nicht wohlfühlen oder keine Erleichterung durch das Angebot empfinden, haben Sie das Recht, sich ein anderes Angebot zu suchen, das besser zu Ihnen und Ihren Bedürfnissen passt.

Bisher (2017) gibt es keine öffentliche Finanzierung – z. B. – durch die Krankenkassen – für Trauerbegleitung und Trauerberatung. Das Angebot wird entweder ehrenamtlich durchgeführt, durch Spenden finanziert oder von Ihnen selbst bezahlt.

Gespräche mit einem Trauerbegleiter/einer Trauerberaterin

Seit fast dreißig Jahren werden Menschen in umfangreichen Fortbildungen zur Trauerbegleitung qualifiziert. Das ist noch kein anerkannter Beruf, sondern eine berufliche Zusatzqualifizierung für Menschen, die bereits in einem sozialen Beruf ausgebildet wurden oder sehr viel Erfahrung darin haben, auf ehrenamtlicher Basis Menschen in einer Krise zur Seite zu stehen. Diese Menschen werden TrauerbegleiterIn oder TrauerberaterIn genannt. Sie bieten unter anderem Einzelgespräche an, ähnlich wie in einer Fachberatung oder Kurzzeittherapie. Dabei wird in erster Linie über die Bewältigung des Trauerweges mit all seinen Themen und Facetten gesprochen. Wenn sich herausstellt, dass die Stolpersteine im Trauerprozess mehr sind als Stolpersteine, nämlich das größere und eigentliche Problem, dann ist der Wechsel in eine Psychotherapie sinnvoll.

Ihre Trauerbegleiterin oder ihr Trauerberater sollte eine *Qualifizierung* erworben haben, die durch den *Bundesverband Trauerbegleitung e.V. zertifiziert* wurde und am besten auch selbst dort Mitglied sein.

Einzelgespräche mit TrauerberaterInnen oder -begleiterInnen dauern ca. eine Stunde. Es gibt in der Regel ein unverbindliches Vorgespräch. Darauf folgen fünf, zehn oder mehr Termine in Abständen zwischen einer und mehreren Wochen. Die Beratung/Begleitung sollte Sie innerhalb des ersten Trauerjahres und eine Weile darüber hinaus soweit stabilisieren können, dass Sie Ihren Weg weitgehend allein weitergehen können.

Es gibt auch die Möglichkeit, als Paar oder sogar als ganze Familie im Trauerprozess begleitet zu werden. Sprechen Sie Ihre TrauerbegleiterIn/beraterIn darauf an oder suchen Sie gezielt nach Angeboten der *Familientrauerbegleitung*.

Es ist nie zu spät für eine Trauerbegleitung! Sie können auch fünf, zehn oder dreißig Jahren nach dem Tod eines nahen Menschen Unterstützung in einer Trauerberatung finden. Dann sollten Sie eine erfahrene Kollegin aufsuchen, denn neben die Trauer um den verstorbenen Menschen tritt dann auch die Trauer um Lebensmöglichkeiten und Perspektiven, die durch den Tod dieses Menschen unmöglich wurden.

Sie finden qualifizierte TrauerbegleiterInnen auf der Homepage des Bundesverband Trauerbegleitung e.V. *www.bv-trauerbegleitung.de* und auf Trauerportalen wie *gute-trauer.de*. Viele Hospize bieten qualifizierte Trauerbegleitung an, nicht nur für die Angehörigen von Menschen, die im Hospiz gestorben sind. Auch Bestattungshäuser, Bildungswerke, Kirchengemeinden und verschiedene Beratungsstellen haben haupt- oder ehrenamtliche MitarbeiterInnen, die in Trauerbegleitung qualifiziert sind.

Trauergruppen für Erwachsene

An vielen Orten werden inzwischen auch Gruppen für Trauernde angeboten. Die werden von mindestens einem qualifizierten Trauerbegleiter/berater oder einem größeren Team geleitet und koordiniert. Es gibt Gruppenangebote, die sich an alle Trauernden richten, unabhängig davon, wie alt man ist und wen man verloren hat. Solche »gemischten Angebote« haben die Stärke, dass man »über den Tellerrand hinaussieht« und das Verbindende aller Trauerprozesse kennenlernt. Es gibt aber auch sehr wohltuende spezialisierte Gruppen, z. B. für trauernde Geschwister, für trauernde Männer, für jung Verwitwete.

Alle *Trauergruppen sind »Gemeinschaften auf Zeit«.* Man geht mit anderen Betroffenen ein Stück des Trauerweges gemeinsam, bildet an schwierigen Tagen eine Art Seilschaft, die sich gegenseitig absichert. Gruppenmitglieder können und sollen Freunde und Verwandte nicht ersetzen oder in Konkurrenz mit diesen gewachsenen Beziehungen treten. Aber mit bisher »wildfremden Menschen«, die ein ähnliches Schicksal teilen, kann eine tröstliche Nähe entstehen. Die Begegnung in der Trauergruppe auf Zeit ist oft unkomplizierter als die mit langjährigen Freunden. Man hat in der Gruppe keine gemeinsame Vergangenheit, sondern kann sich ganz auf die Gegenwart und das Thema des Trauerweges konzentrieren. Viele Trauergruppen werden von qualifizierten Trauerbegleitern angeleitet, andere treffen sich als Selbsthilfegruppe, die von den Betroffenen selbst moderiert wird.

Es gibt zwei überregionale Vereine, die Selbsthilfegruppen verbinden und auch für die Fortbildung der GruppenleiterInnen sorgen. Das sind die *»Verwaisten Eltern und Trauernden Geschwister in Deutschland e. V.« (www.veid.de).* Daneben gibt es den Verein *Angehörige um Suizid e.V. (www.agus-selbsthilfe.de),* der die Gruppen für Suizidhinterbliebene koordiniert. Daneben existieren zahlreiche Gruppen für Eltern sogenannter Schmetterlingskinder oder *Sternenkinder*, also Kinder, die vor oder während der Geburt verstorben sind (z. B. *www.initiative-regenbogen.de*).

Trauergruppen für Kinder und Jugendliche

Es gibt viele wunderbare Angebote für junge Menschen in Trauer, vom Grundschulalter bis in das junge Erwachsenenalter. Auch Kinder- und Jugendtrauergruppen werden von qualifizierten Trauerbegleiterinnen oder – beratern angeboten, es gibt sogar eine spezielle Qualifizierung zum »Kindertrauerbegleiter«. Anbieter von Kindertrauergruppen sollten auch die Eltern miteinbeziehen und ein Elterngespräch oder eine Möglichkeit des Austauschs unter den ja ebenfalls trauernden Eltern ermöglichen.

Geschichte

Bärbel aus Duisburg, die schon vom Sterben ihres Mannes erzählt hat, stellte mir diese Geschichte über die Trauerbegleitung ihres Sohns zu Verfügung: »Mein Sohn war traurig nach dem Tod seines Vaters. Wir redeten, ich versuchte zu helfen. Er bekam Bauchschmerzen und versäumte Schulstunden. Ich hatte schon einen OP-Termin, um den Blinddarm rauszunehmen. Aber dann sagte der Arzt: Ich kann dich nicht operieren, denn Du hast keine Blinddarmentzündung.« Ein Freund riet dringend, ihn in die Kindertrauergruppe zu schicken. Der Junge wollte nicht. Ich schlug ihm vor, die Trauerbegleiterin kommt uns mal besuchen, kein Zwang, einfach nur mal anhören, was sie so sagt. Sie kam und sie erzählte. Am Ende fragte sie meinen Sohn, willst du uns mal besuchen kommen? JA!!! – ich war überrascht mit welcher Selbstverständlichkeit er diese Zusage aussprach. Nach der ersten Gruppenstunde kam er begeistert heim: Mama, da gehe ich jetzt immer hin! – Es sprudelte nicht immer sofort aus ihm heraus, wie die Gruppenstunden gelaufen sind. Wir näherten uns behutsam an. Manchmal erzählte er mir in Momenten, wo ich gar nicht damit rechnete. Er besuchte das Familientrauerzentrum ca. ein Jahr. Danach war er »fertig«. Gestärkt. Voll in der Spur.«

Weitere hilfreiche Möglichkeiten

Trauercafé

Wer ohne Anmeldung und Vorgespräch in einer zwanglosen Atmosphäre mit anderen Trauernden ins Gespräch kommen möchte, findet Unterstützung in einem Trauercafé. Bei Kaffee und Kuchen kann man sich über die eigene Trauer, aber auch über Alltagsthemen unterhalten, bei den anwesenden TrauerbegleiterInnen Rat und Hilfe bekommen und sich über weitergehende Trauerangebote informieren.

Wandern, Segeln, Malen, Tanzen

Für manche Trauernde ist ein Gruppenangebot, in dem hauptsächlich geredet wird, anstrengend oder unbefriedigend. Sie suchen ein Gruppenangebot, in dem sie mit anderen Trauernden gemeinsam etwas tun oder gestalten können. So sind Wochenendseminare oder Trauerreisen entstanden, in denen sich Trauernde treffen, um z. B. zusammen zu wandern. Es gibt unter anderem Segeltörns für trauernde Eltern, Malseminare oder Tanzangebote für Trauernde. Sie werden von denselben Personen und Institutionen angeboten wie die Einzelgespräche und Gruppenangebote.

Ärzte, PsychotherapeutInnen, Neurologen, TraumatherapeutInnen

Der Trauermarathon ist keine Krankheit und braucht daher auch keine Behandlung, sondern Unterstützung! Anstrengende und lange Marathonläufe zeigen aber alle schwachen Punkte der Laufenden und können die ungeübten oder überforderten Läufer regelrecht krankmachen. Im Bild des Marathons heißt das – der Trauerweg zeigt ihnen deutlich, ob Ihr Sprunggelenk schon vorher verletzt war. Oder Sie stolpern und stürzen und verletzen sich dabei. Da die Verletzungen auf dem Trauermarathon sich eher im seelischen Bereich finden lassen, sind dafür auch die Ärzte für die Seele zuständig.

Ihre *Hausärztin* ist die in der Regel die erste Anlaufstelle. Sie kann eine erste Einschätzung treffen, ob sich in den Trauerprozess vielleicht eine *Depression* gemischt hat, die eine behandelbare Erkrankung ist. Oder ob die normalen Ängste zu einer Angststörung angewachsen sind, die man ebenfalls behandeln kann. Auch die Frage, ob die Erinnerungsblitze ein Hinweis auf eine *Traumafolgestörung* sein könnten, kann in der Hausarztpraxis zum ersten Mal gestellt werden. Danach sollte die Meinung weiterer Spezialisten eingeholt werden. Dazu gehören Neurologen, Psychiater, Psychotherapeuten und auch die qualifizierten Trauerberater, – begleiter. Holen Sie eine zweite oder auch dritte Meinung ein, wenn Sie nicht überzeugt sind von dem, was angeraten und verschrieben wird. Zu den Unterschieden zwischen einer Depression und dem normalen Trauerweg finden Sie Informationen auf S. 133-135.

Eine Psychotherapie ist in der Regel dann hilfreich, wenn neben dem Verlust andere »Baustellen« ihren Trauerweg behindern. In einer Psychotherapie können Sie z. B. Ihre *Beziehungsmuster und generellen Verhaltensweisen reflektieren* und belastende Erfahrungen aus Ihrer Kindheit und Jugend aufarbeiten.

Trauernde sind nicht seelisch krank, aber manchmal versagt der Lebenswillen angesichts einer Todesnachricht so stark, dass eine *akute Suizidgefahr* entsteht. Wenn alle Unterstützungsversuche im privaten Bereich ausgeschöpft sind, kann eine kurzzeitige Einweisung in eine psychiatrische Klinik lebensrettend sein. Das ist eine seltene Maßnahme zur akuten Lebensrettung. Für den weiteren Trauerweg ist dann die Unterstützung durch eine qualifizierte Trauerberaterin oder eine feste Trauergruppe sinnvoll.

Traumatherapeutische Verfahren sind immer dann hilfreich, wenn belastende Bilder immer wieder ins Bewusstsein schießen oder bestimmte Orte oder Geräusche gemieden werden, weil sie an den Tod erinnern. (Einige TrauerberaterInnen haben sich auch Fortbildungen in Sachen Traumabearbeitung besucht, fragen Sie einfach die Kompetenzen ab!) Aus den verschiedenen Verfahren, mit denen Traumatherapeuten arbeiten, habe ich gute Rückmeldungen zu den Methoden:

EMDR – eine gute und einfache Methode, um belastende Bilder in den Hintergrund zu drängen und die allgemeine Stressbelastung zu mindern. Mehr Infos dazu finden Sie unter: www.emdria.de

SE (Somatic Experiencing) – eine gute Methode, um Stress zu mindern und sich von Ängsten und erschreckenden Erlebnissen zu befreien. SE bezieht den Körper stärker ein, als das EMDR und ist daher für Menschen, die viele körperliche Symptome und Schmerzen erleben, besonders hilfreich. Mehr Informationen zu dieser von Peter Levine entwickelten Methode finden Sie unter www.somatic-experiencing.de.

PITT – die von Luise Reddemann entwickelte Arbeitsweise bezieht Elemente aus vielen unterschiedlichen Ansätzen mit ein und wird als stärkend und belebend erlebt. Eine Beschreibung dieser Therapieform finden Sie unter: https://de.wikipedia.org/wiki/Psychodynamisch_Imaginative_Traumatherapie

Da Psychotherapie von den Krankenkassen bezahlt wird, Trauerberatung und Trauerbegleitung aber nicht, wenden sich Trauernde allein aus finanziellen Gründen manchmal lieber an PsychotherapeutInnen. Achten Sie darauf, ob Ihr Psychotherapeut oder Ihre Hausärztin sich aktuelles Fachwissen über Trauerwege angeeignet hat, denn in den Ausbildungen ist dieses Thema leider noch nicht ausreichend berücksichtigt.

Naturheilkunde, Homöopathie

Als Alternative zu chemischen Psychopharmaka kann man auch Mittel aus der Pflanzenheilkunde und Homöopathie verwenden. Diese Mittel haben einen beruhigenden und aufhellenden Einfluss auf Stimmungen und Gefühle, meist ohne starke Nebenwirkungen zu verursachen. Es gibt ExpertInnen, die viele Jahre gelernt und geforscht haben, um die Wirkung dieser Mittel kennen zu lernen. Wenden Sie sich deshalb an eine erfahrene Homöopathin oder einen naturheilkundlich ausgebildeten Arzt, damit man Ihnen wirksame Mittel speziell für Ihre Situation zusammenstellt.

Trauerfacette Wirklichkeit

Das erste Trauerjahr ist ein unbarmherziger »Wirklichkeitsmacher«. Das hat mit der Beerdigung begonnen und geht nun jeden Tag und jede Nacht weiter. Trauernde erfinden im ersten Trauerjahr meist für sich allein eine *neue Zeitrechnung* – sie zählen ihre Tage nun vom Datum des Sterbens an. Der Wochentag, an dem der vermisste Mensch gestorben ist, und die Uhrzeit, zu der die Todesnachricht eintraf, werden als besonders und schmerzhaft empfunden: »Es ist wieder Donnerstag, der dritte seither«, »Es ist jetzt 14.47h, um diese Zeit ist es passiert«. Im Lauf der Monate sind es auch die wiederkehrenden Daten, »Heute ist der 21., es ist jetzt genau ein halbes Jahr her.«

Alles zum ersten Mal

Die gewohnten Daten, die das Jahr einteilen, werden zum ersten Mal ohne diesen Menschen erlebt. Besonders schwer sind der *Geburtstag des Verstorbenen* und schließlich *sein erster Todestag*. Aber auch der *erste eigene Geburtstag*, die Geburtstage der Kinder, bei Paaren der erste Hochzeitstag, den man allein verbringen muss, diese Tage sind schwer zu gestalten. Die Trauerfacette »Wirklichkeit« mischt sich hier mit den Facetten »Anpassung« und »Verbunden bleiben«. Um Anpassung geht es überall da, wo die alten Gewohnheiten hinterfragt werden müssen – kann ein Feiertag noch so begangen werden wie früher? Was muss geändert werden? Im ersten Trauerjahr wird das zum ersten Mal ausprobiert, in den weiteren Jahren folgen weiter Versuche. Perfekt ist das selten. Wichtig ist, sich das *Gestalten* nicht wegnehmen zu lassen, sondern auszuprobieren, was man möchte, was man nicht möchte und was man aushalten kann.

Bei der Gestaltung von besonderen Tagen und Feiern ist die Facette »Verbunden bleiben« immer beteiligt. Es stellt sich jedes Mal die Frage, ob der Verstorbene erwähnt wird oder nicht. Auch das wird im ersten Jahr zum ersten Mal ausprobiert. Er kann so früh nach seinem Tod als Teil der Gemeinschaft sichtbar gemacht werden und seinen Platz in einem aufgestellten Foto finden oder einem Toast, der auf ihn gesprochen wird. Es kann aber auch als »stummer Gast« da sein, über den nicht gesprochen wird, weil noch niemand weiß, wie das gehen soll und die Angst vor Gefühlsausbrüchen zu groß ist. Dann bleiben diejenigen allein mit ihrem Kummer und ihrer Sehnsucht, die Trost darin finden würden, wenn sie mit anderen über den Verstorbenen sprechen könnten.

Geschichte

Ein Ehepaar, dessen neunzehnjähriger Sohn knapp vier Monate zuvor durch einen plötzlichen Herztod gestorben war, thematisierte in der Trauerbegleitung den bevorstehenden Geburtstag der Frau. Es war ein runder Geburtstag, sie hatte ihn groß feiern wollen. Nun wollte sie sich nur zurückziehen, die Erinne-

rungen an den letzten Geburtstag, an dem sie mit dem Sohn wie bei den meisten Geburtstagen eine Städtetour gemacht hatten, war übermächtig. Wegfahren wie sonst schien unmöglich, zuhause bleiben auch. Ihr Mann erzählte von Freunden, die ein Wochenende an der Mosel geplant hatten – sie könnten mitkommen, die Freunde seien rücksichtsvoll, würden reden, schweigen, sich zurückziehen, wie sie es wollten. Das schien eine Möglichkeit zum Aufatmen, immer in der Gewissheit, jederzeit zurückkehren zu können. Es blieb schließlich nur noch zu klären, ob jemand sich in den zwei Tagen Abwesenheit um das Grab des Sohnes kümmern würde, davon hing es ab, ob sie fahren könnten. In der nächsten Stunde erzählten sie, dass es eine gute Erfahrung gewesen sei. Sie hatten zu ihrer eigenen Überraschung einige Momente lang abschalten und das Moseltal genießen können. Ihrem Sohn hatten sie einen Stein vom Moselufer mitgebracht und aufs Grab gelegt.

Feiertage und Urlaube

Die erste Ferienzeit bringt die große Frage nach der Möglichkeit von *Urlaub*. Möchte man wegfahren? Wie ist es, plötzlich allein an einem Urlaubsort zu sein? Kann man an gemeinsam besuchte Orte zurückkehren? Ist Urlaub überhaupt denkbar?

Feiertage, die das Jahr strukturieren, werden zum ersten Mal ohne den Verstorbenen durchlebt. Da diese *Feiertage* meist als Familienfest begangen werden, stellt sich für die ganze Familie die Frage, wie »gefeiert« werden kann. Ist ein *Weihnachten* mit Lichterglanz und Kinderlachen möglich, wenn ein Kind der Familie gestorben ist? Und wie gestaltet man den groß geplanten 80. Geburtstag der Großmutter, wenn einer ihrer Schwiegersöhne einige Monate zuvor gestorben ist?

Wenn das Sterbedatum mit einem allgemeinen Feiertag oder dem eigenen Geburtstag identisch ist, ist es eine Aufgabe für die kommenden Jahre und Jahrzehnte, die beiden widersprüchlichen Erfahrungen mit ein und demselben Datum zusammenzubringen. Das Datum, das bisher mit vielen frohen Erinnerungen verbunden war, ist nun auch ein Tag voller Erinnerungen an das Sterben und an die Endlichkeit vieler Träume.

Wirklichkeit und Zeit

Im ersten Trauerjahr nimmt das Begreifen der Wirklichkeit des Todes ständig weiter zu. Tod ist anders als alle Abwesenheiten, die man bisher kennengelernt hat. Abwesenheiten von einigen Wochen und sogar Monaten kennen wir alle aus unseren Beziehungen und Freundschaften. Viele Menschen gehen für eine Weile ins Ausland und kehren dann zurück. Eine Frau erzählte mir nach dem Tod ihres Mannes: »Wir waren oft unabhängig voneinander unterwegs, jeder hatte einen Beruf mit vielen Reisen und auch in der Freizeit waren wir sehr autonom. Ich habe kein Problem damit, allein einzuschlafen oder den Abend zu gestalten, das bin ich gewohnt. Aber trotzdem ist das jetzt ganz anders.« Viele Trauernde haben in den ersten Monaten nach einem Tod ein vages Gefühl von »das kenn ich doch, das hat ja bald ein Ende«. Nach ca. drei Monaten wird dann immer deutlicher, dass dieser Mensch, der so vermisst wird, nicht zurückkehren kann. Denn er ist nicht verreist, sondern gestorben. *Reisen sind für eine gewisse Zeit, Totsein ist für immer.* Das kann man vom Zuhören allein nicht verstehen, man muss es erleben, um die Dimension der unumkehrbaren Unendlichkeit zu begreifen.

Während für die weiter wegstehenden Freunde und Verwandten langsam das »normale Leben« zurückkehrt, wird Ihnen immer stärker bewusst, dass es die alte Normalität für Sie nie mehr geben wird. An manchen Tagen ist das gar nicht so schlimm oder wenigstens einigermaßen auszuhalten. An anderen Tagen drängt sich diese Einsicht so schmerzhaft auf, dass Sie sich nur noch verkriechen möchten. Im ersten Trauerjahr ist die Zeit nicht besonders gut darin, Wunden heilen zu lassen. Die vergehende Zeit macht vielmehr das Ausmaß der Verwundung deutlich. Während das Funktionieren nach Außen vielleicht schon wieder ganz gut gelingt, kann die innere Wirklichkeit voller Klagen und Aufbegehren sein gegen diesen unhaltbaren Zustand – das Leben wird nie wieder, wie es vorher war!

Geschichte

Ludger aus Bochum schrieb mir diese Geschichte: »Am vierten Advent gibt es eine Weihnachtliche Trauerandacht: »Weihnachten ohne dich«, die meine Trauerbegleiterin organisiert. Es gibt da viele Momente des Erinnerns, des Gedenkens, der Aussprache und eine Einstimmung darauf, dass »Weihnachten ohne dich« stattfindet. Ich empfinde das als einen wunderschönen Einstieg in das Weihnachtsfest.

Weihnachten wird stattfinden, egal ob ich möchte oder nicht. Und ja: Meine Schwester wird nicht vorbeikommen.

Eine Anregung aus der Andacht ist für mich ein festes Ritual geworden: Mitten aus dem Tannenbaum schneide ich einen großen Ast heraus. Das Loch, das Fehlen, ist sichtbar und nicht zu verheimlichen. Es fehlt ja auch etwas. An dem Ast sind Schleifen und Kugeln. Und ich bringe ihn auf dem Friedhof zum Grab. Mein Weihnachten, meine Hoffnung, meine Ankunft des Retters, meine Liebe sind jetzt auch dort.«

Trauerfacette Gefühle

Vor diesem Teil des Trauerweges fürchten sich die meisten Menschen: starke und oft unangenehme Gefühle. Ich erinnere mich, dass ich selbst in den ersten Wochen nach dem Tod meiner Freundin nur einzelne Momente hatte, in denen der

Schmerz etwas nachließ. Nach Monaten waren es einige Minuten pro Tag geworden und dann sogar halbe Stunden. Ich habe mich gefühlt wie jemand, der aus Schmerz besteht: eine fürchterliche, aber auch fast berauschende Erfahrung. Nie in meinem Leben habe ich über einen so langen Zeitraum so intensiv gefühlt. Im Lauf der folgenden Jahre kamen mir die langsam zurückkehrenden »normalen« Gefühle manchmal seltsam bedeutungslos vor verglichen mit der reißenden Qualität des Trauerschmerzes. Selbst die englischsprachigen Trauerexperten benutzen manchmal das deutsche Wort »Schmerz«, um die Gesamtheit des Trauerschmerzes auszudrücken, der Seele, Körper und auch Geist und Spiritualität komplett umfassen kann. Es ist dieses Gefühlserleben, das manche meiner Klientinnen viele Stunden am Tag weinen lässt. Ihre Ehemänner und/oder Kinder sind dann sehr besorgt, während die Frauen selbst das als anstrengend, aber angemessen empfinden. Starke Gefühle sind häufig viel beunruhigender für die umgebenden Menschen als für die Trauernden selbst.

Starke Gefühle aushalten

Trittsteine

- Wenn Sie sich *immer wieder vom Schmerz überwältigt* fühlen, probieren Sie aus, ob es einen Ort gibt, an dem Sie sich dabei geschützt fühlen. Gibt es ein Musikstück, das Sie beruhigt? Hilft ihnen ein T-Shirt des Verstorbenen oder ein altes Kuscheltier? Geht es Ihnen besser mit dem Blick aus dem Fenster oder wenn Sie eine Wand ansehen? Gibt es ein inneres Bild z. B. von einem Strand oder einem Wald, das Ihnen Kraft gibt? Gewöhnen Sie sich daran, diesen Ort, diese Dinge und inneren Bilder bewusst zu nutzen, um Gefühle fühlen zu können, ohne von ihnen weggeschwemmt zu werden.

- Wenn der *Schmerz und andere Gefühle Ihnen unerträglich stark* erscheinen, konzentrieren Sie sich einen Moment auf Ihre Füße, stellen Sie sie fest auf den Boden. Klopfen Sie mit beiden Händen Ihre Oberschenkel ab, klopfen Sie Ihre Arme ab. Streichen Sie Ihre Arme mit Schwung von oben nach unten, als würden Sie einen Wasserfilm abstreifen und atmen Sie dabei aus, als wollten Sie etwas wegpusten. Reiben Sie sich die Wangen und atmen Sie dabei tief ein und aus. Stehen Sie auf und gehen Sie in ein anderes Zimmer, holen Sie sich etwas zu trinken. Gehen Sie an den Ort, an dem Sie sich am sichersten fühlen.
- Vielleicht können Sie sich vorstellen, dass Ihre Gefühle mit einer Art *Fernbedienung* verbunden sind. Mit dieser Fernbedienung können Sie die Intensität der Gefühle ein wenig herunterfahren. Experimentieren Sie damit, wieviel Gefühl Sie aushalten und spüren Sie die Beruhigung, wenn es Ihnen gelingt, Einfluss auf die Gefühlsintensität zu nehmen.
- Für den Fall, dass Sie gar nicht mehr weiter wissen vor Verzweiflung, können Sie sich einen *»Notfallkoffer«* packen. Das ist ein einfacher Zettel, auf dem Sie bitte vier Punkte notieren:

  Mich beruhigt, wenn ich ....
  Und hilfreich ist auch, wenn ich ....
  Ich kann immer anrufen: ....
  Mein allererster kleiner Schritt, wenn scheinbar nichts mehr geht: ....

  Dieser Zettel muss gut sichtbar an Ihrem Bett oder am Badezimmerspiegel/an der Kaffeemaschine liegen, damit Sie ihn auch finden, wenn Sie ihn brauchen. Eine Kopie im Portemonnaie haben schon viele Menschen als hilfreich empfunden, wenn sie unterwegs waren.

  Sie können den Notfallkoffer auch ganz konkret als ein Kästchen gestalten. In dem legen Sie die Dinge bereit,

z. B. einen Teebeutel mit dem beruhigenden/tröstenden Tee, das Halstuch, das Ihre Mutter Ihnen dagelassen hat, die Karte mit dem Spruch, der Ihnen so gut tut. Die Telefonnummer Ihrer besten Freundin oder der Telefonseelsorge sollte im Handy eingespeichert sein und eine Kurzwahltaste belegen. Für *trauernde Kinder* ist so ein Notfallkästchen z. B. mit einem Stück Schokolade, einem besonderen Kuscheltier und einem kleinen Malbuch ausgestattet. So lernen auch Kinder, sich selbst zu beruhigen und dass man den Trauerschmerz aushalten kann!

Körperliche Beschwerden

Manche Trauernde empfinden in den ersten Monaten relativ wenig, die Facette Überleben ist bei ihnen wichtig und die Facette Wirklichkeit ist noch nicht bei ihnen angekommen, sie sind in einem Zustand relativer Normalität: »Ja, es ist etwas Einschneidendes geschehen, aber so schlimm ist das nicht. Damit wird man fertig wie mit vielen anderen Krisen. Das Leben muss schließlich weitergehen.« Für diese Trauernden kommt der Schmerz im Lauf des ersten Trauerjahres wie durch die Hintertür. Irgendwie geht es ihnen Stück für Stück schlechter, sie werden *gereizter und hoffnungsloser*. Nicht nur die Stimmung und das Verhalten anderen gegenüber verändern sich scheinbar diffus. Ihr Trauerschmerz drückt sich oft auch über *körperliche Beschwerden* aus: Verspannungen im Schulter-Nackenbereich verstärken sich, Magenbeschwerden treten auf, Atembeschwerden und Herzrasen drücken aus, was nicht als Emotion wahrgenommen werden kann. Das erleben auch Kinder oft, die in ihrem Alter noch nicht gelernt haben, Gefühle auseinander zu halten. Sie können noch nicht sagen »Mir bricht das Herz, so traurig bin ich«, aber sie können Bauchschmerzen oder Kopfschmerzen fühlen und zeigen.

Trittsteine bei Seelenschmerzen, die sich in Körperschmerzen verwandeln

- *Lassen Sie körperliche Symptome ärztlich abklären!* Wenn sich herausstellt, dass Ihre Beschwerden keine körperlichen Ursachen haben, ist das eine Aufforderung Ihres Körpers an Sie, neue Wege zu finden, um Gefühle auszudrücken.
- Hilfreich kann für Sie eine *Trauergruppe sein* – andere Betroffene sprechen vielleicht genau das aus, was Sie fühlen und die Gemeinschaft kann Sie ermutigen, Ihre eigenen Gefühle zu erkennen. In Trauergruppen für Kinder und für Jugendliche werden dem Alter entsprechende Möglichkeiten angeboten, sich wahrzunehmen und auszudrücken.
- Eine *Reihe von Einzelgesprächen* mit einer Trauerbegleiterin oder einem verständnisvollen Psychotherapeuten könnte ebenfalls hilfreich sein. Am besten, wenn Sie dort nicht nur reden, sondern auch mit nonverbalen Mitteln etwas ausdrücken können.
- *Kreativität* hilft, Gefühle auszudrücken. Vielleicht ist es ein Malkurs oder ein Bildhauerworkshop, der Ihren Gefühlen die Möglichkeit gibt, sich zu zeigen.

Wut und Hass

Für viele ist *Wut* ein unangemessenes Trauergefühl. Dabei empfinden viele Trauernde (aber nicht alle!) Zorn und ohnmächtige Wut. Wut und Zorn richten sich manchmal gegen bestimmte Menschen, *gegen einen Arzt, ein Familienmitglied oder gegen den Verstorbenen selbst,* das fühlt sich dann besonders verkehrt an. Eigentlich ist diese Wut ohne direktes Ziel, sie ist ein grundsätzliches Aufbegehren gegen all diese Schmerzen und Veränderungen. Man möchte das *Schicksal* schlagen können wie einen Angreifer, aber das geht nicht. Also bekommt irgendjemand, der gerade im Weg steht, den gesammelten Zorn ab. Sie streiten mit Ihrem Partner, regen sich über die Nachbarin auf, knallen den Telefonhörer im Gespräch mit der Schwiegermutter auf. *Trauerwut äußert sich häufig in Gereiztheit und Anspannung.* Wenn Sie Ihre Wut peinlich und unangemessen finden, dann unterdrücken Sie sie sicherlich. Ich erinnere mich an eine Klientin, die mit gepresster Stimme sagte »Ich bin nicht wütend«, während sie mit der Faust unablässig auf ihr Bein schlug. Sie war eigentlich sehr wütend auf ihren Mann, der sich das Leben genommen hatte, vor allem, wenn sie ihre beiden verstörten Kinder ansah. Gleichzeitig erlaubte sie sich diese Wut nicht, denn ihr verstorbener Mann tat ihr auch leid und sie vermisste ihn schrecklich.

Es ist oft eine unerwartete Erkenntnis, dass *Trauerwut auch sehr nützlich* sein kann. Sie ist lebendig und kraftvoll und das Gegenteil von einer verzweifelten Gelähmtheit. Mit Wut lässt sich vieles schaffen, was sonst unmöglich scheint. Wenn Sie z. B. kleine Kinder plötzlich allein versorgen müssen oder den Betrieb des verstorbenen Vaters weiterführen, dann ist Wut (auf alles) das nützlichste Gefühl, das Sie entwickeln können, um diese großen Aufgaben zu bewältigen.

Wer wütend auf den Verstorbenen sein kann, rückt auch ein kleines Stück von ihm ab. In diesem Zorn spürt man sich selbst und die *eigene Lebendigkeit im Gegensatz zum Totsein* des anderen. Wahrscheinlich ist es genau dieses kleine Stück Distanz, das es vielen Trauernden unmöglich macht, Wut auf die Verstorbenen zu empfinden.

- Falls Sie *keine Wut* auf die Verstorbene empfinden, lassen Sie sich bitte nicht einreden, das müsste jetzt sein. Bleiben Sie einfach offen, falls sich in Ihnen ein aufgeregtes, anklagendes oder vorwurfsvolles Gefühl regt, das sich ungewohnt anfühlt. Vielleicht erscheint so etwas wie Zorn bei Ihnen. Vielleicht auch nicht.

- Falls Wut auf den Verstorbenen irgendwann erscheint, möchte ich Ihnen versichern, dass *Wut und Zorn nicht das Gegenteil von Liebe* sind. Auch Lebenden gegenüber haben Sie sich manchmal aufgeregt. Wut auf Verstorbene empfinden zu können kann heißen, dass das vorher bestehende »normale« Verhältnis zum Verstorbenen zurückkehrt. Man lässt ihm nicht mehr »alles durchgehen«, man traut sich, gegen die Regel zu verstoßen, die fordert, »über die Toten nicht schlecht zu sprechen«. Wut kann Teil unserer Liebe sein, zu den Lebenden und zu den Toten.

Hass ist etwas anderes als Wut. Wut ist heiß und kommt in Wellen. Sie lässt uns nur ein kleines Stück vom anderen abrücken. Wut flammt auf und kühlt wieder ab, macht Platz für eine Entschuldigung oder ein Lachen oder einfach Erschöpfung. Hass ist verzehrend und kalt. Hass lässt nicht mehr los, wenn er sich einmal festgebissen hat. Man kann ein Leben lang intensiv hassen. Wenn der Verstorbene durch einen anderen zu Tode gekommen ist, bei einem Mord oder einem Unfall mit Verursacher, dann richtet sich der *Hass gegen den Täter*. Vor allem, wenn er die Tat nicht zugibt und keine Reue zeigt, dann möchte man ihn vernichten. Der Hass vergiftet die eigenen Tage, er nimmt viel Raum ein in Gedanken und Gefühlen, er macht hart und unnachgiebig, Vergeltung und Rache sind die einzigen Wünsche. Dabei richten sich die Gedanken und Gefühle immerzu auf das Objekt des Hasses. Hass bindet. Wer einen »Täter« hasst, beschäftigt sich mehr mit ihm als mit dem Verstorbenen. Der Verhasste wird zum Mittelpunkt des eigenen Lebens. Deshalb möchten manche Menschen nicht mehr hassen, sie möchten wieder an andere denken können und weiche, zarte Gefühle empfinden können. Sie möchten dem »Täter« ihre Aufmerksamkeit entziehen, weil er genug Schaden angerichtet hat und die Besessenheit von ihm nicht auch noch das eigene Weiterleben dominieren soll. Wenn Ihnen das so geht, dann versuchen Sie es als erstes mit den *Wutventilen*, die ich im Folgenden aufzähle, damit kommen Sie in Bewegung und bauen Stresshormone ab. (mehr zum Thema Schuldvorwürfe und Verzeihen finden Sie auf S. 170ff.)

Ventile zum Abbau von Wut und Hass

Stellen Sie sich Ihren Zorn, Ihre Aggressivität vor wie Wasserdampf, der in einem Kessel gefangen ist. Irgendwie muss er da raus, sonst wird das Gefäß platzen und Menschen verletzen, die zufällig herumstehen, aber eigentlich nicht gemeint sind. *Wutventile* funktionieren wie ein Ventil am Kochtopf, der überschüssige Druck wird willentlich und ohne Gefahr für Leib und Leben abgelassen.

- Überlegen Sie, wie Sie bisher Ihre Wut und Ihre Aggressionen rausgelassen haben, was ist davon jetzt möglich?
- Wut lässt sich gut rauslassen bei allen Arten von *anstrengendem Sport*: Laufen, Radfahren, Schwimmen, Tennis, Badminton, alle Ballsportarten.
- Wut lässt sich gut abbauen bei allen Arten von *anstrengender Arbeit*, bei der etwas »sinnvoll kaputt gemacht« wird: Unkraut ausreißen, Holz hacken, Entrümpeln. (Putzen funktioniert auch.)
- *Laute Musik* mit schnellem Rhythmus und zornigen Texten passt gut zu Wut: Sie können laut mitsingen oder dazu tanzen. Wenn sie beengt wohnen, hilft ein Kopfhörer, sehr gut ist laute Musik im Auto (angepasst an die Verkehrssituation!).
- *Schreien* entlädt Zorn und Wut: z. B. im Wald, über den Fluss oder in ein Kissen.
- Schimpfen und *Fluchen* bauen Wut ab.
- Wut lässt sich auch abbauen durch z. B. Steine in einen Fluss werfen, Brennnesseln im Wald mit dem Spazierstock abhauen, Sofakissen gegen das Sofa schlagen und alles, was Ihnen sonst noch einfällt.

- Bewährt haben sich auch *bitterböse Briefe*, die man dann nicht abschickt: Schreiben Sie an den, auf den Sie gerade wütend sind, einen Brief. Schreiben Sie tobsüchtig und unflätig alles aus sich raus, denn Sie werden diesen Brief nie abschicken! Er ist »nur« dazu da, Sie zu entlasten. Überlegen Sie anschließend, wie Sie Ihren Wutbrief vernichten wollen: verbrennen, zerreißen, in den Müll werfen? Lesen Sie ihn am besten einmal laut vor und vernichten Sie ihn dann. Es ist erstaunlich, wie viel leichter man sich anschließend fühlt. (Und Sie können das immer wieder tun, auch an verschiedene Personen.) Wenn Sie wütend auf den Verstorbenen sind, können Sie auch ihm einen oder mehrere Wutbriefe schreiben!

Achtung: Wut kann auch ein Zeichen dafür sein, dass Sie von den Ereignissen rund um den Tod so überfordert waren, dass sich eine *Traumafolgestörung* entwickelt. Achten Sie bitte darauf, ob Ihre Wut einige Monate lang in Kombination mit diesen Dingen auftritt:

- Häufige Gereiztheit und scheinbar grundlose Wutausbrüche.
- Ständige Nervosität, so dass Sie kaum stillsitzen können.
- Erinnerungsblitze von bestimmten erschreckenden Erlebnissen im Zusammenhang mit dem Sterben (oder mit früheren Erlebnissen, in denen Sie ausgeliefert waren).
- Das Bedürfnis, ständig über die besonders belastenden Dinge zu sprechen, ohne dass es Entlastung bringt.
- Wachsendes Misstrauen gegen andere Menschen, ständige Alarmbereitschaft.
- Das Gefühl, an allem selbst schuld zu sein und Hilfe gar nicht verdient zu haben.

Wenn das ein Zustand ist, in dem Sie oder ein Angehöriger bzw. naher Freund sich auch über mehrere Wochen hinweg befindet:

- Vergessen Sie bitte das »Ich bin es nicht wert, dass mir jemand hilft«. Sie sind es wert! Sie verdienen Unterstützung und es ist möglich, Ihnen den Trauerweg etwas gangbarer zu machen.
- Sprechen Sie Ihre Hausärztin an oder suchen Sie eine Trauma-Ambulanz auf, um abklären zu lassen, ob Sie unter einer Traumafolgestörung leiden. Dafür gibt es gute Behandlungsmöglichkeiten, sie müssen keine Angst haben, jetzt doch noch »verrückt geworden« zu sein!

Achtung: Kinder und Jugendliche drücken ihre Überforderung durch einen Todesfall in der Familie manchmal in unkontrollierten Wutausbrüchen aus, die ihnen selbst unerklärlich und sehr peinlich sind.

- Wenn Ihre Kinder (auch Monate und Jahre) nach einem Todesfall ungewöhnlich aggressiv sind, lassen Sie sich in einem *Projekt für Kinder- und Jugendtrauer* beraten.
- Schlagen Sie Ihrem Kind die Teilnahme an einer *Trauergruppe für Kinder* oder Jugendliche vor.
- Überprüfen Sie *Ihre eigene Art mit dem Verlust umzugehen*. Könnte es mehr Gespräche, mehr Offenheit und mehr gemeinsame Rituale geben? Suchen Sie dafür eventuell selbst die Unterstützung einer Trauerbegleiterin.
- Überprüfen Sie Ihre Art mit Ihrem Kind umzugehen. Kann es sein, dass Ihr Kind mehr Aufmerksamkeit und Unterstützung von Ihnen braucht? Vielleicht ist Ihr eigenes Leben wieder in halbwegs »normale Bahnen« zurückgekehrt, während der Trauerweg Ihres Kindes im gleichen Zeitraum weitgehend auf der Facette »Überleben« stattgefunden hat. In der Ungleichzeitigkeit Ihrer Trauerprozesse durchlebt Ihr Kind vielleicht gerade *jetzt* etwas, das Sie bereits vor Monaten durchlebt haben.

- Denken Sie daran, dass Kinder und auch Jugendliche sich nicht so mit Worten ausdrücken wie Erwachsene. Hören Sie auf die *Zwischentöne*, achten Sie auf das Tun, achten Sie auf Ihre Intuition!

Scham

Scham ist oft präsent, weil Menschen sich schlecht damit fühlen, ihre Emotionen nicht unter Kontrolle zu haben. Man schämt sich auch für die Einsamkeit, den sozialen Abstieg oder die mitleidigen Blicke. Es gibt Todesarten, für die man sich schämt, z. B. einen Suizid oder das Sterben an Drogen. Dann schämt man sich vielleicht für den Verstorbenen. Man schämt sich diffus auch für sich selbst, dass man mit »so jemandem« zusammen war oder verwandt ist. Scham ist ein verheerendes Gefühl, es treibt die »Schamesröte« ins Gesicht und führt dazu, dass wir den Kopf senken. Wir meinen, »das Gesicht verloren« zu haben und niemandem mehr in die Augen sehen zu können. Es kann auch sein, dass man von anderen »beschämt« wird durch Vorwürfe oder schlicht durch entwürdigendes Mitleid. *Scham vernichtet das Selbstwertgefühl.* Wie soll man ohne Selbstwertgefühl mit anderen in Kontakt treten oder sogar um Unterstützung bitten? Man ist es ja angeblich »nicht wert« überhaupt zu existieren.

Trittsteine

- Wenn Sie sich für Ihr eigenes Verhalten schämen, denken Sie jetzt an *Menschen, die etwas von Ihnen halten*, zählen Sie sich liebevolle und wertschätzende Bemerkungen auf und versuchen Sie zu glauben, dass die Menschen es ernst gemeint haben.
- Trauen Sie sich, in den Spiegel zu sehen. Sehen Sie sich einige Minuten lang an und studieren Sie Ihr eigenes Ge-

sicht. *Betrachten Sie sich, wie Sie einen sehr guten Freund betrachten würden*, der es im Moment schwer hat.

- Wenn Sie sich wegen der Todesart oder Todesumstände des Verstorbenen schämen, suchen Sie Bücher von *anderen Betroffenen*, besuchen Sie eine Selbsthilfegruppe. Dort begegnen Sie Menschen, die ein ähnliches Schicksal erlebt haben und für Sie erstaunlicherweise aussehen wie ganz normale Menschen. Es sind ganz normale Menschen – genau wie Sie. (Kontaktdaten verschiedener Selbsthilfeorganisationen finden Sie auf S. 106)

Neid

Ein unerwartetes und als peinlich empfundenes Gefühl kann auftauchen: Neid. Neid auf *alle* die Lebenden, die nicht so wunderbar und einzigartig sind, wie der Verstorbene es war – natürlich kann man das niemandem sagen! Es kann auch ein ungewollter, leidvoller Neid entstehen auf vollständige Familien, auf unbelastete Menschen, auf Paare, dann meidet man die Nähe all dieser Menschen, auch wenn sie freundlich und unterstützend sind. Sie sind trotzdem unerträglich, einfach, weil sie nicht so schrecklich unglücklich sind wie man selbst. Viele Trauende kennen dieses Gefühl, auch wenn sehr selten darüber gesprochen wird. Es führt zurück zum Gefühl der Scham, man möchte nicht so fühlen, kein »Neidhammel« sein. Es hilft, wenn man sich das Gefühl einfach zugesteht.

Erleichterung

Ein Gefühl, das selten benannt wird, ist Erleichterung. Sie taucht nicht allein auf, meist ist sie nur ein winziger Teil des Gefühlsdurcheinanders. Es kann erleichternd sein, wenn man nach langer Pflege, die Tag und Nacht Aufmerksamkeit forderte, wieder durchschlafen kann. Oder wenn man zum ersten Mal wieder Freunde in einem Café trifft, ohne zu fürchten, dass zuhause der Todkranke oder demente Angehörige leidet. Es kann erleichternd sein, wenn ein unfreundlicher und vorwurfsvoller Mensch »endlich« stirbt, der seine letzte Lebenszeit genauso unfreundlich verbracht hat wie alle anderen Lebensjahre. Manchmal stirbt ein Mensch, der bedrohlich und zerstörerisch gegen Sie gehandelt hat, sein Tod löst selbstverständlich Erleichterung aus! Erleichterung kann auch entstehen, wenn Menschen vor ihrem Tod psychisch erkrankt oder süchtig waren. Im Rahmen ihrer Erkrankung waren sie dann vielleicht verletzend und gewalttätig gegen ihre Angehörigen, auch die permanente Angst vor ihrem Tod oder Suizid kann zermürbend gewesen sein. Gestehen Sie sich Ihre Erleichterung zu. Unter den vielen schweren Gefühlen auf dem Trauerweg kann dieser kleine Lichtblitz nicht schaden.

Einsamkeit

Unabhängig davon, wie viele Menschen um Sie herum sind, Sie spüren die Abwesenheit des Verstorbenen. Die Lücke, die er hinterlässt, kann zum Schwarzen Loch werden, das andere Zuneigung und Verbundenheit auffrisst. Bis zu diesem Tod waren Sie mit vielen Menschen verbunden, es war vielleicht so, als ob verschiedenfarbige Bänder Sie mit ihren Eltern, Geschwistern, Partnern, Freunden, Kollegen, Nachbarn, Sportskameraden etc. verbunden hätten. Nun ist einer dieser Fäden gerissen, und damit scheint sich das gesamt Netz in Nichts aufzulösen. Wenn dieser eine Mensch nicht mehr körperlich bei ihnen ist, dann verlieren manche Trauernde das Bewusstsein für die Bedeutung anderer Menschen in ihrem Leben.
Nach dem Tod eines Kindes bekommen das die lebenden Kinder besonders schmerzhaft zu spüren – *ein* Kind ist tot und es kann

sein, dass alle Aufmerksamkeit, alles Gefühl in diese Richtung zieht. Die lebenden Kinder bekommen in extremen Fällen das Gefühl, nichts mehr wert zu sein. Die trauernden Eltern sagen dann, dass sie für eine Weile nicht die Kraft haben, neben dem Trauerweg um das verstorbene Kind auch noch den Weg der Liebe für ihre lebenden Kinder zu gehen.

Wenn ein Partner/eine Partnerin gestorben ist, den oder die man als Seelengefährten empfunden hat oder als den einzigen Menschen auf der Welt, dem man sich wirklich nah fühlte, dann ist die Welt nach dem Tod dieses Seelenverwandten ein trostloser Ort. Das gilt manchmal auch nach dem Tod eines vertrauten Freundes, Enkels oder eines anderen Verwandten.

Der Tod eines Geschwisterkindes kann sehr einsam machen – für Geschwister im Kindesalter und ebenso im Erwachsenenalter fehlt nun der Mensch, der die kleinen und großen Kindergeheimnisse gekannt und geteilt hat. Geschwister sind einander manchmal Bündnispartner in der Verantwortung für anstrengende Eltern, die sich sogar angesichts von Gewalt und Missachtung in einer Familie gegenseitig stützen. Ohne den Bruder oder die Schwester fehlt ein Stützpfeiler der eigenen Existenz, der »immer« dagewesen war und »für immer« angenommen wurde.

Einsamkeit kann auch entstehen, *wenn ein Elternteil stirbt* und mit ihm das Gefühl, ein Zuhause zu haben, in das man immer zurückkehren kann. Ein Gefühl von Schutzlosigkeit und Alleingelassensein kann (auch bei gestandenen Erwachsenen) auftauchen, als wäre man ein kleines Tier in einer feindlichen Umgebung ohne Eltern.

Trittsteine

- Nehmen Sie das Gefühl von Einsamkeit hin und an.
- Steigern Sie sich nicht hinein! Es stimmt, dass dieser Mensch nie wieder körperlich bei Ihnen sein wird. Es

stimmt nicht, dass Sie der einzige Mensch auf der Welt sind. Es stimmt auch nicht, dass niemand Sie jemals wieder lieben wird. Das sind Fantasien und Ängste.

- Denken Sie einen Moment an diese Menschen, die mir in meiner Arbeit manchmal begegnen – sie haben tatsächlich keinen einzigen lebenden Familienangehörigen mehr und durch viele unglückliche Umstände haben sie nur wenige Freunde, die noch dazu viele hundert Kilometer entfernt leben. Diese Menschen sind oft sehr liebenswert, sie kümmern sich aktiv um jeden noch so kleinen Kontakt und sind aufrichtig dankbar für verbindende Gesten und Begegnungen.

Angst

Angst kann sich ausbreiten. Es könnte ja noch etwas passieren, es könnte wieder jemand sterben, jedes Weggehen wird dann missverstanden als erneute Trennung für immer. Kinder können sogar wieder einnässen vor lauter Angst. Auch *Erwachsene* können Angst vor dem Alleinsein entwickeln und müssen dann – ebenso wie *Kinder und Jugendliche* – Stück für Stück wieder lernen, es mit sich allein auszuhalten. Viele Familien handeln intensivierte »*Melderoutinen*« aus, das Handy wird dabei zum wichtigsten Kommunikator. Jugendliche müssen sich in vereinbarter Form z. B. zweimal am Tag bei ihren Eltern melden; wenn sie ausgehen, alle zwei Stunden eine Textnachricht schicken. Wenn jemand losfährt nach einem Besuch, muss er anrufen, sobald er angekommen ist. Ehepartner und Freunde sind ständig in Kontakt, um sich zu vergewissern, dass alle noch leben und alle es noch aushalten.

Im Lauf des ersten Trauerjahres sollten sich diese angstmindernden Kontaktroutinen mehrmals ändern. Für manche Trauernde entsteht im Lauf der Monate ein *Konflikt zwischen dem Bedürfnis nach Sicherheit und dem Bedürfnis nach Autonomie und Freiheit.* Es muss immer wieder neu ausgehandelt werden, wieviel die »Freiheitsliebenden« (meist Jugendlichen) an Kontakt zusichern können und wieviel die eher »Ängstlichen« unbedingt brauchen.

Andere Ängste beziehen sich auf *unsensible Reaktionen* von anderen und auf eigene Gefühlsüberflutungen. Dann geht man nicht mehr zur gewohnten Zeit einkaufen, sondern sehr früh morgens oder im Kilometer entfernten Supermarkt. Kinder mögen dann nicht in Schule oder Kindergarten zurück, ebenso wie Erwachsene sich vor der Rückkehr zur Arbeit fürchten. Diese Ängste sind mit guter Vorbereitung zu mindern.

Trittsteine gegen Ängste

- *Bereiten Sie die Rückkehr zur Schule/in den Kindergarten* vor. Sprechen Sie mit Ihrem Kind darüber, was die anderen in der Gruppe/Klasse wissen sollen und wieviel Rücksichtnahme sie brauchen. Manche Kinder möchten z. B., dass sie ohne Erklärung aus dem Unterricht gehen können. Andere wollen ganz normal behandelt werden. Sprechen Sie mit der Klassenlehrerin und eventuell mit einem Elternvertreter, damit gemeinsam abgesprochen werden kann, was den anderen Kindern gesagt wird. Üben Sie mit Ihrem Kind, welche Antworten es geben kann, wenn es nach dem Verstorbenen oder seinem Tod gefragt wird. Jeder darf sagen: *»Darüber will ich jetzt nicht sprechen!«*
- Bereiten Sie auch Ihre eigene *Rückkehr an den Arbeitsplatz* vor. Sprechen Sie mit einem vertrauten Kollegen oder Ihrer Vorgesetzten darüber, was Sie brauchen. Versuchen Sie sich klar zu werden, welche Reaktionen Sie von Ihren KollegInnen wünschen und welche nicht – gibt es jemanden, der Ihre nahen KollegInnen darüber infor-

mieren kann? Oder werden Sie das selbst tun? Überlegen Sie sich im Vorfeld passende Formulierungen.

- Überlegen Sie, ob Sie ihren *Arbeitsplatz anders gestalten* möchten als bisher. Wenn dort ein Foto der/des Verstorbenen steht oder als Bildschirmschoner auf Ihrem PC installiert ist – können Sie das im Moment aushalten? Es ist kein Verrat, den Bildschirmschoner zu verändern oder das Foto vorübergehend wegzustellen, weil Sie sich an Ihrer Arbeitsstelle auf den normalen, stabilisierenden Arbeitsalltag konzentrieren möchten. Falls Sie stattdessen das Bedürfnis haben, eine Gedenkecke in Ihrem Büro einzurichten mit Kerze und Blumen – auch dagegen spricht nichts, solange Sicherheitsvorschriften eingehalten sind und Ihre Vorgesetzten keine zwingenden Einwände haben.
- Falls Sie sich unsicher über Ihre *Leistungsfähigkeit* sind, überprüfen Sie mit Ihrem Hausarzt, ob Sie nach einigen Wochen der Krankschreibung mit dem sogenannten »Hamburger Modell« stundenweise zu Ihrer gewohnten Arbeitszeit zurückkehren.

Sehnsucht und Liebe

Die Liebe zu einem Menschen hört nicht einfach auf, weil er gestorben ist. Sie wird vielleicht niemals aufhören. Irgendwann wird sich diese nicht-endende Liebe tröstlich und warm anfühlen, aber im ersten Trauerjahr kann sie einen zur Verzweiflung treiben. Die Liebe hat noch lange nicht begriffen, wie sie sich zeigen kann, wenn der/die Geliebte nicht mehr in einem Körper anwesend ist. Wie macht man das mit dem Lieben, mit all der Zärtlichkeit und dem Mitteilungsbedürfnis, wenn es keine Augen mehr gibt, in die man sehen kann und keine Hand, die man spüren kann? Die Liebe zum Verstorbenen kann sich zunächst nur in einem schmerzhaften

Vermissen und einer wachsenden Sehnsucht äußern. Dann sind Träume sehr beglückend, in denen der Verstorbene da ist, einen Blick oder eine Berührung hinterlässt, die sich ganz real anfühlen. Im Wachzustand bleibt die Leerstelle, an der er anwesend war.

Manche meiner KollegInnen bringen es auf die Formel »Trauer ist Liebe«. Wo im Vorfeld keine Liebe war, entsteht auch kein Trauerschmerz, sagen sie. Ich stimme dem zu, mit der Ergänzung, dass Liebe etwas Vielgestaltiges und manchmal auch Widersprüchliches sein kann. Gelebte Liebe enthält oft auch Enttäuschungen, unbeantwortetes Bemühen, Warten und Hoffnung auf Besserung einer Beziehung. Auch dort, wo diese Gefühle die zärtlichen Aspekte einer Liebe überdeckt haben, kann tiefe Trauer entstehen. Wenn negative Gefühle und Erlebnisse im Vordergrund der Erinnerungen stehen, kann es hilfreich sein, mit den Anregungen zur Trauerfacette Verbunden bleiben auf S. 143 ein ganzheitliches Bild vom Verstorbenen und der gemeinsamen Zeit zurück zu gewinnen.

Rituale, die Gefühlen eine Form geben

Rituale sind ein privater oder gemeinschaftlicher Ausdruck für Gefühle und Verbundenheit. Neben den Ritualen, die Sie für sich allein oder in Ihrer Familie entwickeln, gibt es auch Rituale, die von einer Kirche oder einer Institution angeboten werden. Es ist wohltuend, nicht für alles allein zuständig zu ein, sondern sich im Rhythmus eines gemeinsamen Rituals zu bewegen. Die Gemeinschaft mit andern – auch wenn man sie gar nicht kennt, ist wohltuend Hier sind lauter Menschen, die trauern. Alle verstehen die Tränen und die Beklommenheit, aber auch die Dankbarkeit für das gemeinsame Leben. Der November ist voller traditioneller Erinnerungstage an die Verstorbenen, es gibt Gottesdienste, in denen ihr Namen verlesen und für sie gebetet wird. Die Friedhöfe sind geschmückt und mit Lichtern versehen.

Hospize, Bestattungshäuser und Krankhäuser veranstalten ein oder zweimal im Jahr Gedenkfeiern für die Verstorbenen, auch hier kann man wohltuende Gemeinschaft und Trost finden.

Geschichte

Am zweiten Sonntag im Dezember ist vor ca. zehn Jahren von trauernden Eltern aus den USA der Brauch eingeführt worden, in der Dämmerung ein Licht ins Fenster zu stellen. Inzwischen werden an diesem Abend an vielen Orten der Welt Lichter entzündet und Feierstunden oder Gottesdienste abgehalten, sodass der Lichtschein einmal rund um den Globus wandert. Aus einem ganz persönlichen kleinen Ritual ist so etwas Weltumspannendes geworden. (Termine für lokale Gedenkfeiern des Worldwide Candle Lighting auf www.weid.de)

Trauer oder Depressionen

All diese vielen Gefühle gehören zum Trauerweg. Dazwischen gibt es Phasen der Erschöpfung, der Mutlosigkeit und Zeiten, in denen Sie keine Lust auf gar nichts haben. Das veranlasst Ihren Hausarzt vielleicht dazu, von Depressionen zu sprechen.

Die *psychische Erkrankung Depression* in all ihren verschiedenen Erscheinungsformen hat in den zurückliegenden Jahren viel Aufmerksamkeit bekommen. Das hat dazu geführt, dass viele Hausärzte deutlich mehr über Depressionen wissen als über Trauerprozesse. Die »Symptome« eines Trauerweges ähneln an manchen Stellen denen einer depressiven Erkrankung, deshalb ist es gar nicht so verwunderlich, dass das passiert, wenn Fachleute sich noch nicht mit aktuellem Wissen über Trauerwege beschäftigt haben.

Behandlungsbedürftige Depressive Episoden erkennt man daran, dass über Wochen alle Gefühle an Intensität verlieren, es fühlt sich dauerhaft und schier nie wieder endend *grau und leer im Innern* an. Daraus entsteht eine wochenlange Antriebslosigkeit, die dazu führt, dass man seinen Alltag viele Tage hintereinander nicht bewältigen kann. (Wenn man zweimal hintereinander nicht aufstehen konnte/wollte, ist das noch keine Depression.) Dazu kommen ernstzunehmende Suizidgedanken, die dazu führen, dass man sich schon recht genau überlegt hat, wie und wo man »es« tun würde. Manche Menschen sind in ihrer Depression extrem unruhig und nervös. Alle depressiv Erkrankten haben Schlafstörungen und grübeln viel über Dinge, die sie nicht ändern können.

Depressionen sind wirklich eine ernstzunehmende Erkrankung, die zum Glück gut auf Behandlungen durch Psychopharmaka und spezialisierte Psychotherapie ansprechen. Aber – Trauerprozesse bessern sich weder durch Medikamente noch durch Therapieformen, die gegen Depressionen wirken. Das ist, als würden Sie Erkältungsmittel gegen Magenbeschwerden einsetzen.

- Lassen Sie sich *genau erläutern*, warum Ihre Ärztin meint, dass Sie an einer Depression erkrankt sind. Gehen Sie gemeinsam die Symptome durch und versuchen Sie herauszubekommen, was zum Trauerweg gehört und sich damit von allein wieder ändert, und was zu einer depressiven Störung geworden ist, die sich ohne Therapie nicht mehr bessert.
- Lassen Sie sich *genau über verschriebene Medikamente informieren*, auch, wann die Wirkung einsetzen sollte. Manche Antidepressiva wirken erst nach zwei bis drei Wochen. Wenn keine Wirkung eintritt, sprechen Sie erneut mit Ihrer Ärztin, wechseln Sie das Medikament oder versuchen Sie es ohne.
- Verlassen Sie sich nicht nur auf die Medikamente, sondern suchen Sie auch eine *spezialisierte Psychotherapie*.

- Wenn Sie unsicher sind, holen Sie eine *zweite Meinung* ein bei einem anderen Arzt oder Neurologen. Fragen Sie auch eine Trauerbegleiterin nach ihrer Einschätzung.
- Wenn Sie überzeugt davon sind, dass Ihr Trauerweg durch eine *depressive Störung* erschwert wird, nehmen Sie die Unterstützung durch entsprechende Medikamente an, solange es Sie stabilisiert.
- Wenn Sie den Eindruck haben, dass Sie auf dem anstrengenden, aber gesunden *Trauerweg* unterwegs sind, nehmen Sie Unterstützung für Ihre Trauer an. Tauschen Sie sich mit Ihren Freunden und Angehörigen aus, nehmen Sie sich regelmäßig Zeit für ihren Trauerweg, besuchen Sie eine Trauergruppe oder lassen Sie sich von einem Trauerbegleiter beraten.

Trauerfacette Sich anpassen

Der Tod eines nahen Menschen hat unterschiedliche starke Auswirkungen auf den *Alltag*. Sie zeigen sich in allen Facetten des Trauerns. Deshalb konzentriere ich mich in diesem Abschnitt auf das veränderte Zusammenleben mit anderen Menschen.

Die Anpassung an das veränderte Leben kostet Kraft und schafft Verwirrung. In der Familie und im Freundeskreis drehen sich die Trauerwege umeinander und voneinander weg, es ist schwer auszuhalten, dass immer wieder so wenig Gemeinsamkeit auf dem Trauerweg herzustellen ist. Die weiter außen Stehenden leben ihr Leben weiter, als sei nichts passiert, denn tatsächlich hat sich in ihrem Leben nichts Einschneidendes verändert. Das eigene Leben aber kann über Jahre hinweg eine verunsichernde Herausforderung bleiben.

Umgang mit den Dingen

Wenn Ihr *Partner/Ihre Partnerin* gestorben ist und Sie vorher zusammengelebt haben, dann gibt es in Ihrem Zuhause keinen Ort, der nicht betroffen ist. Ihr Schlafzimmer gehört Ihnen jetzt allein – falls eine längere Krankheit vorausging, kennen Sie das vielleicht schon. Aber nun wird dieser Mensch nie wieder neben Ihnen liegen. Im Lauf des ersten Trauerjahres werden Sie sich immer wieder fragen, ob Sie das große Bett noch wollen und brauchen. Der *Kleiderschrank* ist zur Hälfte voll mit Kleidern, die der/die andere gekauft und getragen hat. Was tun? Es gibt keinen psychologischen Grund dafür, alles innerhalb der ersten Wochen wegzuwerfen, wie es manchmal geraten wird.

Wenn ihr *Kind* gestorben ist, ist das Kinderzimmer mit all den Büchern, CDs, Kleinigkeiten für Sie wahrscheinlich ein Ort der Erinnerung, in dem Sie keine Veränderungen vornehmen möchten. Versuchen Sie, dieses Zimmer zu betreten und sich mit all den Gegenständen darin zu beschäftigen. Tun Sie es langsam, aber beginnen Sie im ersten Jahr damit.

Es gibt Situationen, in denen man gezwungen ist, alles in kürzester Zeit wegzuräumen, z. B. wenn der/die Verstorbene in einer stationären Einrichtung gelebt hat. Das ist eine bedrängende Erfahrung. Auch der Auftrag an eine Firma, die die Wohnung der verstorbenen alten Tante auflöst und dabei ohne Ansicht des Erinnerungswerts fast alles in einen Container wirft, fällt schwer. Zum Glück hat man meistens mehr Zeit, die zurückgelassenen Dinge zu betrachten und zu sortieren. Die Entscheidungen fallen Stück für Stück:

- Was kann eine neue Bedeutung bekommen?
- Was bleibt als Erinnerungsstück?
- Was wird anderen als Erinnerungsstück überlassen?
- Was kann noch für andere nützlich sein, z. B. in der Altkleidersammlung?
- Was kommt wirklich in den Müll?

Trittsteine

- Lassen Sie sich Zeit, spüren Sie nach, wann Sie bereit sind, etwas zu berühren.
- Versuchen Sie, im ersten Trauerjahr mit dem Sortieren zu beginnen (mehr nicht!), sonst werden die zurückgelassenen Gegenstände des Verstorbenen zu einem Angstgegner, dem Sie sich von Jahr zu Jahr weniger gewachsen fühlen.
- Lassen Sie sich helfen, wenn Sie sich allein überfordert fühlen. Es gibt z. B. vielleicht eine Freundin, die Ihnen zur Seite steht, wenn Sie die Kleider aussortieren wollen.

Geschichte

Ich erinnere mich an einen Klienten, der ein dreiviertel Jahr nach dem Tod seiner Frau sehr erschöpft bei mir saß. Als ich fragte, wo er in seiner Wohnung einen Ort zum Ausruhen habe, stellte sich heraus, dass es keinen solchen Ort mehr gab. Auf allen Sofas, Sesseln, Stühlen, sogar auf dem größten Teil des Bettes lagen Dinge, die seiner Frau gehört hatten. Er hatte sie sortieren wollen und brachte es dann nicht mehr über sich, sie anzurühren. Wir überlegten, was er tun könne, um wenigstens einen Sessel für sich selbst freimachen zu können. Beim nächsten Termin erzählte er mir, er habe begonnen, jeden einzelnen Gegenstand seiner Frau zu fotografieren und dann in einen kleinen Umzugskarton zu legen. Drei Kategorien von Kartons hatte er angelegt: »Behalten«, »Weggeben« und die größte Menge Kartons entstand unter der Kategorie »Weiß ich noch nicht«. Die Fotos der Gegenstände ließ er ausdrucken und gestaltete mit ihnen eine ständig wachsende Collage an der Rückwand des Wohnzimmers. Als der Platz knapp wurde, machte er auch von der Collage Fotos und begann, Bilder auszutauschen. So hatte er ein System gefunden, das es ihm erlaubte, sich Stück für Stück mit den Besitztümern seiner verstorbenen Frau zu beschäftigen.

Was sage ich wem?

Die Frage bleibt und geht mit in die weiteren Trauerjahre – was wem mitgeteilt wird. Es muss immer wieder neu entschieden werden, wie man sich neuen Bekannten darstellt. Spricht man auf die Frage nach den Kindern z. B. von seinen zwei Kindern, von denen eines gestorben ist. Oder verschweigt man das verstorbene Kind gleich, um blöden Fragen vorzubeugen? Was immer Sie tun – es ist IHRE Entscheidung, oft ist die Facette »Überleben« an diesen Entscheidungen beteiligt, es geht darum, was man aushalten kann.

Trittsteine für Entscheidungen über das Aussprechen

- Manchmal hilft es, sich erst auf das Stabilisieren zu konzentrieren.
- Erlauben Sie sich (und Ihren Kindern), in verschiedenen Situationen verschieden Formulierungen zu benutzen.
- *Probieren Sie aus*, was geschieht, wenn Sie den Verstorbenen erwähnen und ob Sie die Reaktionen durch Ihre Formulierungen *steuern* können.
- Überlegen Sie, was Sie eigentlich mitteilen wollen: dass jemand gestorben ist, der Ihnen wichtig war? Dass ihr Leben auf dem Kopf steht? Dass Sie gerade sehr traurig sind? Je selbstverständlicher Sie sagen können, *was Sie sagen möchten*, desto weniger schockiert sind die anderen. Und desto weniger Angst entwickeln Sie selbst, bei der Erwähnung Ihrer Trauer oder des Verstorbenen in Tränen auszubrechen.

Stolperstein

Wenn die Todesursache ungewöhnlich oder tabuisiert war, ist es noch schwieriger zu entscheiden, was man mitteilt. Das Sterben an einem Mord, einem Suizid, bei einem allgemein bekannten großen Unglücksfall oder Terroranschlag zieht starke Reaktionen der Umstehenden auf sich. Es wird mehr auf die dramatischen Todesumstände gesehen als auf das Leben und die Persönlichkeit des Verstorbenen. Spekulationen über Schuld und Neugier auf die Einzelheiten eines dramatischen Sterbens verdrängen leicht die Anteilnahme und den Respekt, die eigentlich angemessen wären. Hinterbliebene müssen sich auf solche Reaktionen vorbereiten, um sich zu schützen.

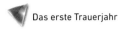

Trittsteine für diesen Stolperstein

- Versuchen Sie, Formulierungen einzuüben, bevor Sie angesprochen werden.
- Tauschen Sie sich mit anderen Betroffenen darüber aus, was sie auf Fragen antworten, vor denen Sie Angst haben. Lassen Sie sich von Ihren Familienangehörigen oder den Mitgliedern Ihrer Trauergruppe anregen.
- Wenn Sie sich bedrängt oder unsicher fühlen und nichts sagen möchten, gibt es immer diesen einfachen Satz: *»Ich möchte jetzt nicht darüber reden!«*

Mitmenschen, »stabile Personen«, »praktische UnterstützerInnen«

Als Trauernder machen Sie unerwartete Erfahrungen mit Ihren Mitmenschen. Von dummen und verletzenden Bemerkungen bis zu tief berührenden, tröstlichen Gesten und Begegnungen. Die Verteilung ist unerwartet – es kann gerade der beste Freund oder die Lieblingsschwester sein, die völlig unfähig scheinen, ein freundliches Wort zu sagen oder sich zu melden. Meistens sind diese Menschen einfach überfordert und hilflos. Sie geben sich so viel Mühe »das Richtige« zu sagen, dass ihnen die Worte dann im Hals stecken bleiben. Aber Freunde aus der Schulzeit, mit denen man eigentlich nie viel zu tun hatte oder die Nachbarin von gegenüber erweisen sich als »stabile Menschen« und als konkrete Unterstützerinnen, die langfristig und unaufdringlich Hilfe gewähren, ohne etwas zurückzufordern.

Trittsteine

- Orientieren Sie sich das ganze Jahr über an den *Menschen, die Ihnen guttun,* nicht an denen, die verständnislos und verletzend reagieren. Lassen Sie die verständnislosen Menschen eine Weile »links liegen«, ohne weiter über sie nachzudenken. Ihre Kraft erneuert sich viel besser, wenn Sie an unterstützende und einfühlsame Menschen denken.
- Im Lauf des Jahres wird sich Ihr Verhältnis zu manchen Menschen verändern. Geben Sie denen eine Chance, die erst im Lauf des Jahres zu Unterstützern werden.
- Verlangen Sie bitte NICHT von Ihren engsten Familienmitgliedern und besten Freunden, monatelang *»stabile Personen«* für Sie zu sein! Versuchen Sie, die kleinen und großen praktischen Unterstützungsleistungen anzuerkennen. Selbst das *mitmenschliche »Normalsein«,* das manche Ihnen anbieten, kann hilfreich sein.
- Seien Sie offen für unerwartete Unterstützung. Oft sind Menschen, von denen wir es nicht erwartet haben, besonders geduldig und wohltuend. Gerade die Menschen, mit denen wir keine gemeinsame Geschichte haben, eignen sich manchmal besonders gut als »stabile Person«.
- Lassen Sie auch Kontaktangebote zu, die *nur einen Teil Ihrer Bedürfnisse* abdecken. Vielleicht gibt es z. B. eine Bekannte, die kein mitfühlendes Gespräch mit Ihnen führen kann, aber jeden Abend vorbeikommt, um den Hund auszuführen, wenn Sie zu müde dafür sind. (Das wäre keine »stabile Person«, aber eine sehr gute »praktische UnterstützerIn« mit einem begrenzten konkreten Angebot.)

- Seien Sie offen für neue Kontakte, die entstehen, gerade weil Sie in Trauer sind. Sie erleben wahrscheinlich, dass *alte Vorurteile sich abbauen* und Sie gute Gespräche mit Menschen führen, die Ihnen bisher nicht aufgefallen sind.
- Manchmal »stürzt« man sich regelrecht auf die Bedürfnisse von anderen, um die eigenen nicht zu spüren. Oder man versucht andere Menschen zu retten, weil das mit dem Verstorbenen nicht gelungen ist. Das ist verständlich, führt aber nicht dazu, dass Ihre eigenen Bedürfnisse gesehen und erfüllt werden. Suchen Sie bitte nicht nur die Nähe von Menschen, die etwas von Ihnen brauchen. *Orientieren Sie sich möglichst an Menschen, die Ihnen Halt und Lebensmut geben* – auch wenn Sie meinen, das nicht verdient zu haben.
- Wenn Sie sich mit anderen Trauernden austauschen möchten: Besuchen Sie eine Trauergruppe oder ein Trauercafé, suchen Sie einen Trauerchat, lesen Sie Bücher von anderen Trauernden.
- Die Kontakte mit anderen Trauernden, einer Trauerbegleiterin oder einfühlsamen Freunden sind wie *Tankstellen für Verständnis* und manchmal auch Normalität. Nutzen Sie die Kraft, die Sie dort gewinnen, um entspannter und geduldiger zu Ihrer Familie zurückzukehren, die durch den Tod eines Mitglieds aus dem Gleichgewicht geraten ist. Stück für Stück wird das Familiengefüge eine neue *Balance* finden.

Umgang mit den Rollen

Was hat der Verstorbene im gemeinsamen Leben erledigt, das jetzt brachliegt? In einer Ehe ist das am einfachsten festzustellen. Dort hat jeder seinen Bereich gehabt – Haushalt oder Geldgeschäfte, Einkaufen oder Putzen, Reparieren oder Dekorieren. Der Bereich der Verstorbenen ist jetzt offen, und der Überlebende muss entscheiden, wie er mit dieser Lücke umgeht. Eine verwitwete Frau, deren Mann ein begeisterter Heimwerker gewesen war, erzählte mir, wie sehr es ihr auf die Nerven ging, bei jeder kleinen Haushaltsreparatur einen Nachbarn fragen zu müssen. Sie lebte in einer intakten Nachbarschaft und verschiedene Nachbarn waren gern bereit einzuspringen. Aber zu der anfänglichen Dankbarkeit gesellte sich im Lauf der Monate auch das Gefühl von Abhängigkeit. Sie begann, sich mit den Werkzeugen ihres verstorbenen Mannes vertraut zu machen und erzählte stolz von ihrem ersten eigenen Bohrloch, um ein kleines Regal für ihre Tochter anzubringen.

Geschichte

In seinem Buch »Meinen Hass bekommt ihr nicht« beschreibt Antoine Leiris sehr genau, wie er Aufgaben übernehmen muss, die vorher seine Frau übernommen hat, z. B. das Schneiden der Fingernägel bei seinem siebzehn Monate alten Sohn Melvil:

»Heute Abend lerne ich etwas Neues. Wir müssen ihm die Nägel schneiden. Das habe ich noch nie gemacht. Doch heute kann ich nicht warten, bis Hélène heimkommt. Ich setze ihn auf meinen Schoß, er ist vollkommen ruhig. Seine kleine Hand in meiner großen lasse ich die Schere darüber schweben, weil ich nicht recht weiß, mit welchem Finger ich anfangen soll. Er wird ungeduldig. Ich gebe mir einen Ruck. Ein Schrei zerreißt die Stille. ... Ja, ich war es, der geschrien hat. Ich habe ihm gerade ein Stück von seinem Finger abgeschnitten. ... In Wahrheit ist es ein Stück Haut, das ich abgeschnitten habe. Der Finger, den ich mir schon vollständig abgetrennt vorgestellt habe, ist noch ganz ... Und wenn er denkt, ich hätte ihm wehtun wollen?

Instinktiv drehe ich mich um. Suche sie mit meinem Blick. Sie ist nicht da, um mich zu beruhigen. Ist nicht da, um mir einen Rat zu geben. Ist nicht da, um mich abzulösen. Schwindelnde Einsamkeit. Es gibt nur noch mich. ...

Er sieht mich immer noch an, zunehmend verblüfft. Er weint nicht. Er hat keine Angst. Er ist da. Ich bin da. Wir sind ein Team. Zwei Abenteurer.« (S. 99-101)

Trauerfacette Verbunden bleiben

Im ersten Trauerjahr wird die *»Anwesenheit der Abwesenheit«* mit jedem Tag stärker spürbar und löst die vielen intensiven Gefühle des Trauerweges aus. Erlebnisse von Verbundenheit und sogar Präsenz können die schmerzhafte Lücke zunächst für einige Momente überdecken. Die Facette Wirklichkeit fordert Kraft und streitet sich manchmal mit der Facette Verbundenbleiben: »Wenn etwas Bleibendes auch über deinen Tod hinaus spürbar ist – warum tut es dann so schrecklich weh?« »Wenn dein Tod endgültig ist, wie kann ich dann etwas von dir spüren?« Es wird die weiteren Trauerjahre brauchen, um diese Widersprüche auszuhalten und in einen paradoxen Zusammenhang zueinander zu bringen. Trauerwege sind nicht logisch, das wird an dieser Facette besonders deutlich.

In der Sicht auf diese Facette des Trauerweges hat es in den letzten Jahrzehnten die größten Veränderungen gegeben. Während der Volksmund schon immer wusste, dass die Toten unvergessen sind und in unseren Herzen weiterleben, hat der große Sigmund Freud eine Idee des »notwendigen Loslassens« vorbereitet. Mit seinem Satz, es sei die »Aufgabe des Trauerns, alle Energie von den Verstorbenen abzuziehen« hat er eine fatale Entwicklung eingeleitet. Trauernden wurde eingeredet, sie könnten nur dann wieder am allgemeinen Leben teilnehmen, wenn sie jede innere Verbundenheit mit den Verstorbenen beendet hätten. Diese Idee ist so tief in unsere Gesellschaft eingedrungen, dass sie heute immer noch in manchen Büchern, Gebeten, Ansprachen und Ratschlägen unreflektiert wiederholt wird. Dabei hat die Trauerforschung längst das Wissen des Volksmunds neu belebt und Forschungsergebnisse vorgelegt, dass es kein bisschen krankmachend oder depressionsfördernd ist, den Verstorbenen nah bei sich zu spüren. Begriffe wie *»fortgesetzte Bindung«* wurden dafür gefunden oder *»den Verstorbenen einen neuen Platz zuweisen«*. In dieser Formulierung wird deutlich, dass die Verbundenheit zu Verstorbenen eine andere ist als die zu den Lebenden. Sie schöpft aus den gemeinsamen Erfahrungen während der Lebenszeit des Verstorbenen, aber sie ist *grundlegend anders* als das, was zu Lebzeiten da war. Deshalb kann es so anstrengend und verwirrend sein, diese »neue und gleichzeitig bleibende Verbundenheit« herzustellen.

Das innere Verbundenbleiben kann *viele Formen* annehmen. Sie kann ein *dauernder Zustand* sein oder ein *seltenes Ereignis*, man kann es bewusst herbeiführen oder auf sich zukommen lassen. Dabei gibt es auch unangenehme, anstrengende und sogar *bedrohliche Formen* dieser inneren Verbundenheits-Erlebnisse.

Das erste Trauerjahr ist eine Art *Versuchslabor* in dieser Facette des Trauerweges. In den kommenden Trauerjahren werden noch viel weitere Anknüpfungs- und auch Loslösungsversuche gemacht werden. Ja, auch *Ablösungsversuche*, denn so wie man auch von Lebenden ab und zu seine Ruhe braucht, so geht es einem manchmal auch auf dem Trauerweg. Die Verstorbenen sollen immer mal wieder nicht im Fokus aller Aufmerksamkeit stehen, z. B. weil man müde und erschöpft ist und Zeit für sich selbst braucht, oder weil andere Menschen und Dinge stärker in den Vordergrund treten. Es kann auch sein, dass es zwischendurch oder irgendwann sogar auf Dauer »genug« ist mit der ganz intensiven Nähe. Das ist im ersten Trauerjahr für viele Trauernde nicht vorstellbar.

Während der Alltag langsam zurückkehrt, kann es schwierig werden, *sich Zeit für den Trauerprozess und die eigenen Erinnerungen zu nehmen.* Viele meiner KlientInnen haben im Lauf des Ersten Trauerjahrs (und auch darüber hinaus!) damit experimentiert, wieviel Zeit sie für sich und den Verstorbenen in ihrem Alltag brauchen. Eine junge Frau hat viele Monate lang jeden Morgen einen Brief an ihre verstorbene Schwester geschrieben. Eine trauernde Ehefrau hat sich jedes zweite Wochenende einen ganzen Tag nur für sich und ihren verstorbenen Mann reserviert. Ein trauernder Vater erzählte mir, dass es ihm viel bessergeht, wenn er zweimal in der Woche mindestens eine halbe Stunde allein verbringt, um sich mit seiner Trauer und den Erinnerungen an seine Tochter zu beschäftigen. Diese Zeiten sind wie *Verabredungen mit dem Verstorbenen und auch mit sich selbst.*

Erinnerungen

Je weniger weit der Tod zurückliegt, desto lebendiger sind die Erinnerungen. In den ersten Wochen klingt sogar noch die Stimme des Verstorbenen im Ohr, man kann das Gesicht mühelos vor sich sehen. Erinnerungen an gemeinsame Erlebnisse aus der letzten Zeit vor dem Tod sind noch in allen Einzelheiten abrufbar. Im Lauf des Jahres ändert sich das langsam. Trotzdem sind Erinnerungen »das Paradies, aus dem uns niemand vertreiben kann«. Sie sind eine natürliche und in allen Kulturen praktizierte Form der Verbundenheit mit den Verstorbenen. Das hat schon bei der Abschiedsfeier begonnen, wo Anekdoten und Geschichten vom Verstorbenen geteilt wurden. Beim Beerdigungskaffee wurde das fortgesetzt in lockerer Form, wo auch gelacht und getratscht werden durfte. Danach gibt es in unserer Kultur kaum noch Gelegenheiten, in denen Erinnerungen mit anderen ausgetauscht werden. Das Erinnern und das Verbundensein durch Erinnerungen werden plötzlich etwas ganz Intimes. Das ist schade, denn so wie die Wirklichkeit des Todes beim Aussprechen intensiviert wird, so wird auch die Wirklichkeit des Verbundenseins intensiver.

Trittsteine

- Sprechen Sie es in Ihrer Familie oder in Ihrem Freundeskreis an, wenn Sie mehr über den Verstorbenen reden möchten als das bisher getan wird. Machen Sie möglichst konkrete Vorschläge, die *Ihren Bedürfnissen* entsprechen. Das führt eher zu Ergebnissen als Vorwürfe.
- Nutzen Sie *Jahrestage und Feste* zum Austausch von Erinnerungen, auch wenn es Ihnen schwerfällt. Machen Sie einen Anfang, es kommen noch viele Trauerjahre, in denen es leichter gehen wird, auch bei einem freudigen Treffen über den Verstorbenen zu sprechen.
- *Reduzieren Sie den Verstorbenen nicht auf sein Leiden und sein Sterben.* Üben Sie, interessante, amüsante oder einfach treffende Begebenheiten von ihm zu erzählen, denn damit soll er langfristig im Gedächtnis bleiben.

Die Angst vor dem Vergessen

Viele Trauernde haben große Angst davor, dass ihre Erinnerungen mit der Zeit verblassen werden. Sie wagen kaum an etwas Anderes zu denken, um nicht noch mehr vom Verstorbenen zu verlieren. Der Moment, in dem die Stimme nicht mehr in den Ohren klingt, wird als unerträglicher neuer Verlust erlebt.

Trittsteine

- Wenn Sie diese Ängste haben – ja, Sie haben recht, es wird nicht alles in allen Einzelheiten auch noch in 20 Jahren in Ihrem Gedächtnis bereitliegen. Aber nein, *Sie werden auch nicht alles vergessen.* Das menschliche Gedächtnis lagert große Mengen von Erfahrungen, und es bearbeitet diese Erfahrungsschätze unentwegt. Aus ähnlichen Erlebnissen wird eine besonders herausragende Erfahrung als »typisch« bewahrt, während dutzende ähnliche in den Hintergrund treten. Langatmige Geschichten werden auf das Wesentliche zusammengefasst, und vieles wird im Lauf der Zeit auch neu bewertet. Kleine Unstimmigkeiten und Dinge, über die man sich zu Lebzeiten aufregen konnte, bekommen das Siegel »unwichtig«, andere, die man gar nicht so beachtet hatte, werden rückblickend besonders geschätzt.

- Verschiedene Menschen erinnern sich unterschiedlich. Manche scheinen eine Art photographisches Gedächtnis zu haben, aus dem sie Bilder und Szenen mühelos abspulen können. Andere erinnern sich eher an Stimmungen und Gefühle. Und wieder andere haben noch nie große Geschichten erzählt und erinnert, für sie tauchen Erinnerungsbilder erst auf, sobald sie einen Ort oder einen Gegenstand sehen, der in dieser Geschichte vorkommt. Das sagt alles nichts über ihren Charakter und auch nicht über die Intensität ihrer Verbundenheit mit dem Verstorbenen aus, es ist einfach *ihre ganz persönliche Art*, Erinnerungen jeder Art zu speichern und abzurufen.
- Üben Sie sich im *»Ganzheitlichen Erinnern«*, erlauben Sie sich, auch alltägliche, banale und sogar unangenehmen und enttäuschende Szenen in Ihr ganz persönliches Erinnerungsalbum aufzunehmen. Es erinnert sich leichter, wenn Sie nichts unterdrücken.
- Sammeln Sie Ihre Erinnerungen bewusst, damit Sie nicht ständig an sie denken müssen. Beschäftigen Sie sich mit den Erinnerungen, *ordnen und gestalten* Sie sie.
- Legen Sie z. B. thematische *Fotoalben* an, ordnen Sie die Bilder auf Ihrem PC. Suchen Sie passende *Rahmen* aus (oder gestalten Sie sie) für einzelne Fotos bzw. eine Collage, die Sie aufstellen möchten. Sie können auch *Musik zusammenstellen*, die Sie an den Verstorbenen erinnert.

- Schreiben Sie Erinnerungen auf in ein *Buch, das nur für Erinnerungen* da ist. Bitten Sie Familienangehörige und Freunde, Erinnerungsgeschichten und Anekdoten dafür beizusteuern. Nehmen Sie auch die Beileidskarten, in denen Ereignisse aus dem Leben des Verstorbenen berichtet wurden dazu. Bemalen, bekleben, gestalten Sie das Buch, wenn Ihnen danach zumute ist. Ansonsten schreiben Sie die Erinnerungen einfach auf oder heften Sie ausgedruckte Seiten hinein.
- Sie können auch ein *Erinnerungskästchen oder eine »Schatzkiste«* anlegen. Nehmen Sie dazu eine schöne Schachtel, oder gestalten Sie eine neutrale Box mit Farben und Dekoaccessoires, so dass die Schachtel etwas ganz Persönliches wird. Füllen Sie die Box mit Erinnerungsgegenständen und Fotos. Für Kinder ist das eine sehr schöne Aufgabe, jedes Kind (und jeder Erwachsene) kann eine »Schatzkiste der Erinnerungen« haben.

Achtung: Wenn Ihre Kinder (oder Enkel) noch zu klein sind, um sich selbst eine solche Erinnerungskiste an ein verstorbenes Elternteil anzulegen, übernehmen Sie das bitte! Für die heranwachsenden Kinder wird es einmal unschätzbar wertvoll sein, persönliche und charakteristische Gegenstände ihres Vaters/ihrer Mutter in den Händen zu halten.

Die Angst vor dem Schmerz der Erinnerung

Manche meiner KlientInnen wollen sich nicht erinnern. Sie empfinden Erinnerungsbilder nicht als wärmenden Schatz, sondern als *schmerzhaften Stich*, der ihnen nur zeigt, was jetzt nicht mehr da ist. Jeder erinnerte glückliche Moment macht ihnen die Leere der Gegenwart deutlicher. Trauernde, die diese Leere nicht spüren möchten, stellen oft keine Fotos auf und räumen sehr bald alles weg, was an den Verstorbenen erinnert. Das »Nichts«, wo vorher der Verstorbene war, soll so leichter auszuhalten sein. Die Erinnerungsgegenstände, Fotoalben und Videofilme vom Verstorbenen werden zu unantastbaren Tabus, wenn sie das ganze erste Jahr lang versteckt bleiben. Nach einem oder mehreren Jahren wird es immer schwerer, sie anzusehen und Erinnerungen zuzulassen.

Trittsteine

- Nehmen Sie das ganze erste Jahr als Zeitraum, in dem Sie versuchen, einen *Zugang zu Fotos und Erinnerungsstücken zu bekommen.* Sie müssen sich nicht mit allen Fotos und Gegenständen beschäftigen, einige wenige reichen aus, um den Bann zu brechen. Wenn Ihnen das allein zu schmerzhaft erscheint, suchen Sie *Unterstützung durch stabile Angehörige oder Freunde.* Alternativ können Sie mit Ihrer Trauerbegleiterin oder in Ihrer Trauergruppe vereinbaren, Fotos und Gegenstände mitzubringen und dort gemeinsam anzusehen.
- Suchen Sie *eine einzige Erinnerung*, die Sie aushalten können, schreiben Sie sie auf und erzählen Sie sie jemandem.
- Suchen Sie *ein einziges Foto* heraus, überlegen Sie, in welcher Größe Sie es aushalten können und wo es sein soll. In Ihrer Brieftasche? Auf dem Nachttisch? Bei den anderen Familienfotos?
- Seien Sie *stolz*, wenn Ihnen das gelungen ist. Schöpfen Sie daraus Mut und Hoffnung, dass Sie im Lauf der Monate und Jahre weitere Bilder und Erinnerungen aushalten werden.
- Wenn es Ihnen zu schmerzhaft erscheint, an gute Momente der Vergangenheit zu denken, versuchen Sie es mit einer der Fragen die im Abschnitt *»Verbundenbleiben durch das Bleibende«* angeregt werden. (S. 1602ff.)

Geschichte

Ich erinnere mich an ein Elternpaar, das nach dem Tod des 17jährigen Sohnes zu mir kam. Sein Zimmer im Elternhaus war auch sieben Monate nach dem Tod für seine Mutter ein unerträglicher und gleichzeitig heiliger Ort. Sie ging im Flur mit abgewandtem Gesicht an der geschlossenen Zimmertür vorbei und war gleichzeitig voller Fantasien von seinen Schulsachen, Kleidern und Büchern, die sie dort in der üblichen Unordnung vermutete. Niemand durfte dort etwas verändern. Ihr Mann hatte eine andere Umgangsform mit dem Zimmer seines toten Sohnes gefunden. Er war zunächst nur blicklos hineingegangen, um das Fenster zum Lüften zu öffnen und dann wieder zu schließen. Nach einigen Wochen hatte er kurz den Blick schweifen lassen. Einmal hatte er sich sogar schon auf den Schreibtischstuhl gesetzt und eines der Bücher vom Nachttisch in die Hand genommen, um darin zu blättern. Seine Frau hörte ihm aufmerksam zu und fasste Mut, eines Tages selbst in das Zimmer des Sohnes gehen zu können.

Erinnerungen an überwältigende Situationen

Nach einem gemeinsamen Leben voller Momente, an die man sich erinnern könnte, ist es manchmal der eine Moment, in dem jemand gestorben ist, der alles andere überdeckt. Wenn das Sterben unerwartet kam, wenn es mit *Schmerzen und Schrecken* verbunden war, dann graben sich diese Bilder tief ins Gedächtnis ein. Solche Bilder sind wie ein heftiger Schlag, es kann sein, dass ein Trauma entsteht, das ist eine Verletzung im Erinnerungsvermögen und eine Verletzung in der Art, wie wir über Erlebtes denken und welche Gefühle wir dazu aufbauen. Sogar die körperlichen Kreisläufe werden durch so einen traumatisierenden »Schlag« verletzt. Dieser »Schlag« kann das Mitansehen eines plötzlichen Sterbens und starker Verletzungen sein. Durch hektische Betriebsamkeit z. B. an einem Unfallort oder auf der Intensivstation, durch helle Lichter und laute, schrille Geräusche wird das noch verschlimmert. Es kann sein, dass sie gar nicht dabei waren, sondern sich diese *Bilder ausdenken*, z. B. nach einem Unfall, einem Suizid oder Mord. Wie bei jeder Verletzung sind wir ziemlich gut darin, auch einen traumatisierenden Schlag zu überwinden. Innerhalb der ersten Monate nach den verletzenden Bildern und Erlebnissen beruhigen sich meistens das Denken, Fühlen und Erinnern mehr oder weniger von alleine. Nur wenn die Unruhe, die Ängste, die immer wieder auftauchenden Bilder von dem erschreckenden Geschehen mindestens sechs Monate anhalten, gelingt es dem Körper nicht, die Verletzung allein zu überwinden- Man spricht dann von einer *»Traumafolgestörung«* oder »Psychotraumatisierung«.

Trittsteine

- Wenn Sie eine möglicherweise traumatisierende Situation miterlebt haben, stärken Sie Ihren Körper, damit er das aushalten und verarbeiten kann. Die »Überlebenstipps« auf ab S. 93 helfen Ihnen dabei.
- Wenn Sie bereit dazu sind, sprechen Sie von dem Erlebten, wenn eine *»stabile Person«* dabei ist. Achten Sie darauf, diesen Menschen beim Erzählen anzusehen – bitten Sie ihn/sie am besten, Sie zu unterbrechen, wenn Ihr Blick starr wird oder irgendwo in einer Ecke stehen bleibt. Dann rutschen Sie ab in die Vergangenheit und bemerken die tröstliche Anwesenheit Ihrer stabilen Person gar nicht mehr. Probieren Sie aus, ob Sie beim Spazierengehen in der Natur besser erzählen können als in einem geschlossenen Raum. Achten Sie auch draußen darauf, Ihre »stabile Person« anzusehen oder den Blick frei herumschweifen zu lassen.

- *Schreiben* Sie sich den Schrecken von der Seele – falls das geht. Wenn ja, achten Sie darauf, in der *Vergangenheitsform* zu schreiben. Es ist wichtig zu spüren, dass das Erschreckende schon passiert ist und sich nicht wiederholt, wenn Sie es erinnern.
- Versuchen Sie, bei jedem Erzählen oder Aufschreiben, *andere Worte zu benutzen*, verhindern Sie – soweit es Ihnen möglich ist – dass Standbilder und ständige Wiederholungen von der erschreckenden Situation entstehen.
- Wenn das nicht reicht, wenden Sie sich bitte an eine Trauma-Ambulanz oder lassen Sie sich von der Hausärztin bzw. Ihrer Krankenkasse die Adressen von *Traumatherapeuten* in Ihrer Nähe geben.

Gegenstände

Die Dinge, die dem Verstorbenen gehört haben, tragen in den ersten Wochen nach seinem Tod noch seinen charakteristischen Geruch. Bettwäsche und Kleider werden zu Kostbarkeiten, die oft lange nicht gewaschen werden, weil sie noch nach dem Menschen, den man so sehr vermisst, riechen. Den Duft aufzusaugen und sich in die Wäsche zu kuscheln, schafft ein Gefühl von Nähe und Verbundenheit. Im Lauf der Monate verfliegen diese »direkten« Spuren. Die Kleider der Verstorbenen, auch ihr Schmuck werden zu *Erinnerungsstücken*, man kann sie tragen, um Verbundenheit zu zeigen und zu spüren, auch wenn sie längst frisch gewaschen sind. Möbel, Bücher, CDs, Haushaltsgegenstände bleiben zurück. Gelingt es Ihnen, eine Auswahl zu treffen, welche Dinge als Erinnerungsstücke bleiben sollen und welche weggegeben werden können? Besonders nach dem Tod eines Kindes ist es den meisten Eltern unmöglich, auch nur ein einziges Stück aus dem Besitz ihres Kindes aus der Hand zu geben. *Jedes* Stück, das dem Kind gehört hat, trägt kostbare Spuren. Ein ganzes Zimmer voller

Erinnerungsgegenstände führt aber auch zu Überforderung, die Flut der hervorgerufenen Bilder ist nicht aushaltbar. (Wie man langsam beginnen kann, Dinge zu verändern, lesen Sie ab S. 136)

Einzelne Gegenstände, die Erinnerungen in sich bergen, sind leichter auszuhalten. Häufig sind das *kleine Gegenstände, die der Verstorbene oft auf der Haut getragen hat.* Seine Armbanduhr, der kleine Rosenkranz der Großmutter, das Freundschaftsbändchen des Patenkindes, die Lederjacke des großen Bruders. Aber auch Alltagsgegenstände wie der Kochlöffel der Mutter, die Lieblingstasse der Freundin. Auf unserem Balkon steht z. B. ein ständig wachsendes Buchsbäumchen, es wurde uns von einer verstorbenen Freundin lange vor ihrem Tod geschenkt und egal, ob es zur restlichen Bepflanzung passt oder nicht, dieses Bäumchen darf solange bei uns wachsen, wie es möchte! Verbindende Gegenstände können *trösten und Halt geben*, sie tragen die Erinnerung an bestimmte Situationen oder die ganze Person fühlbar in sich.

Nach dem Tod des Partners bleibt der eigene *Ehering* ein wichtiges Symbol der weiterbestehenden Verbundenheit und es ist eine schwierige Frage, ob und wann er abgelegt wird. Manche tragen beide Ringe übereinander und es gibt auch die Möglichkeit, beide Ringen zu einem neuen Schmuckstück zu verarbeiten.

Erinnerungsschmuck kann vielfältig sein, z. B. ein Anhänger mit einem in Gold geprägten Fingerabdruck und/oder Namenszug des Verstorbenen. Medaillons können mit einem oder mehreren Fotos gefüllt werden, und seit einigen Jahren kann man auch einen Teil der Asche des Verstorbenen zu einem Diamanten pressen lassen.

Geschichte

Barbara aus Nürnberg hat mir diese Geschichte zur Verfügung gestellt:

»Ich habe mir kurz nach dem Tod meines Mannes Bernd einen schönen flachen Stein gesucht und ihn mit seinem Namen, den Lebensdaten und einer Widmung an ihn versehen. Diesen Stein trage ich immer in der Hosentasche bei mir. Wenn mir etwas zu viel wird oder ich Bernd ganz stark vermisse, nehme ich den Stein in die Hand, halte ihn einfach oder umklammere ihn auch mal ganz fest. Das tut mir gut. Einmal ist er mir heruntergefallen und ein Stück ist abgesprungen. Zunächst war ich sehr traurig, aber dann habe ich mir gesagt – mein Stein verändert sich – wie auch ich mich verändere. Man wandelt sich und inzwischen ist diese scharfe Kante durchs dauernde Herumtragen auch wieder ganz weich geschliffen (wie auch bei mir Manches mittlerweile wieder weicher geworden ist). Die Inschrift muss ich regelmäßig erneuern, aber das macht nichts, so kann ich immer mal wieder was Anderes an ihn schreiben.«

Orte

Es gibt einen Ort, der für viele Menschen ein »Treffpunkt mit dem Verstorbenen« wird, das ist das *Grab*. Manche Trauernde gehen jeden Tag dorthin, manchmal sogar mehrmals. Dort fühlen sie sich dem Verstorbenen so nah wie irgend möglich, sie halten Zwiesprache, sie gestalten das Grab so schön, wie es geht. Im Lauf der Zeit sind tägliche Besuche nicht mehr entscheidend, es wird möglich, ein paar Tage wegzufahren – wenn Freunde das Grab in dieser Zeit weiter pflegen.

Andere *Erinnerungsorte* können z. B. ein Café sein, in dem man sich zum ersten Mal getroffen hat, oder die liebste Urlaubsinsel. Diese Orte aufzusuchen kann im ersten Jahr schwerfallen, man spürt den Schmerz des Vermissens zunächst stärker als die Kraft der verbindenden Erinnerung. Versuchen Sie, geliebte Orte Stück für Stück wieder aufzusuchen. Lassen Sie sich dabei Zeit und überlegen Sie, ob Sie dabei eine »stabile Person« oder jemanden für eine konkrete Unterstützung brauchen.

Orte, die man niemals wiedersehen will

Es gibt Orte, die belastende Erinnerungen wachrufen. Das kann das Krankenhaus sein, in dem jemand gestorben ist. Oder ein Unfallort. Diesen Orten geht man dann aus dem Weg, weil die Konfrontation die überwundene Angst und Fassungslosigkeit in Sekundenbruchteilen wieder hervorruft. Manchmal ist es nicht der Anblick eines Ortes, der einen so erschreckt, sondern es sind die Geräusche oder Gerüche, die mit diesen Orten verbunden sind. Dann meidet man z. B. nicht nur ein bestimmtes Krankenhaus, sondern geht allen Krankenhäusern aus dem Weg, weil man den typischen Geruch dort nicht ertragen kann. Die Vermeidung von Orten kann das Leben einschränken und den Trauerweg auf Dauer zu einem Vermeidungsweg weg von bestimmten Orten und Situationen machen.

Trittsteine

- Spüren Sie in sich hinein, wann Sie bereit sind, sich mit einem Ort oder einer Situation zu konfrontieren. Lassen Sie nicht mehrere Jahre vergehen, denn die Angst vor der Angst wird immer größer, je länger es dauert.
- Suchen Kraft in sich selbst, um die Konfrontation zu wagen. Suchen Sie Unterstützung!
- Wenn die Unterstützung eines Freundes nicht ausreicht, suchen Sie fachliche Unterstützung. Sprechen Sie mit ihrer Trauerbegleiterin.

- Ängste vor bestimmten Orten und Panik, die durch Gerüche und Geräusche ausgelöst wird, können ein Anzeichen für eine Traumafolgestörung sein. Suchen Sie Unterstützung in einer Traumaambulanz oder bei einem Traumatherapeuten.

Geschichte

Christiane aus Dortmund hat mir diese Geschichte zur Verfügung gestellt: »Ich habe mich sehr schwer getan mit dem Grabstein für meinen Mann Olli. Lange Zeit konnte ich nicht einmal darüber nachdenken, einen Stein anfertigen zu lassen. Erst nach fast eineinhalb Jahren habe ich mich kräftig genug gefühlt, mich an die Arbeit zu machen. Eigentlich erst, nachdem ich im Fernsehen gesehen hatte, dass eine Mutter die persönliche Unterschrift ihrer Tochter in deren Grabstein hatte gravieren lassen. Eine eigenhändige Unterschrift kam für mich zwar nicht in Frage, im Gegenteil, allein die Vorstellung bei jedem Friedhofsbesuch auf die Handschrift von Olli zu blicken, fand ich schrecklich. Aber ich kalligrafiere sehr gerne und wollte deshalb den Namenszug für den Grabstein selbst entwerfen. So suchte ich mit den Kindern gemeinsam einen Stein aus, wir überlegten zusammen kurz, was auf den Stein geschrieben werden sollte und ich ließ mir schließlich von einer ausgebildeten Kalligrafin dabei helfen, eine Idee für einen Schriftzug zu finden. Als ich mit dem Steinmetz anschließend die weiteren Einzelheiten besprach, darunter auch wie der Stein ausgerichtet werden solle, wurde klar, dass ich dabei sein musste, wenn der Stein gesetzt werden würde. Bei dem Gedanken daran bekam ich einen dicken Kloß im Hals. Dabei zu sein, wenn ein Grabstein auf Ollis Grab gesetzt würde, war eine bedrückende, düstere und äußerst beklemmende Vorstellung für mich. Das konnte ich nicht alleine aushalten. Aus diesem Grund habe ich den besten Freund meines Mannes gefragt, ob er sich vorstellen könnte, dabei zu sein, wenn es so weit ist, und ob er

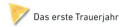

vielleicht noch ein paar Freunde meines Mannes fragen könne. Daraus ist dann der Gedanke entstanden, warum nicht eine große Sache daraus machen? So habe ich, als der Stein fertig war und der Termin schließlich feststand, den Freundeskreis meines Mannes eingeladen, meine engsten Freundinnen und Ollis Familie, um aus Anlass der Grabsteinsetzung bei ihm am Grab noch einen Schluck auf sein Wohl zu trinken. Es sollte sein Lieblingsgetränk geben: Bacardi Cola – allerdings nur aus winzigen Gläsern. Und im Anschluss haben wir uns außerhalb des Friedhofs noch auf eine Currywurst getroffen und bei einem Bier die ein oder andere Geschichte erzählt.

Wenn ich anderen im Vorfeld davon erzählt habe, habe ich gesagt »wir feiern eine Grabsteinparty«. Das war krass ausgedrückt, aber im Nachhinein betrachtet, hat die Beschreibung recht gut gepasst. Da Ollis Freunde keine Freunde großer Worte sind, habe ich mich schlicht für ihr Kommen bedankt und sonst nicht viel gesagt. Wir haben angestoßen und fast alle haben – zumindest einen kleinen Schluck – mitgetrunken. Anschließend hat niemand mehr etwas sagen wollen, es wurde recht still, aber die Atmosphäre war dennoch gut. Es fühlte sich nach Zusammenhalt und nach Erinnerung an. Es fühlte sich gut und richtig an. Es war ein tröstliches Gefühl zusammen am Grab zu stehen und an Olli zu denken. Und es hat lange gedauert, bis wir den Bann brechen und gehen konnten.

Es war kein schöner Tag, aber es war ein besonderes Erlebnis. Und seiner Schwester, die während der Beerdigung wegen eines Herz- und Niereninfarkts auf der Intensivstation lag, konnte es ein klein wenig den verpassten Abschied ersetzen.«

Symbole, die wir selber wählen

Sind Sie schon mal in eine Kirche gegangen und haben dort eine Kerze angezündet für eine Verstorbene oder jemanden, der gerade Beistand braucht? Das Entzünden von *Kerzen* ist ein verbindendes Symbol für Trauernde. Zuhause stehen vor dem Foto des Verstorbenen meist eine Vase mit Blumen und eine Kerze. Auf dem Friedhof brennt das Totenlicht, in der Trauergruppe wird manchmal für jeden Verstorbenen ein Teelicht entzündet. Hoffnung, Licht, Wärme, ein Leuchten in der Dunkelheit drückt die Kerze aus.

Herzen sind ein weiteres Symbol, das für viele Trauernde Bedeutung hat. Sie legen Herzsteine auf das Grab, tragen ein Herz an der Halskette. Das sind Symbole, die wir selbst wählen, um uns an die Verstorbenen zu erinnern und unsere Verbundenheit auszudrücken. Eine Klientin, die 17 war, als ihr Vater an einer seltenen Stoffwechselkrankheit starb, hat sich z. B. das Unendlichkeitszeichen (eine liegende Acht) in die Innenseite ihres Knöchels tätowieren lassen, weil ihr Vater dieses Zeichen geliebt hatte. In seiner Bedeutung als Unendlichkeitssymbol erinnerte es sie auch an das Versprechen ihres Vaters, immer bei ihr zu sein und über sie zu wachen.

Überlegen Sie, welches Symbol der Verbundenheit Sie für sich und den Verstorbenen wählen könnten. *Was passt zu Ihnen beiden und ihrer Beziehung zueinander*? Sie könnten das Symbol auf Ihre Erinnerungsbox malen, als Schmuckstück tragen oder vor ein Erinnerungsfoto legen. Es gibt viele Möglichkeiten und Sie können im Lauf des ersten Jahrs (und auch danach) verschiedene Symbole ausprobieren.

Ein solches *Verbundenheitssymbol ist etwas ganz Persönliches.* Lassen Sie Ihre Kinder, Freunde und Familienangehörigen die jeweils eigenen Symbole finden! Reden Sie niemandem dazwischen. Zwingen Sie bitte niemanden, ein Symbol zu finden, der das nicht möchte. Es tut gut, die Intimität, die solch ein Symbol haben kann, zu respektieren, auch wenn Sie Ihres offen zeigen möchten.

Geschichte

Barbara aus Nürnberg hat mir diese Geschichte zur Verfügung gestellt: »Auf dem Weg zum Bestattungsamt kamen wir an einem Laden vorbei, der wunderschöne Regenbogenkerzen in verschiedensten Größen ausstellte. Auf dem Rückweg beschlossen wir, zwei dieser Kerzen zu kaufen: eine große Regenbogenkerze, die wir während der Trauerfeier in der Kirche anzünden wollten, und eine kleine für uns daheim. Mittlerweile sind viele solcher Kerzen hier abgebrannt, denn immer, wenn ich zu Hause bin, brennt sie in Erinnerung an meinen geliebten Mann Bernd. Aber nicht nur hier bei mir daheim! Auch bei meiner Mutter brennt häufig solch eine Kerze und auch sehr gute Freunde von uns besorgen sich immer welche.

Mit diesen Freunden treffen wir uns schon viele Jahre, auch schon vor dem Suizidtod meines Mannes im wöchentlichen Wechsel abends zum gemeinsamen Essen und Zusammensitzen. Nach dem Tod meines Mannes führten wir, trotz anfänglicher Beklemmungen auf beiden Seiten, diese Tradition weiter fort. Doch wir gingen lange immer nur zu ihnen und bekamen dann reichlich Essen mit. Es wurde sogar extra viel gekocht, damit wir für die folgenden Tage noch etwas übrighatten. Und wenn wir heute zu ihnen kommen, brennt stets eine Regenbogenkerze – so ist Bernd irgendwie doch immer ein wenig mit dabei.

Als unsere Tochter jetzt im Frühjahr ihren Freund geheiratet hat, war es den beiden klar, dass auch ihr verstorbener Vater bzw. Schwiegervater auf jeden Fall erwähnt werden sollte. So wurde gleich während der allgemeinen Begrüßung der Festgemeinde von der Pfarrerin an den fehlenden Vater erinnert, der sicher gerne bei der Hochzeit der einzigen Tochter dabei gewesen wäre. Und gleichzeitig wurde wieder dieselbe Regenbogenkerze entzündet, die schon während seines Trauergottesdienstes gebrannt hatte. Sie leuchtete während der gesamten Hochzeitsfeier tröstlich vom Brauttisch und erinnerte immer wieder an Bernd. Es war ein stilles Symbol und tat uns allen gut.«

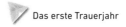

»Zeichen«

Es gibt Symbole und Zeichen, die wählen wir nicht, sondern sie geschehen einfach. Man könnte sie übersehen oder als Zufall abtun. Es gibt keinen naturwissenschaftlichen Beweis dafür, dass sie Zeichen des Verstorbenen, eines freundlichen Schicksals oder einer göttlichen Macht sind. Es gibt auch keinen Gegenbeweis. Also ist es Einstellungssache, wie wir sie deuten. Eigentlich tun wir das ja schon immer – wenn wir z. B. etwas gern kaufen würden, das wir uns eigentlich nicht leisten können und plötzlich erscheint es zu einem deutlich herabgesetzten Preis in einem Geschäft, das auch noch ein Bonusgeschenk dazu geben würde, dann sagen wir schon mal: »Dann soll das wohl so sein.«

Dieses *»Hineinlesen« von Bedeutung* in unerwartete Begebenheiten kann nach dem Tod eines vertrauten Menschen ein Rettungsanker werden. Sehr häufig tauchen bestimmte Tiere auf, z. B. ein kleiner Vogel, der morgens am Fenster sitzt und nachmittags am Grab und abends auf dem Balkon und immer dieselbe tröstliche kleine Melodie pfeift. Ein Schmetterling, der mitten im Winter am Grab herumflattert und auch in der Wohnung plötzlich auftaucht. Sonnenstrahlen, die an einem stürmisch verregneten Tag durch die Wolkendecke brechen und genau auf die Erinnerungsecke vor dem Fenster fallen. Regenbogen zu bestimmten Zeitpunkten an bestimmten Orten. Brechungen von Licht an der Zimmerwand, die wie ein Stern oder ein Regenbogen aussehen. Ein Windhauch mit dem vertrauten Geruch. Die Lieblingsblume des Verstorbenen in einem Strauß, einem Schaufenster, auf dem Feld, wenn man gerade ganz verzweifelt ist. Ein Text, der das Herz berührt, irgendwo in einer Zeitschrift. Ein Liedtext, der genau die richtigen Worte sagt in einem trostlosen Moment. Jemand, der lächelt, wenn es aussichtlos erscheint, weiterzuleben.

Nehmen Sie diese Zeichen an, auch wenn Sie an ihrer Echtheit zweifeln. Sie helfen – und schaden niemandem! Ein wissenschaftlicher Begriff für solche Phänomene heißt »Synchronizität«, vielleicht ist das leichter anzunehmen für Sie als der Begriff »Zeichen«. Falls Sie mit Menschen zusammenleben, die das für »Humbug« halten, lassen Sie sie einfach.

Sie können auch bewusst nach »Zeichen« suchen. Eine Bekannte begann nach dem Tod ihrer Schwester Herzformationen in der Natur zu suchen, jedes einzelne Herz nahm sie als Gruß ihrer toten Schwester. Von ihr habe ich gelernt, wie viele Steine, Wolken, Baumumrisse usw. herzförmig sind und wie tröstlich es ist, jede dieser Herzformationen als liebevollen Gruß zu empfinden.

Geschichte

Einer meiner Klienten war sehr naturwissenschaftlich geprägt, und es verwirrte ihn maßlos, dass er nach dem Tod seiner Frau ständig etwas erlebte, was mit seiner Frau zu tun hatte. Jedes Mal, wenn er das Radio anschaltete oder an einem Café vorbeiging, wurde das Lied von ihrer Hochzeit gespielt. Der gemeinsame Hund verschwand genau vier Wochen nach ihrem Tod genau um die Zeit, als sie das letzte Mal ins Krankenhaus eingeliefert worden war und tauchte genau eine Woche später wieder auf um die Zeit, als sie gestorben war. Natürlich erklang in dem Moment, als der Hund in die Wohnung lief, wieder das Hochzeitslied. Es gab noch viele weitere solcher Begebenheiten. Wir sprachen darüber, dass das vielen trauernden Menschen so geht und das nicht heißt, dass sie alle verrückt werden. Mit der Zeit konnte mein Klient seinen naturwissenschaftlichen Zweifel zur Seite schieben und sich in diese unerklärlichen Geschehnisse einfinden. Sobald ihm das gelang, erlebte er sie als tröstlich, als sende seine Frau ihm Zeichen, dass alles gut sei. Die seltsamen Ereignisse waren ja nie erschreckend oder bedrohlich, sondern stets Erinnerungen an glückliche gemeinsame Zeiten. Er begann, sie als Zeichen der Verbundenheit über den Tod hinaus zu deuten – auch wenn der Naturwissenschaftler in ihm immer noch Schwierigkeiten damit hatte.

Bleibendes

Wenn jemand gestorben ist, scheint alles verloren, was mit ihm zusammenhing. Der gemeinsame Alltag ist verschwunden, die gemeinsamen Zukunftspläne sind nicht mehr durchführbar. Sternstunden miteinander wird es nicht mehr geben. Da kann es ein, dass gerade die Erinnerung an geteilten Alltag und die besonders schönen Erlebnisse kein bisschen trösten, sondern die Wunden noch weiter aufreißen. Bleibt denn gar nichts?

Von meinem Kollegen Robert Neimeyer habe ich gelernt, dass wir anders fragen müssen, um das Bleibende zu spüren. Er spricht von dem *»Abdruck«, den jemand in unserem Leben und sogar auf uns hinterlassen hat.* Dieser Abdruck ist da und bleibt, unabhängig von dem, der diesen Abdruck einmal verursacht hat. Spuren des gemeinsamen Lebens mit dem Verstorbenen bleiben an uns und in unserer Lebensführung. Diese Spuren können sich sogar weiterentwickeln, sie sind nicht unbedingt mit dem Menschen zusammen gestorben. Diese Spuren, diese erlernten Fähigkeiten und aufgebauten Projekte können mit Ihnen (und gleichzeitig in Würdigung des Verstorbenen) weiterleben:

Übung, um das Bleibende zu entdecken

- Sehen Sie sich an, wie Sie heute denken und handeln – und dann denken Sie an die Zeit, bevor der/die Verstorbene in Ihr Leben kam – *was können Sie heute besser als in der Zeit, bevor Sie diesen besonderen Menschen* trafen? Haben Sie das in irgendeiner Weise von der/dem Verstorbenen gelernt?

- Überlegen Sie, ob Sie *beide gemeinsam etwas geschaffen* haben, das weiter existiert und dass ohne Ihr gemeinsames Tun nicht entstanden wäre. Z. B. einen Garten angelegt, eine Geschichte erfunden, ein Essen kreiert.
- *Was hätten Sie ohne diesen Menschen niemals gewagt* oder ausprobiert und was davon gehört bis heute zu Ihrem Leben?

Achtung: Wenn der/die Verstorbene auch Spuren der Gewalt und Missachtung in Ihrem Leben hinterlassen hat, können diese Fragen schwierig für Sie sein. Solche Spuren können mächtige Verbindungsfaktoren sein, dabei jedoch Verbitterung und Angst in Ihr Weiterleben tragen. Vielleicht gelingt es Ihnen, etwas zu finden, das der/die Verstorbene außerdem noch in Ihr Leben gebracht hat, eine einzige positive Eigenschaft oder Begabung würde genügen. Das wiegt den Schmerz nicht auf, den dieser Mensch Ihnen zugefügt hat! Und darum geht es hier nicht. In der Trauerfacette »Verbunden bleiben« öffnet dieser eine Punkt, den Sie dankbar annehmen können, eine Möglichkeit, die gewalttätigen Spuren der/des Verstorbenen abzustreifen. Denn sie sind dann nicht mehr nötig, um sich verbunden zu fühlen!

Präsenzerlebnisse

Das Gefühl, der Verstorbene sei im Raum, nicke einem zu, streiche tröstlich über die Wange. Das wurde vor zwanzig Jahren meist als Zeichen einer beginnenden Psychose gedeutet. Heute kann man eher damit rechnen, dass jemand offen für solche Erlebnisse ist, ohne gleich an Psychiatrie zu denken. Erklärbar sind sie nicht, diese *Wahrnehmungen von Präsenz*, die über das lebhafte Erinnern hinausgehen. Aber schaden tun sie in der Regel auch nicht.

Manche KlientInnen erzählen mir, dass Sie selbst oder Verwandte ganz überzeugt sind, den Verstorbenen »gesehen« zu haben, sie erzählen von *Botschaften* wie: »Es geht mir gut, macht euch keine Sorgen!« und Frieden, der zu spüren war. Auch kleine Kinder zeigen manchmal angstfrei auf irgendeinen Punkt und nennen freudig den Namen des Verstorbenen, als sei er dort.

Manche Klientinnen suchen ein *»Medium«* auf, jemanden, der – nach eigenen Angaben – Kontakt in andere Dimensionen hat und mit Verstorbenen kommunizieren kann. Auch hier sind die »Botschaften« positiv und liebevoll, es werden aber niemals klare Antworten gegeben auf Fragen wie »Warum hast du uns nicht gesagt, wie schlecht es dir geht?« oder »Wieso hast du dir das Leben genommen?«. Das eigentliche Präsenzerlebnis hat dabei das »Medium«, die Trauernden müssen sich mit den »Botschaften« begnügen. Für manche ist solch eine »Botschaft« eine große Erleichterung und für sie glaubhafter als eigene Wahrnehmungen und Träume.

Achten Sie bitte darauf, ob jemand mehr als eine Aufwandsentschädigung verlangt. Seien Sie misstrauisch, wenn Ihnen für wiederholte Besuche detailreichere Antworten versprochen werden. Hier versucht jemand, *mit Ihrer Not unangemessen viel Geld zu verdienen.* Es kann auch sein, dass eine Art *Sucht* entsteht, immer wieder diesen schmalen Grat der Nähe über ein Medium herbeizuführen. Offensichtlich gibt Ihnen dieser Weg nicht das intensive Gefühl von Verbundenheit, nach dem Sie sich sehnen! Versuchen Sie es dann auch mit anderen Formen, für die Sie in diesem Kapitel viele Anregungen finden.

Bedrohliche, unerwünschte Präsenz

Immer wieder erzählen mir KlientInnen, dass sie das Gefühl haben, der Verstorbene sei gefühlt mit im Raum, wenn sie das gar nicht möchten. Als lege sich der verstorbene Ehemann mit einem kühlen Hauch neben einen auf die leere

Hälfte des Bettes. Oder eine Gestalt, die dem Verstorbenen ähnlich sieht, steht mit den fantasierten Wunden seines Unfalltodes in der Ecke.

Trittsteine

- Wenn die Präsenz des Verstorbenen einfach unerwünscht ist, dann sagen Sie ihm das. Diese *»Erscheinungen« lassen mit sich handeln.* Sagen Sie einfach, dass das jetzt kein guter Moment ist. Sie können auch auf einen anderen Moment verweisen, der Ihnen für ein Präsenzerlebnis lieber wäre. So verlieren die Dinge ihren Schrecken, der aus Ihrer Machtlosigkeit herrührt. Sie haben die Dinge wieder in der Hand und können bestimmen, was passiert. Das ist auf dem Trauerweg, der so viel enthält, was man nicht beeinflussen kann, immer ein wichtiges Gefühl.
- Wenn die Präsenz des Verstorbenen eindeutig auf *erschreckende Details des Sterbens (real oder fantasiert)* hinweist, dann sollten Sie mit Ihrem Trauerbegleiter oder Ihrer Traumatherapeutin darüber sprechen. Es gibt einfache therapeutische Methoden, mit denen Sie diese beunruhigenden Tagbilder beenden können.

Spiritualität und Glauben

Für viele Trauernde ist das *»Wiedersehen im Himmel«* eine wichtige Glaubensvorstellung, um den Alltag auf der Erde bewältigen zu können. Irgendwann wird es eine sicht- und fühlbare Wiederbegegnung geben und mit dieser Glaubenssicherheit können sie es ertragen, im Hier und Jetzt getrennt zu sein.

Die Vorstellung von einem *gnädigen Gott*, der die Verstorbenen in einem wunderschönen Paradies empfängt, ist für viele sehr tröstlich. Umso beängstigender sind religiöse Regeln, die bestimmten Menschen eher eine Hölle androhen. Mir gefällt dieser Satz sehr gut: »Niemand fällt tiefer als in Gottes Hand«, der auf vielen Beerdigungen gesprochen wird, gerade wenn ein religiöses Dogma wie die »Todsünde« z. B. durch einen Suizid im Raum steht. Die innere Verbundenheit mit einem gnädigen und freundlichen Gott, der gleichzeitig verbunden ist mit dem Verstorbenen, schafft Beruhigung und Trost.

Die *Einbindung in eine Glaubensgemeinschaft* bzw. eine Gemeinde ist für manche Menschen eine große Quelle des Trostes. In den jeweiligen religiösen Ritualen fühlen sie sich den anderen Gemeindemitgliedern, Gott und dem Verstorbenen nah. Die religiösen Texte und ihre Auslegung in einer Predigt sind immer wieder verblüffend passend für die eigene Situation und bekommen dadurch den Rang eines »Zeichens« (vergleichen Sie S. 160).

Andere Menschen erleben diese Geborgenheit zwischen Göttlichem und Menschlichem, Irdischem und Nicht-Irdischem in einer von vielen *Meditationsformen*. Andere fühlen sich im indianisch geprägten Schamanismus zuhause. Wieder andere erleben die *Natur* als etwas »Göttliches« und finden ein Gefühl von All-Einssein mit allem, und damit auch dem Verstorbenen, in den Rhythmen von Werden und Vergehen durch die Jahreszeiten oder von Ebbe und Flut.

Viele Trauernde erleben die Verstorbenen als schützende Wesenheiten, die ihnen in schweren Zeiten beistehen, über sie wachen und ihnen Rat geben. Auch Eltern von sog. »Schmetterlingskindern«, die vor, während oder kurz nach der Geburt gestorben sind, empfinden ihre so früh verstorbenen Kinder häufig als Engelwesen. Diese Engel können als *Schutzengel* bei ihnen bleiben, auch wenn sie kaum ein irdisches Leben erleben konnten. Solche Engelwesen sind in der Vorstellung voller Licht und Güte und stärken die ganze Familie.

Imaginationen

Wir wissen nicht mit letzter Gewissheit, wo die Verstorbenen sind und ob sie überhaupt irgendwo sind. Wir glauben, hoffen, fürchten und wünschen Verschiedenes. Mit unserer Fantasie können wir Hoffnungen und Wünsche so bildhaft ausschmücken, dass sie uns emotional ganz stark berühren. Genauso können wir mit unserer Fantasie Angstbilder plastisch ausmalen und dann mit Herzklopfen dasitzen. Der Gebrauch von Fantasie zum Ausdenken von Angstbildern ist auf Trauerwegen häufig zu finden. In der Facette »Anpassen« werden Szenarien der eigenen Hilflosigkeit und der totalen Verständnislosigkeit aller Mitmenschen entworfen. In der Trauerfacette »Wirklichkeit« werden beängstigende Geschichten von der Sterbesituation erfunden. Auf S. 34-35 haben ich Ihnen aber auch schon Anregungen gegeben, wie die Fantasie positiv eingesetzt werden kann.

Besonders in der Trauerfacette »Verbunden bleiben« kann die Fantasie genutzt werden, um das Gegenteil von Angst und Verwirrung herzustellen.

Fantasie-Übung: Dein ganz persönliches Paradies

Nutzen Sie Ihre Fantasie, um sich einen Ort auszumalen, an dem die/der Verstorbene sich richtig wohl fühlen würde. Denken Sie sich sozusagen den ganz *persönlichen Himmel dieses einen Menschen* aus. Dabei geht es nicht um korrekte theologische Glaubensauslegungen. Vielmehr regt diese Übung Sie an, sich an die Vorlieben des verstorbenen Menschen zu erinnern und sich in schillernden Farben vorzustellen, wie er »in der besten aller für ihn möglichen Welten« sein würde. Da kann er mit Elvis Presley Musik machen oder mit Pippi Langstrumpf auf Abenteuerfahrt gehen. Es ist ja bloß Fantasie! Wenn Sie an den Verstorbenen denken, stellen Sie sich vor, dass er in dieser für ihn angenehmen

Umgebung ist. Spüren Sie die Erleichterung und vielleicht sogar Freude darüber, dass es ihm gut geht und er/sie alles Nötige um sich hat.

Diese jenseitige Fantasiewelt kann man wunderbar *malen* oder als *Collage* darstellen, *Kinder* tun das sehr gern und auch *Jugendliche* können manchmal eher etwas zeichnen bzw. zusammenkleben, als darüber zu sprechen.

Sie können Ihre Fantasie auch nutzen, um sich vorzustellen, *was der Verstorbene zu Ihrer momentanen Situation sagen würde.* Sie haben ihn/sie so gut gekannt, das ganz von allein Worte und Sätze in Ihnen aufsteigen, die dieser Mensch jetzt zu Ihnen sagen würde. Werden Sie ruhig und lauschen Sie in sich hinein.

Fantasie-Übung: Ein Zimmer für dich in meinem Lebenshaus

Stellen Sie sich vor, Ihr Leben wäre ein großes Haus. Alle Menschen, die Sie lieben, haben darin ein eigenes Zimmer, auch die Verstorbenen. Diese Zimmer sind so eingerichtet, wie es zu jedem einzelnen passt. Es gibt auch Gemeinschaftsräume, in denen man sich trifft und Zeit miteinander verbringt. Sie selbst hätten auch ein Zimmer, das nur für Sie allein ist. Die Türen dieser Zimmer passen jeweils zum Raum, es gibt alte hölzerne Türen und Schiebetüren und solche, die man oben und unten getrennt öffnen kann, oder solche mit einem Fenster drin.

Stellen Sie sich vor, dass auch der Mensch, der gestorben ist, ein Zimmer in Ihrem Lebenshaus hat. Überlegen Sie, in welchem Stockwerk das Zimmer liegt. Gehen Sie eine Treppe hinauf oder hinunter? Wie sieht die Tür aus, hinter der das Zimmer des Verstorbenen liegt? Das Zimmer passt zum Verstorbenen, es ist genauso, wie er oder sie sich das wünschen würde. Sie können eintreten und den Verstorbenen in Ihren Erinnerungen besuchen, Sie können ein bisschen Zeit mit ihm oder ihr dort verbringen, und dann können Sie die Tür wieder hinter sich schließen und in eines der anderen Zimmer gehen.

Geschichte

Seit vielen Jahren leite ich mit Kolleginnen zusammen Wochenendseminare unter anderem für trauernde Eltern nach dem Suizid eines Kindes. Wir stellen einen ganzen Nachmittag zur Verfügung, um Erinnerungen an die Verstorbenen auszutauschen und uns Bilder von ihnen anzusehen. Diese Fotos und auch die mitgebrachten Erinnerungsstücke sind große Schätze für die Eltern und sie möchten sie selbstverständlich am Abend alle wieder mit auf ihre Zimmer nehmen. Dann jedoch bieten wir an, dass manche Bilder und Gegenstände auf einem bereitgestellten Tisch im Seminarraum (oder in einer Kapelle) bleiben könnten. Nach einigem Nachdenken entscheiden alle Eltern eines ihrer Fotos oder Erinnerungsgegenstände auf diesen Tisch zu legen und gestalten den Platz mit einer Kerze, einem schönen Tuch, einer Blume. In der Rückmelderunde wird immer wieder gesagt, es käme den Eltern vor, als seien ihre Kinder jetzt ebenso in einer Selbsthilfegruppe wie sie selbst. Diese Fantasie von den Kindern, die alle allein gestorben sind und die nun in einer Gemeinschaft sind, wird als sehr tröstlich empfunden. Das Bild des gemeinschaftlich liebevoll dekorierten Gedenktisches für diese »Selbsthilfegruppe der Verstorbenen« berührt mich jedes Mal sehr.

Ähnlichkeiten

Es kann sehr tröstlich sein zu entdecken, dass man dem Verstorbenen *körperlich ähnlich sieht*, oder eine *Begabung* von ihm geerbt hat. Diese Hinterlassenschaft kann einem niemand wegnehmen. Ich habe z. B. die Körpergröße, die Hände und die Augenfarbe von meinem Vater, aber das Temperament habe ich eindeutig von meiner Mutter. Egal wie sehr ich mich mit den beiden gestritten habe – sie waren (und sind) immer ein sichtbarer Teil von mir.

Wenn ein Elternteil gestorben ist, suchen ihre Kinder im Kinder- und Jugendlichenalter und auch als Erwachsene intensiv nach Ähnlichkeiten, wie ich sie aufgezählt habe. Sie gehören zur eigenen *Identität*. Es kann schwierig sein, positive oder einfach neutrale Ähnlichkeiten zu finden. Es drängen sich vielleicht stets die belastenden und negativen Erinnerungen in den Vordergrund. Die Angst »so zu werden wie« z. B. ein gewalttätiger Vater oder eine fordernde Mutter führen paradoxerweise dazu, dass man sich diesen abgelehnten Eigenschaften immer mehr annähert. Die Suche nach Ähnlichkeiten mit den eigenen Eltern, aber auch Geschwistern und sehr engen Freunden scheint zur menschlichen Natur zu gehören. Wir können sie leiten, indem wir den Blick auf *positive, lebensfördernde Eigenschaften der Verstorbenen* richten und bewusst entscheiden, diese zu übernehmen. Mit dieser bewusst und absichtlich hergestellten Ähnlichkeit kann man die lebensverhindernden belastenden Ähnlichkeiten in den Hintergrund drängen.

Vorwürfe und Hass

Es gibt auch Formen von Verbundenheit, mit denen man nicht rechnet. Dazu gehören Hass und Vorwürfe. Wenn man jemanden hasst, denkt man ständig an ihn und beschäftigt sich mehr mit den eigenen Rache-Fantasien als mit sich selbst oder mit dem Verstorbenen. Sobald man jemandem die »Schuld« am Tod eines anderen zuweist und die Vorwürfe in bunten Einzelheiten ausmalt, ist man emotional sehr stark mit dem Menschen verbunden, auf den sich die Vorwürfe richten. Das kann z. B. ein Arzt sein, mit dessen Behandlung man nicht einverstanden ist, oder die Fahrerin des Wagens, die das eigenen Kind überfahren hat. Dann entsteht eine Verbundenheit, die man gar nicht möchte.

Wenn man sogar an den Verstorbenen selbst nur denken kann mit den schmerzhaften Spuren, die er im eigenen Leben hinterlassen hat, entsteht auf Dauer eine tiefe Verbitterung. Z. B. wenn man sich an die eigenen Eltern nur mit dem Vorwurf erinnern kann, sie hätten einen nicht genug geliebt. Das »Nichtgeliebtwerden« wird zum Dauerthema des eigenen Lebens, man straft die toten Eltern damit, sie nun auch nicht zu lieben, und die Liebe zu den Lebenden leidet ebenfalls unter der wachsenden Verbitterung. So haben die Eltern eine unauslöschliche Spur hinterlassen, man ist ihnen seltsam nah und unerwartet ähnlich geworden, aber eben genau mit den Anteilen, die man am schmerzhaftesten fand und am wenigsten haben wollte.

Eine starke Verbundenheit über den Tod hinaus entsteht sogar, wenn man sich selbst Vorwürfe macht, das Leid oder den Tod des Menschen verursacht zu haben. Nach einem meiner Vorträge fragte mich eine Frau: »Was soll ich nur machen? Ich fühle mich so schuldig am Tod meines Kindes!« Ich fragte sie: »Was wäre, wenn die Schuld weg wäre?« Nach einer Weile des angestrengten Nachdenkens antwortete sie fast erschrocken: »Dann wäre mein Kind ganz weg!« Die Vorwürfe, die diese Mutter sich gemacht hat, waren also ein Mittel, die Trauerfacette des »Verbundenbleibens« auszufüllen.

Trittsteine, wenn Vorwürfe mit der Sehnsucht nach dem Verstorbenen zu tun haben

- Wenn Sie sich sehr stark »schuldig fühlen« am Tod des anderen, dann versuchen Sie, sich eine Weile nicht damit zu beschäftigen, sondern mit den vielen Vorschlägen aus dem Kapitel »Verbunden bleiben«.
- Üben Sie sich im *»ganzheitlichen Erinnern«.* Stellen Sie sich vor, dass jeder Mensch sowohl helle wie dunkle

Seiten hat und viele bunte Seiten dazu. Suchen Sie die hellen und die bunten Seiten des Menschen, den Sie vermissen. Stellen Sie die dunkleren daneben.

- Versuchen Sie, auch sich selbst als eine Mischung aus Hell, Dunkel und Bunt wahrzunehmen. Erinnern Sie sich genauso an die Beziehung zum Verstorbenen als eine Mischung aus verschiedenen Farben.
- Überprüfen Sie Ihre bisherige »Version« der Geschichte, die Sie sich bisher über das Leben des Verstorbenen, über sein Sterben und auch über die gemeinsame Zeit erzählen. Fehlen Ihnen Fakten? Wieviel ist Fantasie? Überlegen Sie, ob die Geschichte Ihrer Beziehung bzw. die Geschichte des Sterbens auch anders erzählt werden könnte, ohne »Schuldigen«.

Sprechen Sie sich nicht auch noch schuldig dafür, dass Sie »in Schuld machen«, also ein schlechtes Gewissen haben, anderen Vorwürfe machen oder voller Rachsucht sind! Scham ist eine Begleiterin von Schuld-Vorwürfen und führt dazu, dass Sie sich isolieren und noch schlechter fühlen. *Betrachten Sie Ihre Schuldvorwürfe als etwas, woran Sie arbeiten können und arbeiten werden.* Irgendetwas Wichtiges für Ihre Trauer liegt darin versteckt – es geht wahrscheinlich nicht in erster Linie um ein Verbrechen, das Sie oder jemand anderes begangen hat. Und selbst wenn, sogar daran können Sie innerlich arbeiten.

Mit-Leiden

Ich erinnere mich an eine Klientin, deren Mutter vor ihrem Tod viele schmerzhafte Zusammenbrüche und Behandlungen durchlitten hatte. Jedes Mal, wenn sie sich an ihre Mutter erinnern wollte, stieg das Bild eines beängstigenden Zusammenbruchs in ihr auf. Ihre Mutter hatte kein leichtes Leben gehabt, und sie hatte schon als Kind versucht, ihre Mutter zu schützen und zu stützen. Mitleid mit ihrer Mutter und der innere Auftrag ihr zu helfen, waren eng verwoben mit ihrer Liebe zur Mutter. Solch ein mächtiges Mitleid schafft eine enorm starke innere Verbundenheit, man meint das Leid des Verstorbenen am eigenen Leib zu spüren.

Das gilt auch für Angehörige und Freunde, die starkes Mit-Leid mit einem psychisch Erkrankten entwickeln, der sich im Rahmen seiner Erkrankung das Leben genommen hat. Sie fühlen sich in das vorgestellte Leiden vor dem Suizid ein, bis die fantasierte Qual ihnen selbst alle Lebensqualität nimmt. Das Mit-Leiden mit Verstorbenen ist ein starkes Bindungsseil, jeder Gedanke daran lässt einen zittern und weinen, und der Verstorbene ist in seinem leidvollsten Moment sehr nah. Aber eben leider nur in diesem leidvollen Moment. Andere Aspekte des gemeinsamen Lebens gehen unter, der verstorbene Mensch und die gemeinsame Beziehung werden reduziert auf den »geteilten« Schmerz. Mit-Leid, Mit-Schmerz bauen eine starke, aber einseitige und qualvolle Verbundenheit auf.

Trittsteine für diesen Stolperstein

- Wenn Sie bei sich erleben, dass Sie Ihre Verbundenheit mit dem Verstorbenen einseitig auf körperliches und seelisches Mit-Leiden aufbauen, überlegen Sie einen Moment, ob das dem anderen gerecht wird. War er nur »arm« und bedauernswert? Hat er es nicht verdient, auch mit seinen *Stärken* in Ihrer Erinnerung weiterzuleben?
- Manchmal stehe ich ohnmächtig vor dem tiefen Seelenschmerz eines Klienten oder auch einer Freundin und ich drohe in »Mit-Leiden« zu versinken. Wenn ich mir vorstelle, was er/sie durchmacht .... Dann hilft es mir, eine *imaginäre Grenze* zu ziehen und mir zu sagen: Das ist der Schmerz und das Schicksal dieses Menschen. Er/sie trägt

es. So wie ich meine Schicksalsschläge ertragen habe und ertrage, und nie hat es mir geholfen, wenn jemand mich dabei mitleidig ansah.

Verbundenheit mit den Lebenden

Was ist mit Ihrer Liebe zu den Lebenden? Da sind Angehörige, Partner, Kinder, Freunde, die leben und da sind. Diese Bindungen bestehen weiter und können wohltuende *Sicherheit und Wärme* geben. Es kann aber auch sein, dass Ihre Liebe und Zuneigung zu diesen Menschen sich immer wieder roh und stumpf zugleich zeigt. Dass die Lebenden Ihnen etwas bedeuten, spüren Sie in solchen Zeiten vielleicht nur vermittelt, womöglich an Ihrer Ungeduld mit ihnen und an der Enttäuschung, wenn das Zusammensein nicht so reibungslos oder tröstlich verläuft, wie Sie es brauchen. Wenn Sie dann doch getröstet werden, kann die Traurigkeit noch größer werden, denn es macht Ihnen bewusst: Die Lebenden sind da – der Verstorbene nicht. Kein Lebender kann Ihnen den Verstorbenen ersetzen und vielleicht passiert es, dass Ihnen immer wieder jemand nicht gut genug ist, denn er ist ja nicht der Vermisste. Tatsächlich soll Ihnen auch niemand den Verstorbenen ersetzen. Die Lebenden möchten als Lebende geliebt werden.

Versuchen Sie, die Lebenden zu lieben, soweit es gerade geht, das ist ein Anfang, aus dem immer mehr Liebe und Verbundenheit wachsen kann. *Nehmen Sie sich vor*, die Liebe zu den Lebenden mehr zu spüren und auszudrücken, es hilft, sich dieses Ziel zu setzen. Seien Sie aufmerksam und spüren Sie jeden Freundschaftsdienst und die *Liebesbeweise der Lebenden*. Das sind *Trittsteine und Geländerbausteine auf dem Trauerweg*, Sie können sich daran festhalten. Entwickeln Sie *Hoffnung und Vertrauen*, dass im Lauf der Jahre Ihre Liebe zum Verstorbenen und Ihre Liebe zu den Lebenden Hand in Hand gehen werden. *Die eine Liebe wird irgendwann die andere Liebe stärken!*

Trauerfacette Einordnen

Verunsicherung

Der Tod eines nahen Menschen bringt das Alltagsleben in Unordnung, damit beschäftigen sich die Facetten Überleben und Anpassen. In dieser Facette des Einordnens geht es um die »Unordnung«, die Sterben und Tod in *das eigene Denken* bringen können.

Das eigene Leben kann sich zerbrochen anfühlen. Wie ein Puzzle, das vom Tisch gefegt wurde und nicht wieder zusammenpasst. *Tiefe Verunsicherung über die bisherigen Werte* und auch die lebenslangen Glaubensvorstellungen können entstehen. Trauernde, die ein Leben lang regelmäßig zum Gottesdienst gegangen sind, sagen z. B.: »Wie kann ich weiter an einen Gott glauben, der zulässt, dass mein Enkelkind überfahren wird?« Wenn ein junger Mensch gestorben ist, scheint die »natürliche Ordnung« auf den Kopf gestellt. Das ist für Eltern und Großeltern fast unerträglich.

Sinnfragen stellen sich – welchen Sinn hat das Leben an sich, wenn Pläne, Talente, Bindungen so plötzlich gekappt werden können? Und welchen Sinn kann das eigene Leben jetzt noch haben? Ohne den geliebten Menschen? Ohne die eigene Fröhlichkeit und Souveränität. Vielleicht mit eingeschränktem Leistungsvermögen. Ohne all die schönen Zukunftspläne?

Überhaupt – *was ist mit dem eigenen Ich passiert?* Ist es mit dem geliebten Menschen gestorben?

Das Erleben von *»Anderssein«* schafft Zweifel an der eigenen Identität und am Selbstwert: Anders als man von sich selbst erwartet hat, anders als man sich bisher gekannt hat. Auch diese Lücke muss verkraftet werden. Und: Kann man in diesem »Anderssein« so wichtig und wertvoll sein wie zuvor? Ich selbst habe mich lange wie eine »schlechtere Version von mir selbst« gefühlt, da es mir nicht gelang, so zu sein wie vorher. Ich hatte neue Ängste, neue Unsicherheiten und wie vielen andern Trauernden waren mir die Leichtigkeit und Unbekümmertheit der Zeit davor abhandengekommen.

Für manche Hinterbliebenen öffnen sich unerwartete Türen und *Freiräume*. Das kann beglückend aber auch verwirrend sein – was tut man mit so viel Platz und Entscheidungsmöglichkeiten? Ist es nicht peinlich, sich gut zu fühlen nach dem Tod eines sehr bestimmenden geliebten Menschen?

Es fehlt nicht nur der Verstorbene als Mensch, sondern es fehlen wesentliche *Koordinaten des eigenen Lebens*, die bisher Festigkeit und Halt gegeben haben. Der Trauermarathon kreiselt und irrt vielleicht auch deshalb so umständlich und wenig gradlinig durch die verschiedenen Trauerfacetten. Der innere Kompass dreht sich immerzu im Kreis, man weiß buchstäblich nicht mehr »wo es lang geht«.

Wie passt dein Tod zu deinem Leben?

Mein Vater erzählte erschüttert und verwundert vom Tod einer alten Bekannten. Sie war im Alter von fast achtzig am Steuer ihres Wagens gestorben, weil jemand bei Rot über die Ampel gefahren und sie gerammt hatte. »Sie ist immer so gern Auto gefahren, Hunderttausende von Kilometern, immer zu schnell, nie ist was passiert. Und jetzt, an einer Ampel ...« Später sagte er: »Sie ist in ihrem Auto gestorben, und war sofort tot, das passt zu ihr. So einen Tod hätte sie sich ausgesucht.«

Es beruhigt uns, wenn der *Tod und das Leben eines Menschen in einer Beziehung zueinanderstehen*. Es schafft ein friedliches Gefühl, eine innere Zufriedenheit. Es scheint in diesen Toden eine innere Gesetzmäßigkeit zu liegen, das Einordnen des Sterbens zum Leben gelingt relativ schnell und hinterlässt ein Gefühl, dass alles in der Welt irgendwie richtig ist. Damit kann man vertrauensvoll in die Zukunft gehen.

Hier noch einige Einordnungsversuche, die ich kennenlernen durfte:

Eltern von jungen Verstorbenen erzählen mir manchmal, ihre Kinder hätten *schon immer schneller gelebt, mehr getan und gewollt als andere* in ihrem Alter: »Als hätte sie ihre Zeit doppelt und dreifach ausgenutzt.« »Man hatte immer das Gefühl, dass er mindestens zwei Leben gleichzeitig lebt.« Ein kleiner Trost, wenn das Leben früh endet, weil es ein gefülltes und reiches Leben war.

Manche Eltern erzählen mir von einer besonderen Abgeklärtheit ihrer früh verstorbenen Kinder, einer *inneren Weisheit, einem Leuchten,* das alle beschenkt hat und als Erinnerung mit in ihr weiteres Leben geht.

Andere sprechen von den *Schwierigkeiten*, die gerade dieses Kind immer hatte und verursachte. So passt es irgendwie zusammen, dass ein ungewöhnliches Leben mit einem ungewöhnlichen Tod endet.

Wenn man ein schlechtes Gewissen hat, nicht beim Verstorbenen gewesen zu sein, als er starb, scheint manchmal dieser Gedanke auf: er war ein Mensch, der viel Wert auf *Autonomie* gelegt hat. Es passt zu ihm, den allerletzten Schritt allein zu gehen.

Sogar eine Selbsttötung kann wirken wie etwas, das mit dem Menschen, der ihn begangen hat, im Einklang steht, z. B. wenn er lieber Suizid beging, als sich in Abhängigkeit zu begeben.

Es gibt Tode, die widersetzen sich den Einordnungsversuchen ganz besonders. *Gewalttaten, Massaker und Terroranschläge* gehören dazu. Aber auch das frühe Sterben einer jungen Mutter an Leukämie, die Fehlgeburt des Wunschkindes und viele andere Tode. Die Hinterbliebenen suchen jeder für sich eine Antwort auf die Frage: Wie passt dieser Tod zu deinem Leben?

Man kann in seiner verzweifelten Suche die Familiengeschichte überprüfen und nach einem geheimen Wiederholungszwang suchen. Manche vermuten einen Fluch. Andere glauben an Untaten aus einer früheren Inkarnation, die dieses Ende verursacht haben. Menschen lassen keine Möglichkeit aus, um ihr tiefes Bedürfnis nach Einordnung der verstörenden Ereignisse zu befriedigen. Jeder geht dabei seinen eigenen Weg.

Es kann guttun, Fragen und Ihre Antworten mit anderen auszutauschen. *Sprechen Sie* über das, was Sie bewegt, denn Sprechen entlastet. Hören Sie aber auch zu, was die anderen denken, denn das regt Sie zu neuen interessanten Denkweisen an. Vielleicht können Sie die Suche nach Einordnung als Teile Ihres langen Trauerweges sehen, auf dem Sie und die anderen *vieles ausprobieren.* Dann können Sie darauf verzichten, Familienangehörige und Freunde von Ihrer aktuellen Einordnungsantwort überzeugen zu wollen.

Manchmal ist die *Kategorie »Zufall«* eine Antwort, die bleibt. Sie ist schwer auszuhalten. Im ersten Trauerjahr gelingt es wenigen, sich mit dem »Zufall« im Leben abzufinden. Erst im Lauf der weiteren Trauerjahre sagen mir manche Trauernde: »Jetzt schließlich kann ich aushalten, dass es keine Antwort gibt.«

Wie passt dein Tod zu meinem Leben?

Gibt es einen Zusammenhang zwischen dem, was man vor dem Tod des Verstorbenen gemacht hat, und seinem Sterben? Ist es *Schicksal*, dass man nicht behalten durfte, was so wichtig für das eigene Glück war? Muss man Untaten aus diesem oder sogar anderen Leben *abbüßen*? Hat man ganz unmittelbar vor dem Tod etwas falsch gemacht und den Tod damit mit-verursacht? Menschen suchen verzweifelt eine Einordnung des Sterbens von geliebten Anderen und kommen dabei auf eigenartige Gedanken. Sie stellen sich tatsächlich vor, dass ein anderer sterben muss, damit sie selbst bestraft werden für irgendetwas. Wenn man einen Schritt zurücktritt von dieser Vorstellung, ist sie ziemlich egozentrisch und geradezu archaisch – als wäre jemand »geopfert worden«, um einen selbst zu bestrafen.

Diese Suche kann noch einen Schritt weiter in die Vergangenheit gehen: »Wieso habe ich mich in diesen Menschen verliebt, was ist los mit mir, dass ich mir »so eine/n« aussuche als PartnerIn?« oder »Was ist mit mir los, dass ich ein krankes Kind zur Welt gebracht (gezeugt) habe?« Der *Ordnungsversuch* stellt dann die eigene Existenz in Frage, als sei man grundsätzlich mangelhaft, weil man einen Menschen geliebt hat, der gestorben ist. Diese »Ordnungsversuche« haben viel mit der Leistungsorientierung und auch dem Drang zur »Selbstoptimierung« unserer Gesellschaft zu tun. In dieser modernen »Alles ist machbar«-Sicht auf die Welt ist schon ein Mangel an Leistungsfähigkeit einfach nur Faulheit, Krankheit gilt als Versagen, und der Tod ist ein vermeidbarer Unfall, der nur denen zustößt, die nicht genug positiv gedacht haben. Für Menschen, die bisher von solchen Glaubenssätzen überzeugt waren, stellt das Sterben naher Menschen eine besondere Herausforderung dar.

Vergeltung oder Vergebung

Es liegt nahe, nach *Schuld und Verantwortung* zu suchen. Die Gedanken können Tag und Nacht durch den Kopf rasen: Hätte ich doch nur … . Wenn ich nicht … dann … . Der Arzt hätte … müssen … . Vorwürfe gegen andere, z. B. Klinikpersonal, Rettungssanitäter aber auch Schwiegereltern und Ex-Partner bergen aber die Gefahr, dass man es sich zur Lebensaufgabe macht, diese Menschen zu bestrafen. Hass auf die *vermeintlichen Täter* und Rachsucht mögen dem orientierungslos gewordenen Leben eine Richtung geben. Die Suche nach »Gerechtigkeit« kann der neue Sinn im eigenen Leben sein. Gleichzeitig bindet die starke Emotionalität an den »Täter« und führt dazu, dass man sich stärker mit dem Täter beschäftigt, als mit dem Verstorbenen. Die Konzentration auf die »Tat« konzentriert alle Erinnerungen auf leidvolle Aspekte und verhindert wiederum eine Verbundenheit über Dankbarkeit und Freude.

Trittsteine für den Wunsch nach Vergebung

- Nehmen Sie Abstand von Generalisierungen wie: »Ich habe immer alles falsch gemacht!« oder »Er hat mich ja gar nicht geliebt!«. Versuchen Sie, Ihre Vorwürfe zu konkretisieren. Keine Angst, dadurch wird es nicht schlimmer, nur übersichtlicher. Machen Sie eine Liste mit jedem *einzelnen konkreten Vorwurf* oder schreiben Sie noch besser einzelne Zettel für jeden Vorwurf, die Sie dann hin- und herschieben können. (Z. B. »Ich habe in unserem letzten Gespräch nicht gesagt, dass ich sie liebe.« »Ich bin zwei Stunden vor seinem Tod in den Garten gegangen und habe ihn allein gelassen.«, »Im Krankenhaus sind die Unterlagen von der letzten Erkrankung nicht ausgewertet worden.« »Ich habe vor dem ersten Rückfall viel mit ihr gestritten.«) Betrachten Sie Ihre Liste oder Ihre Zettel, sortieren Sie die Vorwürfe nach Wichtigkeit. Wenn Ihnen einzelne Vorwürfe jetzt nicht so wichtig erscheinen, legen Sie sie beiseite. Machen Sie eine Pause, lassen Sie die Eindrücke auf sich wirken.
- Wenn Sie möchten, können Sie sich Stück für Stück mit einzelnen Vorwürfen beschäftigen. Überlegen Sie, ob das, was Sie sich oder anderen vorwerfen, Ihrer Meinung nach einen Einfluss auf die Erkrankung oder das Sterben hatte. Wenn ja, *wie viel Prozent Einfluss* auf Krankheit oder Sterben geben Sie dem konkreten Vorwurf? Lassen Sie die Zahlen auf sich wirken. Machen Sie eine Pause.

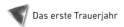

- Überprüfen Sie Ihr *Selbstwertgefühl*. Geben Sie sich selbst eine Chance und versuchen Sie, sich selbst als wertvollen, liebenswerten Menschen wahrzunehmen, auch wenn Sie bei Ihrer Selbsterforschung Ihre eigenen Handlungen für unverzeihlich falsch halten.
- Wenn Sie möchten, können Sie mit einzelnen konkreten Vorwürfen, die Sie für wichtig halten, weiterarbeiten. Achten Sie darauf, dass es wirklich konkrete, sachlich formulierte Vorwürfe sind! Sie können versuchen, sich *einzufühlen in sich selbst*, stellen Sie sich vor, wie Sie in der konkreten Situation gefühlt haben. Suchen Sie die Gefühle und die Motive, die zu Ihrer Entscheidung und Ihrem Handeln geführt haben. Fühlen Sie noch einmal, wie Sie damals gefühlt haben. Wenn eine Freundin Ihnen das erzählen würde, hätten Sie Mitgefühl und Verständnis für sie? Versuchen Sie, dasselbe Gefühl für sich selbst aufzubringen. Wenn Ihnen das nicht allein gelingt, suchen Sie Unterstützung bei einem Trauerbegleiter oder einer Psychotherapeutin.
- Wenn Sie möchten, können Sie weiterarbeiten und sich nun *in den Verstorbenen einfühlen* – wie hat er sich wohl in der konkreten Situation, mit der Sie hadern, gefühlt? Würde er bestätigen, dass Ihr Verhalten eine Katastrophe war und seinen Tod beschleunigt hat, wie Sie es sich vorwerfen?
- Wenn Sie den Verstorbenen um *Verzeihung bitten* möchten, gehen Sie alle Schritte bis hierher sorgfältig durch und schreiben Sie dem Verstorbenen einen Brief, in dem Sie alles beschreiben: den konkreten Vorwurf, für den Sie um Vergebung bitten; Ihre Motive und Überlegungen zu dem Zeitpunkt, Ihre Einfühlung in das, was Ihr Tun für ihn bedeutet haben könnte. Und schließlich Ihren Wunsch, dass das, was Sie getan haben, nicht mehr zwischen Ihnen stehen soll. Lesen Sie den Brief laut vor, am Grab oder vor dem Foto des Verstorbenen, spüren Sie, ob

Sie eine innere Erleichterung verspüren, ob es ein »Zeichen« gibt.

- *Um Vergebung bitten heißt nicht um Vergessen bitten.* Die Dinge, die Sie ergründet und beschrieben haben, bleiben, was sie waren. Vergebung bedeutet, dass sie nicht mehr trennend und verbindend zugleich zwischen Ihnen und dem Verstorbenen stehen, sondern in die Vergangenheit rücken. Andere Formen von inniger Verbundenheit können dann an die Stelle der harten kalten Verbundenheit durch Schuld und Scham treten.

Wie passen dein Tod und meine Trauer zu meiner Zukunft?

Im ersten Trauerjahr gibt es meist noch kein Gefühl für die Zukunft. Das Weiterleben geht von einem Tag zum nächsten und richtet sich maximal auf befürchtete Ereignisse wie Festtage oder den ersten Todestag. Sinnsuche richtet sich auf kleine Motivationen für die nächste Stunde oder den übernächsten Morgen.

Die Existenz von Endlichkeit und Schwäche wird im Lauf des Trauerweges zu einer Erfahrung, die man auch mit sich selber macht, sie ist nicht nur etwas, das der Verstorbene durchlebt hat. Der Tod des anderen hat mit dem eigenen Leben unter anderem dies zu tun: Er lehrt uns, dass nicht alles machbar ist. Im ersten Trauerjahr kommt die Erkenntnis der eigenen Begrenztheit manchmal wie mit einem Vorschlaghammer auf Trauernde zu, weil sie z. B. lange krankgeschrieben sind und nicht in ihren gewohnten Alltagsrhythmus zurückfinden.

Suchen Sie fürs erste weniger einen Sinn als eine *Motivation für jeden einzelnen Tag*. Das kann Trotz sein oder Pflichtgefühl oder Routine oder Sorge um andere, suchen Sie sich diese kleinen Motivationen und halten Sie sich daran fest.

Geschichte

Bärbel aus D. stellte mir diese Geschichte zur Verfügung: Ihre erste Ehe war früh geschieden worden und danach erlebte sie noch zwei große Lieben. Doch beide Männer starben nach einigen Jahren und es gab seltsame Ähnlichkeiten rund um ihren jeweiligen Tod: »Die Parallelen sind Fakten: Wieder war der Mann 45, wieder war er kurz vorher im Urlaub gewesen, wieder an einem Samstag gestorben, wieder war mein Sohn nicht dabei. Welche Konsequenz hat das für mich und meine Zukunft? Mein Herz hat nun insgesamt drei Risse. Riskiere ich jemals einen weiteren Riss? Es gibt Momente, in denen ich mir diese Fragen beantworte. Dann gibt es genauso Momente, in denen ich die Antworten wieder über den Haufen werfe. Vermutlich ist dies meine Art der Verarbeitung. Der evangelische Pfarrer, der J. beerdigt hat, bekundete mir sein Mitgefühl mit den Worten: »Mit jedem Tod geht ein Stück Vertrauen ins Leben verloren.« Ich antwortete ihm: »Mein Vertrauen bleibt, weil, ohne wäre doof!« Ich bin offen für meinen weiteren Lebensweg. Viele fragen mich, warum. Vielleicht deshalb: wir trafen uns unlängst am Wochenende mit ein paar Freunden bei uns im Garten zum Grillen. Wir redeten über alles Mögliche, auch über unser aller Erfahrung mit Tod. Eine Freundin meinte irgendwann, herrje, wir reden hier nur über Tod! Und gleichzeitig waren wir alle der Meinung, dass es gut war. Dass es sehr wertvoll ist, wenn man sich darüber ohne Hemmungen austauschen kann. Ich freue mich, wenn ich mit meinen Sch... Erfahrungen ein wenig dazu beitragen kann, dass solche Gespräche stattfinden. Jeder von uns nimmt dann ein Stück Wertvolles, einen kleinen Schatz mit nach Hause. So ist nix umsonst. Alles hat seinen Sinn.«

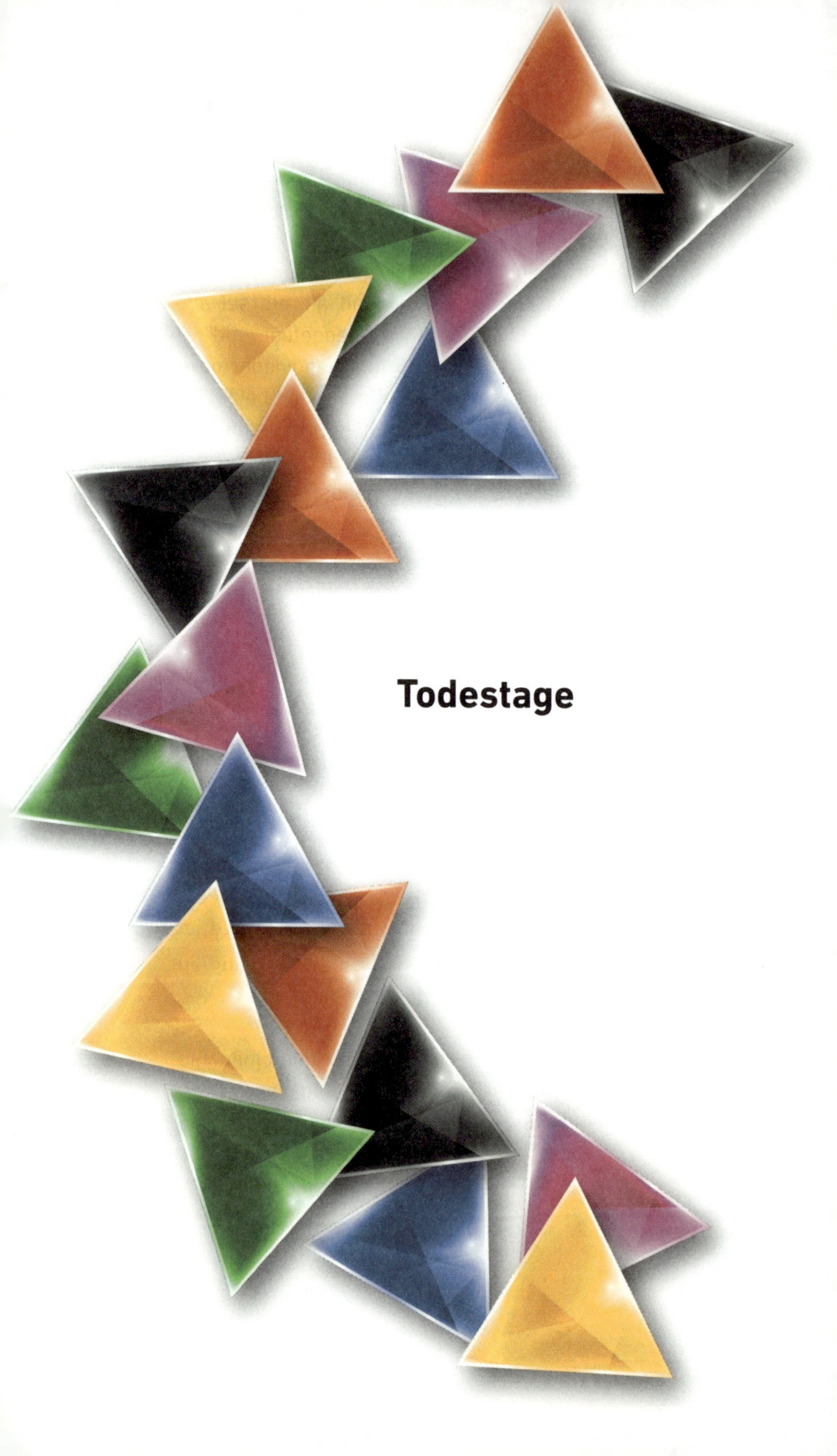

Todestage

Das kalendarische Jahr hat nun ein neues wichtiges Datum: den Todestag des Verstorbenen. Dieser wiederkehrende Zeitpunkt ist oft ein *Zeitraum*, die Gefühle und Gedanken können sich in den Wochen vor dem eigentlichen Todestag immer mehr steigern. Es fühlt sich dann an, als sei alle Stabilität des durchlebten Trauerjahres weggefegt, und die schmerzhaftesten Gefühle und Bilder nehmen wieder ganz viel Raum ein. Doch genauso regelmäßig, wie die belastenden Gefühle sich zum Todestag hin intensivieren, kann man sich darauf verlassen, dass sie danach wieder gegenwartsbezogener und leichter werden. Wenigstens ist das meistens so.

Der erste Todestag

Der allererste Todestag kommt vielen Trauernden wie eine unüberwindliche Hürde vor. Das ganze Jahr ist vergangen, alle Jahreszeiten, alle Feste sind einmal durchlebt. *Die vielen ersten Male* und die zweiten, dritten, vierten Male, die in diesem Jahr enthalten waren und durchlebt wurden, sind geschafft. Die Überlebensbemühungen sind gelungen, es gibt neue Alltagsroutinen und erste Wege, mit den neuen Gefühlen umzugehen. Der Verstorbene ist irgendwo spürbar, und es hat geklappt, für jeden Tag eine Motivation zu finden. Nun jährt sich der Tag, an dem alles aus den Fugen geraten ist.

Es kann sinnvoll sein, sich nicht nur auf den einen Tag zu konzentrieren. Die *Wochen vor* dem Todestag sind oft voller anstrengender Erinnerungen und Gefühle, die Beachtung und Unterstützung brauchen. Und wenn Sie sich sehr auf das eigentliche Sterbedatum konzentriert haben, kann es sein, dass die *Tage danach,* wenn die Anspannung nachlässt, noch einmal sehr emotional werden.

Trauerfacette Überleben

Wie immer steht das Überleben im Vordergrund – wie können Sie diese Tage überstehen? Vielleicht kommt Ihnen das übertrieben vor und Sie wollen den Tag einfach als ganz normalen Tag behandeln und die besondere Bedeutung übergehen. Meine Erfahrung damit ist: Es klappt nicht. Die Erinnerungsspeicher reagieren auf die Wiederkehr des Datums, der Lichtverhältnisse, des Wetters und melden sich mit Gefühlen aus der ersten Zeit des Trauerweges. Der gut wieder aufgebaute Alltag bricht zusammen, wenn man ihn unter allen Umständen beibehalten will. Das *Verdrängen erweist sich als der größte Stolperstein* im Überstehen von Jahrestagen.

Trittsteine

- Werden Sie *aktiv*, bereiten Sie sich auf den Todestag vor, überlegen Sie, wie Sie ihn *gestalten* können.
- Spüren Sie, was *Ihre Bedürfnisse* sind: Möchten Sie, dass jemand bei Ihnen ist oder lieber allein sein? Möchten Sie eine Anzeige schalten, eine Messe lesen lassen? Möchten Sie ein persönliches Ritual gestalten? Was ist Ihnen wichtig?
- Nehmen Sie Ihre Bedürfnisse und Wünsche ernst, nichts ist zu »verrückt« oder zu »simpel«.
- Können Sie sich einen Tag *frei nehmen*, ein Kind in der Schule entschuldigen?
- Möchten Sie mit Angehörigen oder Freunden zusammen sein? Dann machen Sie es möglich.
- *Sprechen Sie mit Ihren Familienangehörigen und engen Freunden*, fragen Sie nach deren Vorstellungen, fragen Sie auch die Kinder und Jugendlichen. Handeln Sie einen *Kompromiss* aus, der für alle Beteiligten erträglich ist.

Unklares Sterbedatum

Wenn das genaue Todesdatum nicht feststeht, haben die Hinterbliebenen es besonders schwer. Es gibt dann den Tag, an dem jemand zuletzt gesehen wurde und den Tag, an dem er tot aufgefunden wurde – dazwischen liegt der wahrscheinliche Todeszeitpunkt. Noch schwerer ist es, wenn der/die Tote nie gefunden wurde.

Trittstein

- Vertrauen Sie auf Ihr Gefühl und legen Sie einen Zeitpunkt fest, der für Sie das Sterbedatum ist – auch wenn auf dem offiziellen Totenschein etwas Anderes steht.

Serie von schweren Tagen

Manchmal gibt es eine Serie von schweren Ereignissen schon im Vorfeld des Sterbens. Z. B.: Der Tag des Zusammenbruchs, der Tag der ersten OP, der Tag der zweiten OP, der Tag der Verlegung ins Spezialzentrum, der Tag der dritten OP und des Hirntods, der Tag an dem die Geräte abgeschaltet und der Tod festgestellt wurde.

Trittsteine

- Nehmen Sie Unterstützung an, *lassen Sie andere bei sich sein*, auch über einen längeren Zeitraum hinweg.
- Lassen Sie die *Erinnerungen breiter* werden. Zu dem, was belastend und überfordernd war, können Sie auch das *erinnern, was Ihnen geholfen hat*, die Situationen zu überstehen. Sie können sich daran erinnern, was Sie getan und gegeben haben. Lesen Sie noch einmal den Abschnitt über die Trauerfacette Wirklichkeit in den ersten Stunden ab S. 33.

Trauerfacette Wirklichkeit

Das eigene Weiterleben

Der erste Todestag (und alle folgenden) machen den Tod noch einmal wirklicher. Im Lauf der Zeit macht er auch das eigene Weiterleben immer wirklicher: Man hat es geschafft, diesen schweren Weg bis hierher zu gehen. Ein guter Moment, sich nicht nur an den Schrecken der Todesstunden und der ersten Zeit danach zu erinnern.

Nutzen Sie den Todestag mit all seinen Erinnerungen, *sich auch an sich selbst und Ihren Trauerweg zu erinnern.* Die Wirklichkeit des Verlusts ist auch eine *Wirklichkeit Ihres Weiterlebens* mit diesem Verlust. Machen Sie sich noch einmal klar, wieviel praktische Unterstützung Sie bekommen haben, kleine und große. Denken Sie an Momente, in denen jemand als »stabile Person« für Sie da war. Vergessen Sie auch nicht, an die Menschen zu denken, die Ihnen als Mitmensch ein kleines Zeichen des Mitgefühls gezeigt und Sie darüber hinaus wohltuend normal behandelt haben.

Belastende Erinnerungen

Erschreckende Erlebnisse im Zusammenhang mit dem Sterben können sich vor dem Todestag in den Vordergrund aller Erinnerungen drängen. Ständig wiederkehrende Schreckensbilder, die wie endlos wiederholte kleine Filmsequenzen oder Standbilder auftauchen, können ein Hinweis auf eine Traumafolgestörung sein.

Trittsteine

- Nutzen Sie bitte die Techniken zur *Selbstberuhigung*, die Sie schon kennen: Stellen Sie die Füße auf den Boden, Spüren Sie Ihre Hände, reiben oder klopfen Sie Ihre Arme und Beine, versuchen Sie dabei etwas ruhiger zu atmen, lösen Sie den starrenden Blick, stehen Sie auf und bewegen Sie sich, trinken Sie ein wenig. *Rufen Sie jemanden an.*
- Falls Sie einen »*Notfallkoffer*« gepackt oder aufgeschrieben haben (S. 117), ist das jetzt genau der richtige Moment, darauf zurückzugreifen! Lesen Sie noch einmal den Abschnitt zu Überlebenshilfen ab S. 93.
- Lesen Sie die Hinweise auf S. 110, wie Sie Unterstützung im Rahmen einer *Traumatherapie* bekommen könnten.

Trauerfacette Gefühle

Sie haben das ganze erste Trauerjahr *geübt, mit Gefühlen umzugehen*. Sie haben viele verschiedene Gefühlszustände kennengelernt! Sie waren darüber vielleicht erschrocken, sie hatten wahrscheinlich irgendwann die Nase voll vom vielen Fühlen und Sie waren vermutlich erleichtert, dass es ein bisschen ruhiger geworden war. *Nun kommt Einiges wieder*, als wäre Ihr Trauerweg in eine Wiederholungsschleife geraten. Der Schlaf wird vielleicht wieder unruhiger, der Seelenschmerz breitet sich erneut aus, vielleicht zeigt er sich erst mal in Gereiztheit und schlechter Laune. Die Einsamkeit und die Sehnsucht verstärken sich wahrscheinlich, Hoffnungslosigkeit und Angst können sich breitmachen.

Das ist alles ganz normal! Diese Wiederkehr von belastenden und starken Gefühlen kommt mit derselben Regelmäßigkeit wie die sogenannten »Eisheiligen« Mitte Mai. Genauso regelmäßig gehen die anstrengenden und niedergedrückten Gefühle auch wieder zurück.

- Nutzen Sie alles, was Sie im Lauf des ersten Trauerjahres ausprobiert haben, um Ihre Gefühle auszudrücken.
- Nehmen Sie sich so viel Rückzug, wie Sie in diesen Tagen/Wochen brauchen, um Ihre *Gefühle spüren und ausdrücken zu können.*

Rituale

Rituale und zeichenhafte Handlungen sind für den Ausdruck von Gefühlen rund um den Todestag sehr hilfreich. Sie können sie allein ausführen oder sich mit anderen absprechen. Sie können auch jemanden bitten, Sie einfach nur zu begleiten als »stabile Person«.

- Gehen Sie zum *Grab*, gestalten Sie es so schön wie möglich, halten Sie Zwiesprache mit dem Verstorbenen.
- Gestalten Sie Ihre *Erinnerungsecke zu Hause* (oder am Arbeitsplatz) um, bringen Sie frische Blumen in eine neue Vase, stellen Sie eine neue Kerze auf, arrangieren Sie die Fotos neu.
- Wenn Sie zum *Sterbeort* gehen möchten, tun Sie das, gestalten Sie auch diesen Ort soweit das möglich ist.
- Schreiben Sie einen *Brief an den Verstorbenen*, berichten Sie ihm von diesem ersten Jahr und beschreiben Sie Ihre Gefühle. Bringen Sie den Brief zum Grab und lesen ihn dort laut vor, verbrennen Sie ihn dann und verstreuen die Asche am Grab oder in der Natur. Sie können auch ein Papierschiff daraus falten und es mit der Strömung eines Flusses davontreiben lassen.
- Treffen Sie sich mit Freunden und Angehörigen.
- Beten und meditieren Sie für den Verstorbenen und sich selbst.

Trauerfacette Sich anpassen

Der wiederkehrende Jahrestag des Todes gehört nun zu Ihrem Leben. Sie passen sich gerade daran an, indem Sie ausprobieren, wie Sie mit diesem Tag umgehen könnten. Machen Sie den ersten Jahrestag zu einem Tag, an den Sie sich einmal erinnern können als einen Tag, an dem Sie *etwas ausprobiert* haben und an dem Sie *nicht vollkommen ohnmächtig* waren.

Für viele Ihrer Bekannten und die meisten Freunde ist schon der erste Todestag nicht mehr im Kalender verzeichnet. Dieses für Sie so einschneidende Datum hat nur für die engsten Familienangehörigen und Freunde Bedeutung. Für alle anderen geht an den Todestagen das Leben ganz normal weiter. Auch das ist ein Teil der Anpassung, mit der Sie beschäftigt sind – Ihr eigenes Leben ist einschneidender verändert als das der meisten Freunde. Für Sie und Ihre engen Angehörigen und die engen Freunde des/der Verstorbenen geht der Trauermarathon auch nach diesem ersten Todestag weiter, für alle anderen wird Ihre Trauer etwas, das man ohne Böswilligkeit vielleicht nicht ständig erinnert.

Trauerfacette Verbunden bleiben

Der Jahrestag des Todes bringt das, was seit dem Tod fehlt, in den Vordergrund. Man fühlt sich NICHT verbunden, sondern bestohlen und einsam. Gleichzeitig sind der Tod und der Verstorbene mit seinem Sterben übermächtig präsent. Man fühlt sich wie besessen von den Fragen nach Ursachen und Schuldigen und von schweren Erinnerungen. Auch das sind Formen des Verbundenseins, aber anstrengende und das Weiterleben dunkel einfärbende Verbundenheiten.

Verbundenheit mit dem geteilten Leben

- Versuchen Sie, das *geteilte Leben* ganzheitlich mit allen Seiten in den Mittelpunkt Ihrer Erinnerungen zu rücken.
- Nehmen Sie *Fotoalben* zur Hand, blättern Sie sie durch oder gestalten Sie ein neues.
- Holen Sie Ihre *Schatzkiste mit Erinnerungsstücken* hervor – oder nehmen Sie sich endlich die Zeit, eine Erinnerungsbox anzulegen.
- Halten Sie *Zwiesprache mit dem Verstorbenen* – am Grab, vor einem Foto, in einem Brief. Sprechen Sie von den gemeinsamen Zeiten, berichten Sie von dem vergangenen Jahr, drücken Sie Ihre Liebe aus.
- Gestalten Sie das Grab liebevoll. Wenn es noch keinen *Grabstein* gibt, nehmen Sie sich vor, im kommenden Jahr einen anfertigen zu lassen.
- Wenn Sie *andere Menschen um Erinnerungen bitten* wollen, ist der erste Todestag ein guter Termin, Sie können um Bilder und Texte für ein Erinnerungsbuch bitten und es dann als Kopie allen zur Verfügung stellen, die etwas dazu beigetragen haben.
- Suchen Sie die *Gemeinschaft mit Menschen, die auch an den Verstorbenen denken* und über ihn/sie sprechen möchten, spüren Sie, wie er/sie lebendig wird in Ihren gemeinsamen Erinnerungen.
- Wenn Sie an eine göttliche Präsenz glauben, suchen *Sie Trost und Verbundenheit im Gebet,* in der Meditation und im Gottesdienst.

Trauerfacette Einordnen

Sie entscheiden, als was der erste Todestag in Ihrem Gedächtnis gespeichert wird. Er ist eine Chance, Rückschau zu halten auf das erste Trauerjahr, zu sehen, welche Strecke Sie schon gegangen sind und was Ihnen dabei geholfen hat. Sie können auch entdecken, was nicht so gutgetan hat und wo Sie etwas verändern möchten. Eine Frau sagte »Der Todestag und die Woche vorher waren richtig schwer. Ich bin da durchgegangen und habe mich an so viel erinnert, was im Jahr vor seinem Tod passiert ist, das war ein wichtiger Teil meiner Trauer. Das Beste ist – nächstes Jahr werde ich mich an dieses Jahr erinnern können, nicht nur an vorletztes Jahr, als er noch lebte!«

Beispiele für die Gestaltung von Jahrestagen

Die folgenden Geschichten zeigen verschiedene Möglichkeiten, den Jahrestag des Todes zu gestalten. Lassen Sie sich davon anregen und ermutigen, Ihre ganz persönliche Form zu finden:

Christiane, deren Mutter gestorben war, schrieb mir: *»Nun erlebten wir ihren ersten Todestag. Ich habe erst gedacht, das wird schwer, aber ich merkte im voraus bereits, dieser Tag bereitete mir nicht solche Schwierigkeiten wie mein Geburtstag. Ich bin die Einzige, die eine ziemlich lange Fahrtstrecke zu meiner Familie hat, aber ich konnte es zu Hause mit meinem Mann und meinen Kindern einrichten, dass auch ich zu meiner Familie zum Grab fahren konnte. Wir trafen uns alle vor dem Friedhofseingang. Seltsamerweise war keiner von uns bedrückt; im Gegenteil, es herrschte eine aufgelockerte Stimmung. Wir richteten ihr Grab mit unserem Blumenschmuck her, lachten, machten Witze und am Ende entstanden Fotos, die, glaube ich, so typisch für unsere Familie sind. Welche Fa-*

milie, außer unserer, würde aus Menschen am Grab das Wort »Mama« stellen? Den Tag ließen wir mit Grillen ausklingen und haben gelacht, wie schon lange nicht mehr. Schade, dass meine Mama nicht dabei sein konnte; so etwas hat sie geliebt!«

Ludger aus Bochum schrieb mir: *»Der Sterbetag meiner Schwester war ein Sonntag im April gewesen, ein sonniger Tag, so wie Marlies es liebte. Der Winter schien vorbei zu sein. Sie lag noch lange in ihrem Krankenbett und wir hatten richtig viel Zeit Abschied zu nehmen. Mit meiner Gitarre habe ich ihr noch Lieder mit auf den Weg gegeben.*

Inzwischen haben wir drei Jahrestage begangen und einen festen Ritus gefunden. Mit meinen Eltern treffen wir uns zum Kaffeetrinken und Kuchen essen. Auf dem Tisch brennt dann natürlich die eigens gestaltete »Marlies-Kerze«. Meine Eltern sind einfach todtraurig, aber so dankbar, dieses mit uns zu erleben. Dann fahren wir zum Friedhof, lesen einen Text, sprechen ein Gebet, gedenken still. Am Abend trifft man sich mit Freunden und dem Rest vom »Team Dornröschen«, so nannten wir uns, die wir sie auf dem letzten Weg unterstützt haben, erneut am Grab. Diesmal mit Gitarre, denn es gibt Liederzettel, kleine Texte und Musik aus der Konserve. Flying wish Paper werden angezündet, Blumen mit guten Wünschen aufs Grab gelegt, es wird gesungen, geweint und gelacht. Es gab auch schon mal ein Gläschen Prosecco, denn den mochte Marlies ganz gerne. Auch wenn es immer wieder schmerzhaft ist, werde ich nicht müde werden, diesen Tag besonders zu gestalten und an meine Schwester zu denken.«

Christiane schrieb mir, wie sie das vierte Jahrgedächtnis ihrer Schwägerin gestaltete: *»Unter dem Tod meiner Schwägerin Iris hat vor allem meine ältere Tochter gelitten, denn die beiden hatten eine sehr enge Bindung. Es war aber meine jüngere Tochter, die eine kleine Weile vor ihrem vierten Todestag bat, an diesem Tag zu Hause bleiben zu dürfen. Sie könne mit* *den blöden Sprüchen einer besonders unsympathischen Mitschülerin, die am selben Tag Geburtstag hat, nicht umgehen. Ich habe den Kindern den freien Tag also zugesagt unter der Bedingung, dass wir den Tag gemeinsam verbringen und etwas Besonderes unternehmen. Wir haben uns darauf geeinigt, zusammen ausgedehnt Frühstücken zu gehen und anschließend Acrylfarben und Leinwand zu kaufen. Wir sind künstlerisch nicht besonders begabt, aber wir haben jeder eine Farbe ausgesucht, die uns besonders gut gefiel und gemeinsam eine zusätzliche Farbe, die die Mischung der ersten drei miteinander verbindet. Zu Hause haben wir in gemütlicher Atmosphäre die Leinwand in Quadrate unterteilt und jeder hat ein paar davon nach seinem Geschmack bemalt. Zum Schluss haben wir gemeinsam daran gearbeitet, den einzelnen Quadraten eine besondere Note zu verleihen. So haben wir an diesem traurigen Tag etwas Schönes geschaffen. Mein Mann hat das Bild im Flur aufgehängt und da hängt es nun seit über zwei Jahren und lädt uns hin und wieder ein, uns zu erinnern.«*

Franz aus Saarbrücken schrieb mir: *»Ich habe es bis heute immer hinbekommen, sowohl am Todestag als auch am Geburtstag nicht arbeiten zu müssen (mein Sohn hat sich vor sieben Jahren das Leben genommen). Meine Frau und ich waren in der Regel an der frischen Luft, am liebsten Wandern. Meistens waren wir an einem anderen Ort, also nicht in der näheren Umgebung unseres Wohnortes (ein Dorf mit ca. 400 Einwohnern). Das hat uns geholfen, diese Tage einigermaßen gut zu überbrücken.«*

Bettina aus Essen schrieb mir: *»Ich habe viele Bekannte, Freunde und Verwandte auch behandelnde Ärzte um ein Erlebnis mit meinem Mann Micha gebeten. Es dauerte fast zwei Jahre, bis ich alle Geschichten zusammen hatte. Letztendlich waren es über zwanzig. Ich ließ daraus ein Buch binden, zum Gedenken an meinen lieben Mann Micha. Zum zweiten Jahres-*

tag habe ich alle Verfasser der Geschichten in unseren Garten eingeladen. Es gab Tee, Kaffee, Wein und eine Kleinigkeit zu essen. Jeder hat seine Geschichte aus diesem Buch vorgelesen. Wir haben einen Platz zentral in der ersten Reihe (so eine Art Thron), bereitgestellt. Dort nahmen die Vorleser Platz. Wir machten Kerzen an. Alle Anwesenden waren still. Selbst die kleinen Kinder haben es sich gemütlich und bequem gemacht und aufmerksam zugehört, wie der Opa, Onkel, Bruder, Schwager, Vater, Ehemann, Freund usw. von anderen gesehen wurde und was er so gemacht hat, mit ihnen. Es waren sehr lustige Geschichten dabei. Wir haben alle gelacht und auch geweint.

Zuerst waren die Verfasser etwas zurückhaltend, haben sich etwas geschämt. Nach jeder Geschichte, die vorgelesen wurde, wurden die Verfasser mutiger und nach kurzer Zeit haben sich selbst die Jugendlichen freiwillig gemeldet, die Geschichten vorlesen zu dürfen, von denen, die nicht anwesend sein konnten. Wir haben uns alle unterhalten und jeder konnte seine Erlebnisse mit Micha nochmal erzählen und etwas hinzufügen. Ich habe nur zugehört und war so berührt, weil ich so viel über meinen geliebten Mann erfahren durfte.

Zum Schluss haben wir ein großes Herz aus Teelichtern gebildet und die Bücher dort hinein gelegt. Jedes seiner Kinder hat eins von diesen Büchern bekommen. Das ist nun wieder drei Jahre her. Wir denken sehr gerne an diesen Tag und holen das Buch regelmäßig heraus und lesen uns die Geschichten durch.

Es war ein wunderschöner Abend. Für jeden, der da war. Mit einem Lächeln im Gesicht sind alle nach Hause gegangen und mit der Verabschiedung: Das war ein sehr schöner Jahrestag für Micha.«

Jeanette, die zur Zeit in Malaysia lebt, schrieb mir, wie sie nach dem Tod ihrer ältesten Tochter mit ihren drei jüngeren Kindern Erinnerungen und Jahrestage gestaltet: *»Lasse, Kalle und Amelie hatten Sorge, sie könnten ihre Schwester* *vergessen und auch die Erinnerungen, die sie an sie hatten. Deshalb gestaltete ich gemeinsam mit den Kindern für jeden ein »Ich werde dich nie vergessen Buch«. So entstand ein sehr schönes Buch mit vielen Fotos, Erinnerungen, Zeichnungen und einem persönlichen Brief an ihre Schwester, mit dem, was sie ihr noch gerne sagen wollten. Dieses Buch ist inzwischen ein großer Schatz für die Kinder geworden. Am ersten Jahrestag haben wir damit begonnen, ihr einen Brief zu schreiben, der dann in dem Buch aufbewahrt wird. Dies wiederholen wir nun an jedem Jahrestag! An ihrem Geburtstag und am Jahrestag ihres Todes darf jeder aus der Familie eine Ballonkarte mit einer ganz persönlichen Nachricht beschriften, diese binden wir dann an einen roten Herz Luftballon und schicken dann alle zusammen zu ihr in den Himmel hinauf.«*

Die weiteren Trauerjahre

Trauerwege und Trauerentwicklungen

Für viele Mitmenschen markiert der erste Todestag das Ende der Trauerzeit, spätestens jetzt »muss es mal gut sein« wird Ihnen vielleicht vermittelt. Das entspricht nicht dem Erleben von Millionen von trauernden Menschen, der Trauerweg ist nach einem Jahr NICHT zu Ende gegangen, auch wenn viele Trauernden sich das selbst wünschen würden.

Forschungsergebnisse und Lebenserfahrung zeigen, dass man nach dem Tod eines sehr nahen Menschen eher *drei bis fünf Jahre lang in weiter werdenden Kreisen auf dem Trauerweg unterwegs* ist. Dieses Kapitel beschreibt, was in den Facetten des Trauerns in diesen Jahren noch dazu kommt bzw. neben all das tritt, was im vorigen Kapitel beschrieben wurde. Vieles davon gilt auch in den folgenden Trauerjahren, blättern Sie für manche Themen eventuell zurück in die vorigen Kapitel.

Viele Menschen sagen »Die Trauer hört nie auf!«. Der Trauerweg zieht für sie ständig weiter werdende Kreise, aber das Fehlen des Verstorbenen bleibt spürbar und löst zu bestimmten Anlässen noch einmal intensive Sehnsucht und Seelenschmerz aus. Das ist normal und nimmt den allermeisten Trauernden nicht den Lebensmut. Es macht Trauernde auch nicht automatisch einsamer oder verbitterter als andere Menschen. Man hat eher den Eindruck, dass Menschen auf ihren *Trauerwegen wichtige Dinge lernen*. Sie gewinnen im Lauf des langen Weges *mehr Verständnis* und Toleranz, sie *werden oft sogar fröhlicher* als zuvor, weil sie jeden schönen Moment doppelt wertschätzen.

Den meisten Trauernden geht es nach dem ersten Todestag etwas besser, das heißt: Sie fühlen sich etwas öfter entspannt, sie können etwas mehr Freude empfinden, sie entwickeln langsam eine Vorstellung von ihrer Zukunft.

Wenn Sie sich im zweiten Trauerjahr deutlich schlechter fühlen als im ersten, sollten Sie sich Unterstützung suchen! Sie haben bis hierher hart an Ihrem Überleben gearbeitet und sind weite Strecken auf Ihrem Trauerweg gegangen. Aber Ihr Trauermarathon ist dabei, sich zu einem Triathlon oder sogar zum »Iron Man« zu entwickeln, den schafft niemand ohne Beistand auf vielen Ebenen.

Trauerfacette Überleben

Überleben bekommt im zweiten und dritten Trauerjahr neue Aspekte, es geht nicht mehr nur um das rohe Durchkommen, sondern um das stückweise Zurückgewinnen von Lebensqualität und sogar »Lebensfreude«. Die speisen sich aus Kraftquellen.

Kraftquellen

Eine kleine Auswahl von *Kraftquellen*, die Menschen mit und ohne Trauer für sich nutzen, z. B.:

Natur: z. B. Wandern, Segeln, Schwimmen, das Meer, die Berge, Spaziergänge, Zelten gehen, der Sternenhimmel, der eigene Garten, Gemüse anbauen, Hund und Katze als Haustiere, Reiten, schöne Landschaften usw.

Sport: Joggen, Walken, Radfahren, Fitness-Studio, Tanzen, Klettern, Bouldern, Rollerblades fahren, Surfen, Boxen, Fußball, Handball, Kegeln usw.

Kultur: Musikhören, Lesen, Konzerte besuchen, Theateraufführungen ansehen, Museen besuchen, selber malen, selber ein Instrument spielen, selber Theater spielen, Geschichten und Gedichte schreiben, Lieder komponieren usw.

Entspannung und Spiritualität: Yoga, Tai Chi, Chi Gong, Meditation, Achtsamkeitsübungen, Gebet, Kontemplation, Entspannungsmusik, Traumreisen, Sauna, Stille usw.

Vielleicht ist Ihnen bei dieser Aufzählung eingefallen, wie Sie sich entspannen und woraus Sie Kraft schöpfen. Vielleicht haben Sie auch gemerkt, dass Sie Ihre persönlichen Kraftquellen noch intensiver nutzen könnten. Tun sie es!

Geschichte

Eine Klientin erzählte zwei Monate nach dem ersten Todestag ihrer Tochter, sie habe sich zum ersten Mal wieder mit einer Freundin in der Sauna getroffen, etwas, das die beiden früher regelmäßig gemacht hatten. Dort in der Wärme und Ruhe hätte sie zum ersten Mal seit dem Tod der Tochter Momente von innerer Ruhe und Entspanntheit erlebt. Das sei wunderbar gewesen.

Darf Freude sein?

Alle Trauernden erleben diesen Moment, in dem sie zum ersten Mal wieder lachen oder sich über etwas freuen oder einen Moment Leichtigkeit empfinden. Das sind stets kurze Augenblicke, die wie ein Sonnenstrahl durch die Wolkendecke über dem Trauermarathon brechen. Sofort taucht das schlechte Gewissen auf: Ist das erlaubt? Ist das angemessen? Oder ist das Aufblitzen von Lebensfreude ein Verrat am Verstorbenen?

Trittsteine für die Angst vor Freude

- Halten Sie innere *Zwiesprache mit der/dem Verstorbenen*. Würde er sich zurückgesetzt fühlen, wenn es Ihnen etwas besser geht?
- Schauen Sie zurück auf die Monate des Schmerzes und der Anstrengung, die ja auch noch nicht vorbei sind. Können Sie den kleinen Moment der Entspannung zulassen?

Haben Sie es vielleicht verdient, zum Ausgleich für all den Kummer etwas Freude zu empfinden?

- Wenn Sie den Trauerweg wie einen Marathon betrachten, dann brauchen Sie diese *Oasen des Auftankens*, sonst werden Sie die Mühen dieses Weges nicht bewältigen. Vielleicht können Sie leichte und kräftigende Momente zulassen, wenn Sie sie als notwendige Momente der Rast und Stärkung für Ihren Trauerweg ansehen.
- Es kann auch *Zuversicht* wachsen in diesen Momenten, Hoffnung darauf, dass Ihr Leben trotz Tod und Verlust lebenswert sein wird. Nutzen Sie diesen Hoffnungsschimmer für den Weg, der noch vor Ihnen liegt.

Nur Überleben?

Im Lauf der Trauerjahre kann auch ein Überdruss am dauernden »Überleben« entstehen. »Das ist doch kein Leben!« höre ich manchmal. Das Leben von einem Tag zum nächsten mit Seelenschmerz und Körperschmerz macht einfach keinen Spaß.

Trittsteine für den Überdruss am ständigen Überleben

- Versuchen Sie es mit einer *ordentlichen Portion Selbstmitleid*: Fluchen Sie heftig über Ihr Schicksal, lassen Sie Zorn und Frustration raus, vielleicht brauchen Sie ein reinigendes Gewitter, um die wenigen Sonnenstrahlen, die da sind, überhaupt zu sehen.
- Richten Sie den Blick auf die Momente, in denen es ein kleines bisschen leichter ist. Momente in denen ein Mensch freundlich zu Ihnen war, wo Sie etwas geschafft haben. Momente der relativen Unbeschwertheit in all dem Chaos. Nach langer Trauer ist man das gar

nicht mehr gewohnt. Die bekannte Therapeutin Luise Reddemann schlägt für solche anstrengenden Lebensabschnitte vor, ein *»Freudetagebuch«* zu führen. Darin notiert man jeden Tag mindestens eine Situation, die Freude bereitet hat, die angenehm war oder Zufriedenheit ausgelöst hat. Allein die Konzentration darauf ändert den Blick auf das eigene Leben. Falls der Begriff »Freude« noch zu stark für Sie ist, können Sie auch ein *»Dankbarkeits-Tagebuch«* schreiben, darin notiert man Situationen und Begegnungen, für die man dankbar ist. Versuchen Sie es ruhig einmal!

- Werden Sie *aktiv*, fügen Sie bewusst Momente in Ihren Tagesablauf ein, die Ihnen Erleichterung und vielleicht sogar Freude verschaffen: Drehen Sie das Radio auf, wenn ein gutes Lied läuft. Gönnen Sie sich etwas zu Essen, worauf Sie wirklich Lust haben, egal, wieviel es kostet oder ob es gesund ist. Überlegen Sie, was Sie früher gern getan haben und suchen Sie eine Sache heraus, die Ihnen auch heute möglich wäre. Überprüfen Sie noch mal, ob Sie das aus Ihrer Sicht wirklich dürfen – etwas Schönes tun. Wenn ja, legen Sie los! Wenn nein – üben Sie sich in der *Zuversicht*, dass das irgendwann möglich sein wird.

Überleben und die anderen Trauerfacetten

Manche Trauernde haben all ihre Energie in das Überleben und das Anpassen gesteckt, in diesen Trauerfacetten sind sie ExpertInnen geworden. Nun melden sich die anderen Trauer-Facetten, die bisher zu kurz gekommen sind, und fordern mehr Beachtung. Die »ÜberlebensspezialistInnen« sind manchmal *bis ins dritte Trauerjahr hinein* mit ihren existentiellen Aufgaben beschäftigt, aber es kommen immer mehr Gefühle und Gedanken an die Oberfläche, mit denen andere sich schon im ersten Trauerjahr beschäftigen konnten. Jugendliche und junge Erwachsene oder Eltern, die Kinder versorgen, können sogar noch länger auf das Überleben und Anpassen konzentriert sein! Bei ihnen zeigt sich ab dem zweiten und dritten Trauerjahr eine *wachsende Erschöpfung*, und auch körperliche Probleme spiegeln den inneren Zwiespalt. Trauerfacetten blitzen auf, werden aber sofort wieder weggedrückt, denn im Lauf des ersten Jahres ist die Angst vor den anderen Teilen des Trauerweges gewachsen. Es »ging doch schon so gut«.

Manches, was bisher als Trittstein funktioniert hat, wird langsam aber sicher zum Stolperstein. Das Ablenken, das zunächst dabei geholfen hat, die Wucht des Schmerzes abzufedern, wird zum Stopp-Signal vor jedem Gefühl, das sich zeigen will. Vor diesem Signal entsteht eine lange Schlange von Gefühlen, die immer größer und bedrohlicher werden, je länger sie in der Warteschlange stehen.

Das *Festhalten an der alten Normalität* und den Abläufen aus der Zeit vor dem Tod wird immer hohler, denn es lässt sich nicht mehr übersehen, dass sich vieles verändert hat. Die alten Routinen geben immer weniger Halt und vermitteln immer mehr *Ratlosigkeit und Frustration*.

Das *Schweigen* über das Sterben und die eigenen Trauer-Gefühle war erst zur Schonung da, es sollte Kinder, Ehepartner, Freunde und nicht zuletzt Sie selbst vor Überforderung schützen. Doch nun fehlt ein Weg, das Schweigen zu brechen, nachdem es schon ein Jahr und länger anhält.

Trittsteine

- *Überprüfen Sie Ihr Überlebensrepertoire*. Welche Verhaltensweisen waren nützlich für den Beginn Ihres Trauerweges, sind es aber jetzt nicht mehr?
- Was bedeutet »Überleben« für Sie jetzt? Wie halten Sie durch? Wie stärken Sie sich? Was gibt Ihnen *Lebensmut*?

- Schreiben Sie eine *Ressourcen-Liste* mit diesen Punkten.
  - drei Dinge, bei denen ich mich entspannen kann:
  - drei Menschen, denen ich wichtig bin:
  - drei Dinge, die ich gern tue:
  - ein Grund, warum ich mich trauen kann, mehr von meiner Trauer zu fühlen:
  - zwei Menschen, mit denen ich über mich reden kann (mit Telefonnummer und Mailadresse):
  - Mein Motto für diesen Monat:

  Bringen Sie die Liste so an, dass Sie sie immer wieder sehen (am Badezimmerspiegel, auf dem Desktop) und lesen Sie sie jeden Tag. Ergänzen und aktualisieren Sie die Liste so oft Sie möchten, je aktueller, desto besser!
- Probieren Sie, ob die Unterstützung in einer Trauergruppe oder einer Trauerbegleitung etwas für Sie ist – dort finden Sie Verständnis und bekommen neue Anregungen.

Fachliche Unterstützung

Es ist nie zu spät für eine Trauerbegleitung! Vielleicht liegt der Todesfall, mit dem Sie sich beschäftigen möchten, bereits *Jahrzehnte zurück*. Damals gab es keine Trauerbegleitung oder Sie waren noch ein Kind und wurden von allem ferngehalten. Sie können sich jetzt endlich einen fachlichen Gesprächspartner und Anregungen für Ihren Trauerprozess »gönnen«. Wenn Sie in Ihrem Leben weitgehend zurechtkommen und nur ab und zu schwere Gedanken und Fragen in Ihnen entstehen, dann kann eine erfahrene Trauerbegleiterin die Richtige für Sie sein. Dann sind es vermutlich nur fünf bis zehn Gespräche, in denen Sie die einzelnen Themen und Facetten Ihres Trauerweges zusammen besprechen und offen gebliebene Fragen klären können. Falls Sie jedoch den Eindruck haben, dass Ihr ganzes bisheriges Leben von einem lange zurückliegenden Todesfall belastet wurde, dann könnte ein Psychotherapie hilfreicher für Sie sein. Dort können der Todesfall und Ihr Trauerprozess ausführlich besprochen werden, aber auch die Probleme, die dadurch in Ihrem weiteren Leben entstanden sind.

Im *zweiten, dritten und vierten Trauerjahr* kann es sein, dass Sie vor allem erschöpft sind von den Anstrengungen Ihres Trauerweges. Möglicherweise haben Sie sich um Ihre kleinen Kinder gekümmert oder sehr hart in Ihrem Beruf gearbeitet und die Abstecher auf einzelne Trauerfacetten waren nur kurz. Ihre Umwelt wird sich daran gewöhnt haben, dass Sie wenig Unterstützung annehmen und Ihre Freunde und Familienangehörigen gehen davon aus, dass Sie alles schaffen. Aber auch Sie haben die Möglichkeit, sich eine Auszeit für sich selbst und Ihren Trauerweg zu nehmen. Überleben ist kräftezehrend. Wenn Sie immer erschöpfter werden, anfällig für Infekte sind und wenn Sie plötzlich zu kleinen Unfällen neigen, könnte es ein guter Zeitpunkt sein, um eine psychosomatische Kur in Anspruch nehmen. Ihre Hausarztpraxis und Ihre Krankenkasse können Sie beraten.

Für manche Trauernde entsteht erst im zweiten Trauerjahr der Wunsch, sich mit anderen Trauernden zusammenzusetzen. Eine *feste Gruppe oder ein Wochenendseminar für Trauernde* können dabei helfen, den eigenen Trauerweg Revue passieren zu lassen und Anregungen für das Weitergehen zu bekommen.

Wenn Sie den Eindruck haben, dass Ihre Trauer »*feststeckt*« und Sie bei aller Anstrengung immer weiter in Ihrem Kummer versinken, dann ist eine Trauerbegleitung oder eine spezialisierte Psychotherapie hilfreich für Sie. Manchmal gibt es zu viele Stolpersteine auf dem Trauerweg und manchmal ist man so konzentriert auf vertraute Umgehensweisen mit Stolpersteinen, dass man aus dem Blick verliert, wie wenig sie funktionieren.

Wenn Sie mit *weiteren Schicksalsschlägen* konfrontiert sind, kann Ihr Trauerweg noch einmal an Stellen zurückkehren, die Sie längst bewältigt glaubten. Ein neues Unglück kann „das Fass zum Überlaufen bringen". Zusätzliche Anstrengungen brauchen zusätzliche Unterstützung! Erkundigen Sie sich (oder lassen Sie unterstützende Freunde für Sie recherchieren), welche Form von Unterstützung es für Sie geben kann und nehmen Sie sie in Anspruch!

Geschichte

Jeanette, die zurzeit in Malaysia lebt, schrieb mir von diesem kreativen Ritual, das sie für ihre drei kleinen Kinder entwickelt hat, nachdem die große Schwester gestorben war:

»Die besondere Trost-Zeit, die ich mit den Kindern alleine verbringe, nennen wir inzwischen die »Baumzeit«. Auf einen großen Keilrahmen malte ich zu Beginn mit den Kindern zusammen einen großen schwarzen Baum. Er symbolisiert die Verzweiflung, Traurigkeit, Kraftlosigkeit und die dunklen Zukunftsaussichten der ganzen Familie, die nun nach dem Tod der Schwester alles nur noch schwarz und hoffnungslos sah. Aus verschiedenfarbigem Tonpapier schnitten wir dann schöne geformte kleine Baumblätter. Zu jeder Baumzeit dürfen sich Lasse, Kalle und Amelie ein Baumblatt aussuchen, welches wir dann am Ende unserer Stunde mit dem schönsten Erlebnis des Tages, (später, als es den Kindern besserging, der Woche) beschriften. Dieses Baumblatt wird dann mit Stecknadeln an unserem Baum befestigt. Es stehen da Dinge wie z. B.: gemeinsamer Besuch der Weihnachtsfeier in der Schule, ein Telefonat mit ihren Verwandten oder Freunden in Deutschland, zusammen mit der ganzen Familie einen besonderen Film schauen, ein Ausflug zum Park. Nach einiger Zeit konnten die Kinder sehen, wie der traurige und hoffnungslose Baum sich immer mehr zu einem bunten schönen Baum entwickelt. Ganz langsam kommt das Leben wieder zurück! Sowohl bei ihrem Baum als auch in ihrer Wirklichkeit. Es wird sichtbar und spürbar für die Kinder, dass es weitergehen kann, dass es trotzdem schö-

ne Dinge im Leben gibt, auch wenn ihre Schwester nie mehr zurückkommen wird.«

Trauerfacette Wirklichkeit

Wirklichkeitsmacher

Jeder Tag, der vergeht, macht den Tod eines geliebten Menschen wirklicher. Schöne Momente bergen einen Stich in sich, der sagt »Und du kannst das jetzt nicht erleben«, »Warum kannst du jetzt nicht hier sein?«, »Ohne dich ist das nur halb so schön«.

Es gibt auch die schönen Erlebnisse, die man nicht gemacht hätte, wenn der andere noch leben würde. Da sind z. B. die Reise, die ihm zu teuer gewesen wäre oder die Begegnung, für die man nicht offen gewesen wäre. Darin liegt ebenfalls die Wirklichkeit eines Todes.

Die meisten *Wirklichkeitsmacher* sind aber schmerzhafte Momente. Wenn z. B. die Freunde des verstorbenen Kindes sich auf ihre Abschlussfeier von der Schule vorbereiten und man all diese jungen Menschen sieht, wie sie gewachsen sind, sich entwickelt haben – und das eigene Kind wird dieses Weitergehen in das Erwachsenenleben niemals erleben. Oder wenn man einige Jahre nach dem frühen Tod eines Elternteils heiratet und die Lücke schon in den Vorbereitungen, aber besonders bei der Feier selbst so spürbar wird wie lange nicht mehr. Oder wenn neue Menschen in die Familie hineingeboren werden, denen man von den verstorbenen Familienangehörigen nur erzählen kann. Ihre Oma, ihren Onkel oder sogar die große Schwester werden sie nie kennenlernen. Man wird nur in der stillen Zwiesprache mit den Verstorbenen sprechen können über die Freuden und die Sorgen des Weiterlebens.

Trittsteine

- Nutzen Sie jeden dieser wirklichkeitsmachenden Tage, um die vielen Wirklichkeiten nebeneinander zu spüren: die Wirklichkeit des geteilten Lebens vor dem Tod. Die Wirklichkeit des Sterbens und der Lücke, die dadurch entstanden ist. Die Wirklichkeit Ihres Weiterlebens mit vielen neuen Erlebnissen und auch mit den Zeichen und Träumen und Erinnerungen. Stellen Sie sich all diese *Wirklichkeiten nebeneinander* vor, wie in einer Fotocollage. Welchen Rahmen hat Ihre Fotocollage? Der ausgedachte Rahmen lässt Sie noch deutlicher spüren, dass alles zusammen gehört.
- Entwickeln Sie ein *Ritual*, wie Sie den Verstorbenen in diese Tage einbinden. Eine Kerze, die Sie entzünden, eine Würdigung in einer Rede, ein stummer Gruß, ein Gebet. Lassen Sie den Verstorbenen in einer symbolischen Form dabei sein, weil er eben nicht als lebendiger Mensch dabei sein kann.

In diesem Trittstein verweben sich wieder verschiedene Facetten des Trauerprozesses ineinander. Die Facetten Wirklichkeit und Verbundenbleiben sind beide enthalten in einem Ritual, das den Verstorbenen z. B. in eine Taufe einbezieht. Die Facetten Gefühle und Anpassen sind ebenfalls daran beteiligt. Und wenn der/die Verstorbene gewürdigt wird als prägende Person für die ganze Familie, ohne die dieses Kind nie geboren worden wäre, dann geht es auch um Einordnung. *Das Vergangene, die Gegenwart und die Zukunft werden dabei in einen großen und positiven Zusammenhang gebracht.*

Geschichte

Familie Teufert, die hier schon vom Sterben und der Abschiedsfeier Ihrer Tochter Finja erzählt hat, schrieb mir:

»Den ersten Geburtstag nach ihrem Tod haben wir mit Hilfe unserer Trauerbegleitung gefeiert. Wir haben die Menschen eingeladen, die uns auf ihrem Weg begleitet haben. Es gab eine Torte, Kerzen und ihren Geburtstagszug. Wir haben zusammen an sie gedacht, geweint aber auch viel gelacht. Es war wunderschön, von ihr zu erzählen und sich die Erinnerungen der anderen anzuhören. Dann hat jeder einen Schmetterling für sie ausgemalt und wir haben sie an Luftballons gehängt und steigen lassen. Wir hatten vorher Angst vor diesem Tag, weil wir nicht einschätzen konnten wie es wird. Es war genau das Richtige. Ihr Geburtstag ist der Tag, an dem sie zu uns gekommen ist und somit ein Tag zum Feiern. In einem Monat ist es wieder soweit und wir wurden schon gefragt, ob wir ihn wieder feiern. Und das werden wir tun. Alle, die letztes Jahr dabei waren, werden auch dieses Mal kommen und wir freuen uns sehr darauf. Diesmal völlig ohne Angst.

In bald fünf Monaten bekommen wir unser zweites Kind und eines wissen wir ganz sicher. Wir werden ihr von ihrer großen Schwester erzählen. Finja soll auch ein Teil ihres Lebens werden. Natürlich im richtigen Maß, aber ich bin mir sicher, wir werden auch dann den richtigen Weg finden.«

Redeverbote innerhalb der Familie

Es gibt Familien, in denen der Vater, die Mutter oder der mächtige Großvater verboten hat, über den Verstorbenen zu sprechen. Der Name darf nicht genannt werden, es gibt nirgendwo ein Foto, und alle Besitztümer und Erinnerungsstücke sind weggeworfen worden. Für Kinder, deren Elternteil oder Geschwisterkind sich vor 20 oder mehr Jahren das Leben genommen hat, war das Lebensalltag. Ihr Vater, ihre Mutter, die Schwester oder der Bruder waren *wie ausgelöscht*, und es wurde ihnen noch suggeriert, das sei zu ihrem Besten. Diese Menschen komplett zu vergessen sei der einfachste Weg, um ihren Tod zu verkraften. *Ohne eine Wirklichkeit des Lebens gibt es keine Wirklichkeit des Todes.* Wer angeblich nicht existiert hat, ist auch nicht gestorben und hat keine Lücke hinterlassen.

Solche *extremen Redeverbote* gibt es heute nur noch selten. Aber immer noch üben tonangebende Familienmitglieder Macht aus und verlangen von den andern, ihr eigenes Schweigen über den Verstorbenen und seinen Tod zu teilen. Das kann durch extremes Leiden geschehen: »Ich kann es nicht aushalten!«, und durch Drohungen: »Ich komme nicht zu diesem Weihnachtsfest, wenn das nicht ein ganz normaler Abend wird!«. Durch beharrliches Schweigen, wenn der Name des Verstorbenen genannt wird oder durch eine pseudosachliche Abwertung der Erinnerungen als albern, unpassend oder krank. In den ersten Monaten nach einem Tod wird das stillschweigend toleriert, und irgendwann ist es der übliche Umgang geworden, aus dem die Familie nicht mehr herausfindet. Ein Familiengeheimnis ist entstanden. *So eine Stimmung kann dazu führen, dass sich die, die erinnern können und sprechen wollen, falsch und sogar »verrückt« fühlen.* Denn sie reagieren auf eine Wirklichkeit, die abgeleugnet wird.

Trittsteine

- Falls Sie das in Ihrer Familie erlebt haben oder erleben, *suchen Sie sich Verbündete*, die Ihre Wahrnehmung teilen. Suchen Sie die innerhalb der Familie oder im Freundeskreis oder in einer Gruppe von Betroffenen. Auch eine Trauerbegleiterin oder Psychotherapeutin, die Sie anerkennt und unterstützt, ist dafür sehr hilfreich.
- Falls Sie das in Ihrer Familie erleben und selbst einigen Einfluss in dieser Familie haben, überlegen Sie, ob Sie *Ihren Einfluss geltend machen* können. Können Sie dafür sorgen, dass Sie selbst und andere, z. B. Ihre Kinder, mehr und unbefangener vom Verstorbenen sprechen

können? Trauen Sie sich etwas zu. Suchen Sie Verbündete für ihre Vorhaben, ermutigende Freunde oder einen Trauerbegleiter/Psychotherapeuten.

- Wenn Sie die Großeltern oder eine Freundin der Familie sind, und die Eltern dieser Familie verbieten den offenen Umgang mit der Todesursache oder dem Sterben überhaupt – versuchen Sie, *diplomatisch zu bleiben*. Es bringt die Kinder in große Loyalitätskonflikte, wenn andere wichtige Bezugspersonen offen gegen ihre Eltern agieren. Versuchen Sie lieber, die Eltern zu stärken, statt sie unter Druck zu setzen (Überleben hat Vorrang!). Versuchen Sie es behutsam mit Überzeugung und Hilfsangeboten, mit Formulierungsvorschlägen und Literaturtipps. Darüber hinaus halten Sie sich bereit, falls die größer werdenden Kinder sich mit offenen Fragen an Sie wenden. Füllen Sie dann die Informationslücken so sachlich, wie es geht. Bitte schimpfen Sie nicht auf die Eltern, *Loyalitätskonflikte sind für trauernde Kinder und Jugendliche eine zusätzliche Belastung!*

Trauerfacette Gefühle

Gefühle verändern sich

Die Trauerfacette »Gefühle« wird in den weiteren Trauerjahren zunehmend als *lästig* empfunden. Wie Wellen kommen sie immer noch – Traurigkeit, Sehnsucht, Angst, vielleicht Wut und all die anderen Gefühlszustände. *Starke Gefühle* passen immer noch nicht in den Rhythmus des Arbeitsalltags, *Konzentrationsstörungen* und schnelle Ermüdbarkeit stören in der Schule, an der Uni und am Arbeitsplatz. Ihre Mitmenschen verstehen immer weniger, warum Sie in einer scheinbar unbedeutenden Situation in Tränen ausbrechen oder sich verletzt zurückziehen. Sie verstehen es vielleicht selbst nicht so ganz und hätten es gern »weg«, das Trauern. Es bleibt aber Ihr Weg, Ihr Trauermarathon, der in kreisenden Bewegungen die verschiedenen Facetten immer wieder neu betritt und wieder verlässt. Wenn Sie sich immer wieder von Ihren Gefühlen überwältigt fühlen, lesen Sie bitte noch einmal die Trittsteine zur Gefühlsregulierung ab S. 116.

Vielleicht sind Sie auch *dankbar für Gefühle*, wenn sie auftauchen, denn in einem zunehmend neu geordneten Leben sind die starken Emotionen eines der Zeichen, dass dieser Menschen wirklich gelebt hat. *Starke Gefühle schaffen innere Verbundenheit*, und sie zeigen der Welt, dass eben nicht »alles wieder gut ist«, sondern immer noch jemand fehlt. Vielleicht *vermissen* Sie die starken Emotionen sogar, weil Sie sich selbst intensiv darin gespürt haben.

Im Lauf der Jahre werden die Intervalle zwischen den Gefühlsaufwallungen des Trauerweges länger, es entstehen mehr »normale« Zeiträume, in denen Alltag, Karriere, Ausruhen, Freude, sogar Langeweile und alltägliche Unzufriedenheiten im Vordergrund stehen. Auf der Facette »Gefühle des Trauerweges« nehmen im Lauf der Jahre manche *positiven Gefühle* mehr Raum ein, die zu Beginn kaum wahrnehmbar waren.

- *Dankbarkeit* für die gemeinsame Zeit.
- Ein Lächeln oder sogar *Lachen* bei der Erinnerung an Verrücktheiten des Verstorbenen.
- *Liebe*, die einfach nicht aufhört.
- Berührtsein und *Verbundenheit* über den Tod hinaus.
- *Stolz*, von diesem Menschen geliebt worden zu sein.
- Zusätzliche *Kraft* (»Stark wie zwei« nennt Udo Lindenberg das in einem Lied über den Tod seines Bruders).
- Das Gefühl, *behütet und beschützt* zu sein.
- *Stolz* auf sich selbst, den Lebensweg und den Trauerweg weitergehen zu können.

Der *starke Schmerz*, der zu Beginn vielleicht jeden Atemzug begleitet hat, wird etwas schwächer, vielleicht gewöhnt man sich an ihn und es gelingt, ihn zu einem Grundton der eigenen Lebensmelodie zu formen. Immer da, aber selten im Vordergrund. Manchmal bricht er auf, an Jahrestagen oder zu anderen Zeiten, wenn der Verstorbene besonders spürbar fehlt.

Hier nenne ich noch einige Gefühlszustände, die in den weiteren Trauerjahren schwer und belastend sein können. *Zu allen anderen Gefühlen blättern Sie bitte zurück in das Kapitel Trauerfacette Gefühle ab* S. 115, alle Anregungen, die ich dort beschrieben habe, gelten auch in den weiteren Trauerjahren!

Verlust von Vertrauen in sich selbst

Auf dem Trauerweg erlebt man sich immer wieder auch als schwach, als unkonzentriert und ratlos. Viele Lebensträume können mit dem Tod des nahen Menschen zerbrochen sein, und man »weiß nicht weiter«. Alte Glaubenssätze haben ihre Gültigkeit verloren und geben keine Orientierung mehr. Freunde und Verwandte haben sich nicht alle bewährt in dieser Lebenskrise, und die gewohnte Ordnung innerhalb der Familie und des Freundeskreises funktioniert nicht mehr. *Verwirrung, Unsicherheit und Müdigkeit* stellen sich ein. Als erwachsener, gestandener Mensch steht man vor vielem wie ein blutiger Anfänger und muss mit manchem von vorn anfangen.

Die Verunsicherung auf vielen Ebenen kann dazu führen, dass man das Vertrauen in sich selbst verliert. Man weiß nicht mehr, was richtig und was falsch ist und man weiß auch nicht mehr, wie man *sich selbst einschätzt.* Als Versagerin? Als Held? Als jemand, der sowieso immer die falschen Entscheidungen getroffen hat? Oder jemand, dem das Schicksal übel mitgespielt hat? Die Facetten »Einordnung« und »Gefühle« begegnen sich hier.

Am schwersten ist es für Menschen, die rückblickend *unzufrieden mit ihrer Beziehung* zum Verstorbenen sind. Und für Menschen, die sich vorwerfen, bei größerer Aufmerksamkeit hätten sie seinen Tod voraussehen und verhindern können. Sie verbinden sich über diese Unzufriedenheit und diese Vorwürfe mit dem Verstorbenen. Das führt dazu, dass sie sich selbst ausschließlich mit möglichen Fehlern wahrnehmen. Jedes Mal, wenn sie an den Verstorbenen denken wollen, ziehen sie Erinnerungen an eigenes Versagen hervor. Die Folge ist ein ständig *schlechter werdendes Selbstwertgefühl.*

Trittsteine

- Beschäftigen Sie sich noch einmal intensiv mit Ihren *Erinnerungen* und nutzen Sie die Anregungen aus den Kapiteln »Verbundenbleiben« S. 162, vor allem den Abschnitt »Verbunden bleiben durch Bleibendes«.
- Setzen Sie sich mit Ihren *Schuldzuweisungen* auseinander mit den Abschnitten ab S. 170.
- Orientieren Sie sich an Menschen, die Ihnen mit *Respekt* begegnen, meiden Sie Menschen, die Ihre Selbstzweifel noch verstärken!
- Überlegen Sie, ob eine *Psychotherapie* hilfreich sein könnte.

Sorge und Angst

In den weiteren Trauerjahren kann die *Angst vor neuen Schicksalsschlägen* übermächtig werden. Die Facetten Gefühle und Einordnung sind hier beide aktiv. Manche Trauernden gehen nie wieder eine nahe Bindung ein, weil sie überzeugt sind: »Wenn noch mal jemand stirbt, den ich so sehr liebe, das halte ich nicht aus.« Manche *kontrollieren* ihre Angehörigen ständig, vor allem die Kinder und Enkel, um permanent über ihre Schritte informiert zu sein, anders können sie nicht mit ihrer Sorge umgehen.

Kinder und Enkel, die den Verstorbenen ähnlichsehen, werden innerlich zu *»Wiedergängern«* gemacht, die ähnliche Erkrankungen oder schädigende Verhaltensweisen entwickeln werden – so ist die Befürchtung.

Der Blick auf die Menschen selbst wird durch diese Ängste verstellt, es gelingt nicht mehr, die Lebenden so zu sehen, wie sie sind. Der Schmerz über den vergangenen Verlust legt sich wie ein *Filter* über alles, was man mit den Lebenden erlebt und zeigt die Ähnlichkeiten mit der/dem Verstorbenen besonders stark, während die Eigenheiten des Lebenden in den Hintergrund treten.

Trittsteine

- Versuchen Sie, den *verschleiernden Filter* von Ihren Augen zu nehmen und die Lebenden als die zu sehen, die sie sind!
- Machen Sie es sich zur Aufgabe, die Lebenden in ihrer Eigenheit und Besonderheit *wahrzunehmen*, suchen Sie alles, was bei den Lebenden anders ist als beim Verstorbenen.
- Lernen Sie, den Lebenden zu *vertrauen*.
- Erinnern Sie sich daran, wie Sie es geschafft haben, den Verlust zu überleben, erinnern Sie sich an all die Facetten, die Sie betreten haben. Sie sind einen langen schweren Weg gegangen, *verankern Sie sich in Ihrer Lebenskraft und Ihrer Liebe*.

Trauerfacette Sich anpassen

Die helfenden Hände und die klugen Worte der Verstorbenen fehlen für immer. Die Mutter, der Onkel, die Freundin, die mit Freuden auf die Enkelkinder aufgepasst hätte. Der Vater, die Schwester, der Partner mit dem handwerklichen Geschick. Die lebenskluge Großmutter, der belesene Freund, die krisenerprobte Partnerin, sie fehlen mit ihrem Rat und ihrer Stabilität. Es fehlt der Mensch, der einen richtig gut und schon sehr lange kannte, der wusste, was zu tun und zu sagen war. Die *Lücken*, die jemand hinterlassen hat, werden im Lauf der Trauerjahre spürbarer. Gleichzeitig wächst das *Repertoire der Möglichkeiten, mit diesen Lücken umzugehen.*

Man lernt es selbst zu tun, was vorher die Verstorbene erledigt hat. Das können viele verschiedene kleine und große Dinge sein, etwa Kochen, Geldgeschäfte erledigen, Urlaube buchen, lange Autostrecken fahren oder die Ostereier für die Kinder verstecken. Man lernt auch, die Dinge, die vorher der Verstorbene erledigt hat, an »Profis« abzugeben. Das können z. B. Steuerberater sein, ein Reisebüro, eine Putzfrau, ein Handwerker. Es kann sogar befreiend sein, dass die neue Steuerberaterin viel schneller und freundlicher arbeitet als der alte, über den Sie sich sowieso nur geärgert haben. Es kann wunderbar sein, das Weihnachtsfest im Elternhaus, das man als sehr anstrengend empfunden hat, durch eine gemeinsame Reise mit Familie und Freunden zum Ski-Fahren oder ans Meer zu ersetzen.

Neue Schwerpunkte

Der Tod eines vertrauten Menschen kann das eigene *Lebenskonzept* in Frage stellen. Im Lauf der Trauerjahre wird alles überprüft – der Beruf, die Partnerschaft und Familienkonstellation, der Wohnort, die Aufteilung der eigenen Zeit zwischen

Job und Familie und dem, was man nur für sich selbst tut. Die Trauer-Facette »Einordnen« und die Trauer-Facette »Anpassen« arbeiten hier Hand in Hand.

Manches geht nicht mehr so wie zuvor. Manche Trauernde reduzieren ihre Arbeitszeit langfristig. Manche wechseln den *Beruf* oder beginnen eine *neue Ausbildung*.

Werte verändern sich – was einem früher ungeheuer wichtig war, wird bedeutungslos. Einer meiner Kursteilnehmer erzählte mir, dass seine Familie nach dem Tod einer Tochter genau überlegt habe, was jetzt wichtig sei. Beide Elternteile wollten mehr Zeit für sich, die Familie und den Trauerprozess haben. Auch die Kinder waren damit einverstanden, weniger Taschengeld zu bekommen und eine Weile keine weiten Urlaubsfahrten mehr zu haben. Auf Zeit mit ihren Eltern und miteinander wollten sie auf keinen Fall verzichten! So reduzierten beide Eltern ihre Arbeitszeit, verkauften ein Auto und sparten an allen Stellen, wo sie sparen konnten. »Zeit ist das wichtigste und der größte Luxus«, darin waren sich alle einig.

Manche Menschen entdecken *alte Träume*, die sie in ihrem alten Leben nicht verwirklicht hatten. Andere entwickeln neue Träume, die mutiger und ungewöhnlicher sind als das, was sie vorher gewagt hatten. Manche Menschen entdecken widerstrebend, dass es auch *Freiraum* bedeutet, wenn sie nach dem Tod des Partners oder des einzigen Kindes allein leben. In die Traumstadt ziehen, Auswandern oder weit weg in der Entwicklungshilfe arbeiten, das sind plötzlich Lebensmöglichkeiten, mit denen niemand verletzt und alleingelassen wird.

Geschichte

Eine Klientin erzählte mir, wie sehr sie ihren verstorbenen Mann vermisste und wie sie ihre Tage kaum zu füllen wusste. »Immer nur auf dem Sofa sitzen und aus dem Fenster sehen

– das ist doch nichts!« Sie hatte ihren Beruf immer gern und mit viel Leidenschaft ausgeübt und verschiedene Ehrenämter ausgefüllt. Nach ihrer Pensionierung hatte sie sich intensiv um ihren erkrankten Mann und eine pflegebedürftige Tante gekümmert. Nun war ihr Mann verstorben und ihre Tante in einem Pflegeheim. »Ich will mich um keinen mehr kümmern, ich mach kein Ehrenamt mehr! Meine Tante, die besuche ich, und der jungen Mann, den meine Schwägerin mir geschickt hat, mit dem mache ich Deutschunterricht, das reicht!« sagte sie. Es stellte sich heraus, dass sie die Zeit, die sie auf dem Sofa verbrachte, eigentlich genoss. Es war ihr nur sehr fremd, einfach genüsslich herumzusitzen, sich Tagträumen hinzugeben und nichts zu tun. Daneben entwickelte sie große Reisepläne: »Über Weinachten fahre ich in die Antarktis. Da wollte ich schon immer hin! Mein Vater hat schon gesagt – das sind doch Hirngespinste. Mein Mann wollte das auch nie, das war ihm zu kalt und zu abenteuerlich. Jetzt habe ich die Reise gebucht, es kann mir ja niemand mehr widersprechen.«

Beziehungen verändern sich

Manche Beziehungen verändern sich. Es wurde lange behauptet, dass Eltern sich nach dem Tod eines Kindes viel häufiger trennen als andere, das war aber nur ein Gerücht. Es scheint eher so zu sein, dass alle Streitpunkte und Differenzen, die ohnehin in einer Beziehung da waren, durch den Tod eines Kindes verstärkt werden. Die alten Möglichkeiten, die »Dinge unter der Decke zu halten« funktionieren auf dem Trauerweg nicht mehr. Man muss sich stellen. Und kommt sich dabei meistens näher. Viele Paare erleben, dass die alten Differenzen nicht mehr so viel Bedeutung haben, die Werte verschieben sich, wer welches Hobby ausübt oder den Müll runterbringt ist für viele nicht mehr wichtig. Wenn diese Punkte aber symbolisch für mangelnde Rücksicht oder Sehnsucht nach mehr Aufmerksamkeit stehen, dann werden diese zugrundeliegenden Probleme deutlich.

Trittsteine

Nähe, Austausch, Gemeinsamkeit und Vertrauen sind die großen Unterstützer im Trauerprozess. Paare, Geschwister, Familien und Freundeskreise sollten sich darum bemühen,

- sich miteinander auszutauschen.
- Gemeinsamkeit auf dem Trauerweg zu erleben.
- vertrauensvoll auch die sehr unterschiedlichen Wege zuzulassen.
- die Hilfe, die jede/r Einzelne bei anderen »stabilen Personen«, Mitmenschen und Unterstützern findet, neidlos und ohne Angst zuzulassen.

Und wenn es nicht funktioniert? Wenn das Gespräch nicht in Gang kommt und keine Gemeinsamkeiten zu finden sind? Der Begriff »Sekundärverluste« oder *»Folgeverluste«* beschreibt die Verluste, die nach einem Tod noch auftreten – ausgelöst durch den Tod und die darauffolgende Trauer. Die *Entfremdung* in einer lebenslangen Freundschaft oder innerhalb der Familie und Partnerschaft können solche Sekundärverluste sein. Sie sind besonders schmerzhaft, weil man auf dem Trauerweg Mitgefühl und Unterstützung braucht und nicht noch mehr Kummer und Alleinsein.

Trittsteine für unbefriedigende Beziehungen

- In Familienbeziehungen und sehr alten Freundschaften möchte ich Ihnen *Geduld* vorschlagen. Alle Beteiligten laufen mit ihren jeweiligen Mitteln den eigenen Trauermarathon, der einen anderen Streckenverlauf hat als Ihrer. Wer seinen eigenen Trauermarathon läuft, kann keine »stabile Person« für Sie sein. Oft nicht mal Unterstützer. Suchen Sie sich die Stabilität und die Unterstützungsleistungen, die Sie benötigen, bei anderen Menschen und vertrauen Sie darauf, dass sich im Lauf der Jahre wieder mehr Gemeinsamkeiten finden lassen.

- Wenn es sich um andere Freunde und Bekannte handelt, würde ich *von Fall zu Fall entscheiden*. Wollen Sie Verständnis aufbringen für die Hilfslosigkeit, Überforderung und Angst dieses Menschen? Gibt er Ihnen irgendetwas anderes, was Ihr Leben bereichert jenseits von Verständnis und Unterstützung für Ihren Trauerweg? Dann *suchen Sie einen Weg*, mit diesem Menschen in Kontakt zu bleiben und genau das mit ihm zu teilen, was möglich ist. Nur wenn ein Mensch auf keinem Gebiet etwas Bereicherndes für Ihr Leben bereithält, ist es vielleicht Zeit, getrennte Wege zu gehen.
- Erinnern Sie sich daran, dass Familienbeziehungen und Freundschaften sich auch ohne einschneidende Verluste verändern. Nicht jede *Veränderung*, die Sie jetzt erleben, ist nur auf Ihren Trauerweg zurückzuführen. Manche Beziehungen waren schon vorher dabei, auseinanderzugehen.

Neu verlieben

Für Verwitwete ist es eine große Frage, ob sie sich wieder auf eine *neue Partnerschaft* einlassen wollen oder können. Je jünger sie sind, desto selbstverständlicher wird von ihnen erwartet, sich innerhalb der ersten Jahre wieder zu binden und damit ihre Trauer zu beenden. Sich neu verlieben bedeutet aber nicht, das Trauern zu beenden. Eine neue Liebe kann eine *Kraftquelle* sein, eine Ermutigung und Belebung. Neue Anziehungen bedeuten auch nicht immer gleich eine neue »große Liebe«. Das ist vor dem Tod des bisherigen Partners genauso wie nach seinem Tod. Manche Verliebtheiten sind genau wie früher kurze *Schwärmereien*. Manche Verliebtheiten sind ein *Anker* in schwerer Zeit, ein Grund weiterzuleben. Es hebt den Selbstwert, geliebt und begehrt zu werden. Trost und Nähe sind in einer sexuellen Beziehung konkret zu fühlen. Man ist nicht so allein, wenn jemand Neues da ist.

Ein neuer Platz für die alte Liebe

Sich neu verlieben ist nicht so, als würde man vom Trauerweg einfach auf den neuen Partnerschaftsweg abbiegen. *Die Trauer geht mit in die Verliebtheit* und macht sie komplizierter. Man öffnet sich für einen neuen Menschen und lernt, ihn immer näher an sich heran zu lassen und gleichzeitig ringt man mit den Erinnerungen, Gefühlen und Einordnungen, die den verstorbenen Partner betreffen. Man versucht, mit der/dem Verstorbenen innerlich verbunden zu bleiben und sich gleichzeitig neu zu binden. Wie kann das gehen?

Die Liebe zum Verstorbenen hört nicht einfach auf. Auch wenn man sie unter Wut vergraben hat, bleibt von jedem, den wir mal geliebt haben, eine Spur der Zärtlichkeit in unserem Herzen. Es hilft der neuen Liebe, wenn die alte Liebe sein darf und gut verortet ist. Die Formulierung »den Verstorbenen einen *neuen Platz zuweisen*« passt auf die Situation von Verwitweten besonders gut. Angesichts einer neuen Liebe braucht es eine neue Definition und einen neuen Platz für die Person, die man bis dahin als »einzige Liebe meines Lebens« angesehen hat. Es kann helfen, sich an eine Jugendliebe zu erinnern, die damals auch wie »die einzige, die große, die ewige« erschien. Diese Jugendliebe bleibt etwas Besonderes, wird es immer bleiben, auch wenn eine oder mehrere Lieben danach kamen. So kann auch der Mensch, um den Sie trauern, immer »ein besonderer, einziger« bleiben. Und die Liebe zu ihm/ihr kann auch ewig in Ihnen sein und Sie wärmen. Wie das Lächeln, das der Gedanke an Ihre Jugendliebe vielleicht auf Ihr Gesicht zaubert. Der neue Mensch in Ihrem

Leben könnte Ihre *zweite (oder dritte) große Liebe* werden. Oder eine kleine Liebe.

Wahrscheinlich werden Sie sich in Zukunft immer wieder zu Menschen hingezogen fühlen, die *ebenfalls einen Verlust oder einen anderen Schicksalsschlag erlebt haben.* Das ist normal. Diese Menschen werden mehr Verständnis für Sie haben als andere, die noch keine Krise durchlebt haben. Achten Sie darauf, wie diese Menschen mit ihrem Schicksalsschlag umgehen. Kommen Sie Ihnen warmherzig, lebensklug und humorvoll auch in einer Krise vor? Dann ist das eine gute Basis für eine Beziehung. Wenn Ihnen Ihre neue Bekanntschaft verbittert und im Übermaß bedürftig erscheint, dann braucht dieser Mensch Unterstützung, aber nicht unbedingt eine neue Partnerschaft.

Die Eifersucht der »Neuen« auf die Verstorbenen

Es braucht ein gesundes Selbstvertrauen, um jemanden zu lieben, der trauert. Sonst entsteht schnell Eifersucht, und die neue Person fühlt sich wie »das dritte Rad am Wagen« der alten Beziehung. Haben Sie bitte auch Verständnis für Ihre neue Liebe! Stellen Sie sich vor, Sie würden ständig verglichen mit jemanden, den Sie nicht mal gekannt haben. Und wie wäre es für Sie, wenn Ihre neue Liebe mitten in einem romantischen Essen in Tränen ausbricht, weil etwas sie an den Verstorbenen erinnert?

Trittsteine für das Leben mit neuen Lieben

- Sie beide arbeiten an einem *schwierigen Gleichgewicht.* Am besten wird das erreicht, wenn Sie dieses Gleichgewicht als gemeinsame Aufgabe in Ihrer Beziehung wahrnehmen – und nicht als etwas, das Sie allein hinbekommen müssen.

- Das Gleichgewicht, nach dem Sie suchen, balanciert Ihre Liebe zum Verstorbenen und die Liebe, die in der Gegenwart wächst. Beide nehmen und beide geben Ihnen *Kraft*. Wenn Sie mit der Liebe zum Verstorbenen im Reinen sind, öffnet das Ihr Herz für eine neue Beziehung. Gleichzeitig gibt Ihnen die neue Liebe Kraft, die Trauerfacetten zu betreten, vor denen Sie bisher zurückgeschreckt sind.
- In Ihrem gemeinsamen Balance-Suchen braucht es auch *trauerfreie Räume*, Ihre neue Liebe ist nicht als Trauerbegleiterin bei Ihnen angestellt! (Wenn Sie fachliche Unterstützung für Ihren Trauerweg brauchen, ist das ein guter Moment, eine Trauerbegleitung oder Psychotherapie zu beginnen, damit Ihre neue Beziehung auch eine Liebesbeziehung bleiben kann).
- Falls der Umgang mit Erinnerungen ein ständiger Streitpunkt zwischen Ihnen und Ihrer neuen Liebe ist, dann kann das auch ein *Stellvertreter für andere Streitigkeiten* sein, die nicht offen geführt werden. Sehen Sie mit offenen Augen auf das, was Ihnen in der neuen Beziehung gefällt und was Sie belastet.

Wieder schwanger werden

Für Eltern ist es eine große Frage, ob sie nach dem Tod eines Kindes noch einmal ein Kind bekommen möchten. Die innere Verbundenheit mit dem verstorbenen Kind und der Wunsch nach einer größeren Familie können zusammenarbeiten oder sich gegenseitig behindern. Fest steht – *ein neues Kind kann das verstorbene nicht ersetzen.* Manchmal wird ein Name weitergegeben von dem Kind, das gestorben ist, zu dem, das neu geboren wird. Damit steht dieses neue Baby immer im Schatten des verstorbenen Kindes vor ihm. Es ist nicht es selbst, sondern der zweite Versuch und das Pflaster, das auf die Wunde geklebt wird, die der Tod des ersten Kindes mit diesem Namen hinterlassen hat. Das sollte man keinem Kind antun. Und auch sich selbst nicht, denn wo ist dann der innere Raum, in dem das verstorbene Kind erinnert und geliebt werden kann?

Ein weiteres Kind ist ein anderes Kind mit einem eigenen Schicksal. Zu diesem Schicksal wird es gehören, dass vor ihm ein Kind gestorben ist und dass die Eltern während der Schwangerschaft mehr Ängste gehabt haben als sonst. Die Befürchtungen seiner Eltern, noch einmal ein Kind zu verlieren, gehören zum Leben des neuen Menschenkindes.

Das verstorbene Kind kann im Herzen der Eltern bleiben und sogar einen Platz im Herzen des nachgeborenen Geschwisterkindes bekommen, ohne dass dem neuen Kind dadurch etwas weggenommen wird. Im Gegenteil. Ohne ein Familiengeheimnis um eine vorangegangene Fehlgeburt, einen plötzlichen Kindstod oder Unfalltod werden alle in der Familie freier miteinander umgehen können.

Es kann wunderbar sein, noch ein Baby zu bekommen. Es ist aber nicht die einzige Antwort auf die Trauer um ein Kind. Das verstorbene Kind braucht »einen neuen Platz« im Leben und Herzen der Familie und dort wird es immer wieder Gefühle der Traurigkeit und Sehnsucht auslösen. Aber auch Gefühle der Dankbarkeit und Liebe für die Zeit, in der dieses Kind da war.

Trauerfacette Verbunden bleiben

Im Kapitel über das erste Jahr habe ich viele verschiedene Wege des Verbunden-bleibens geschildert. Die gelten alle auch in den weiteren Trauerjahren. Für manche beginnt die bewusste Suche nach verschiedenen Wegen erst im zweiten, dritten oder vierten Jahr, weil der Schmerz und das Überleben vorher alles andere überdecken. Blättern Sie bitte noch einmal zurück zu den S. 140ff. und lassen Sie sich anregen. In diesem Kapitel gehe ich auf einige weitere Punkte ein.

Mit dem Verstorbenen weiterleben

Auf dem langen Trauermarathon tritt hoffentlich nach und nach das Gefühl zurück, die Lücke, die der verstorbene Mensch hinterlassen hat, sei übermäßig groß und der Verlust nicht auszuhalten. Es bleibt ein Bewusstsein davon, was alles fehlt, aber gleichzeitig kann ein Bewusstsein von Reichtum angesichts der Vergangenheit wachsen. Man fühlt sich beschenkt und bereichert durch das, was man mit dem Verstorbenen zusammen leben und erleben konnte. Die Verbundenheit muss nicht mehr nur durch Tränen und Schmerz ausgedrückt werden. Das innere Band wird lockerer während es am Anfang fest gehalten werden musste oder wie eine Abschlepp-Stange für gleichbleibenden Abstand sorgte. Nun schwingt es wie eine Drachenschnur im Wind, und *der Verstorbene ist wie dieser Drache in zuverlässiger aber nicht greifbarer Ferne immer dabei.*

Präsenzerlebnisse und Zeichen sind wie das kurze Einholen der Drachenschnur, köstliche oder auch verwirrende Momente einer Nähe, die rational nicht erklärlich ist. Wer den Drachen bei sich behält, kann ihn zerdrücken, die *Kostbarkeit der leichten Berührungen* wird damit zerstört. Wenn Ihre Sehnsucht nicht einverstanden ist mit leichten Berührungen, dann blättern Sie bitte zurück, vor allem das Kapitel »Verbunden bleiben durch Bleibendes« S. 162 kann Ihnen wichtige Anregungen geben.

Zeichen werden seltener, aber sie kommen zuverlässig immer wieder: Vögel, Schmetterlinge, Licht. Bücher, Texte, Menschen, die Ihnen »der Himmel schickt«, wie es im Deutschen heißt. Neue Zeichen senden neue Botschaften.

Ihre *Symbole der Verbundenheit* können sich ändern. Die

Gedenkecke wird im Lauf der Jahre mehrfach verändert, die Fotos werden größer oder kleiner, andere Bilder werden ausgesucht. Vielleicht ist es irgendwann nur noch ein Bild neben den vielen anderen Bildern von Familienangehörigen und Freunden? Vielleicht entwickeln Sie ein kleines *Ritual*. Z. B. dass Sie in jeder fremden Stadt in die Kirche gehen und eine Kerze für den Verstorbenen anzünden und eine zweite für alle Menschen, die gerade in Not sind. Vielleicht beginnen Sie aus jedem Urlaub etwas ans Grab mitzunehmen, einen Stein, einen Blumensamen?

Mit sich selbst weiterleben

Im Lauf der Trauerjahre wird es immer wichtiger, sich auch an die Verbundenheit mit sich selbst zu erinnern. Es nützt nichts, sich immer tiefer in die Nähe mit dem Verstorbenen zu begeben, wenn man selbst nicht mehr existiert. SIE erinnern sich an den Verstorbenen, SIE können etwas im Namen des Verstorbenen tun. Auch wenn der Verstorbene nicht mehr lebendig da ist, so können doch die Spuren, die er in und an Ihnen hinterlassen hat, Zeugnis abgeben von seiner Existenz und Wichtigkeit. Es wird im Lauf der Zeit ein Lebens-Trauer-Lebensweg.

Idealisierung

Manchmal entsteht Verbundenheit durch eine Überhöhung und Idealisierung der Verstorbenen, und diese Verbundenheit gibt niemandem in der Gegenwart eine Chance. So gut, so klug, so liebenswert und begabt wie der/die Verstorbene kann man dann niemals werden. Weder als überlebendes bzw. später geborenes Geschwisterkind noch als neuer Partner. Idealisierungen ersparen den Trauernden Erinnerungen an die Teile einer Beziehung, die wehtun könnten. Man ist müde vom Schmerz und möchte sich auf der Trauerfacette Verbundenheit ausruhen in schönen Gefühlen. Es sollen hier keine neuen Konflikte oder unangenehmen Gefühle provoziert werden. Dafür nimmt man in Kauf, dass die Lebenden sich immerzu vergeblich bemühen, einem nahe zu kommen.

Trittsteine für diesen Stolperstein

- Probieren Sie es mit dem *»ganzheitlichen Erinnern«*, lassen Sie den Verstorbenen einen »normalen Menschen« sein, mit *Ecken und Kanten,* gestehen Sie das sich selbst und auch dem Verstorbenen zu.
- Lassen Sie die Lebenden »normale Menschen« sein, deren *Schwächen und Fehler* sie kein bisschen weniger liebenswert machen.
- Vielleicht können Sie den Anspruch auf *Perfektion* auch sich selbst gegenüber ein wenig lockern. Falls Sie es bisher eventuell übertrieben haben mit dem Idealisieren, wäre auch das eine »normale menschliche Schwäche« und keine totale Katastrophe.

Geschichte

Die Leiterin einer Gruppe »Verwaiste Eltern« erzählte mir, dass sie einmal einen Gruppenabend zum Thema »die Schattenseiten unserer verstorbenen Kinder« anbieten wollte. Die TeilnehmerInnen der Gruppe reagierten reserviert bis entrüstet. Es schien ihnen unangemessen, das Andenken ihrer Kinder »künstlich zu beschädigen«. Es habe keine Schattenseiten gegeben. Die Gruppenleiterin, selbst eine trauernde Mutter, fühlte sich sehr alleingelassen mit ihren eigenen durchaus vorhandenen Erinnerungen an Schweres und Schwieriges mit ihrem verstorbenen Sohn. Ein halbes Jahr später regte sie bei einem

Gruppentreffen eine Runde an zum Thema »die verrücktesten Sachen, die unsere Kinder je gemacht haben«. Unter dieser Überschrift war es möglich, viele kleine und auch größere Macken, Fehler, und schwierige Eigenschaften zu benennen. Am Ende der Runde wies sie darauf hin, dass es heute Abend möglich gewesen war, anders über die verstorbenen Kinder zu sprechen, alle bestätigten das verwundert. In den folgenden Abenden gelang es immer wieder, auch Belastendes aus den Beziehungen zu thematisieren, ohne dass die Eltern das als Verrat an ihren Kindern empfanden.

Vermächtnis

Es gibt Vermächtnisse, die in einem *Testament* niedergeschrieben sind. Es gibt auch *Aufträge*, die der Sterbende noch ausspricht. So hatte der Sohn eines Klienten in seinem Abschiedsbrief darum gebeten, seine Asche in einem Segelcamp zu verstreuen, das er aus Kindertagen kannte. Der Vater erfüllte ihm diesen Wunsch in seinem nächsten Urlaub. Mit einem Teil der Asche fuhr er ans Meer, verbrachte dort mehrere Tage im Gedenken an seinen toten Sohn und verstreute schließlich die Asche im Rahmen eines Rituals, das wir zuvor besprochen hatten. Das fiel ihm sehr schwer, aber er wollte den letzten Wunsch seines Sohnes erfüllen.

Ein Vermächtnis kann aber auch etwas selbst Gesuchtes sein, eine eigene Entscheidung, etwas im Namen des Verstorbenen zu tun, die Facetten »Verbunden bleiben«, »Anpassen« und »Einordnen« berühren sich in diesen Vorschlägen:

- Das kann eine *Stiftung* mit dem Namen des Verstorbenen sein, aber kaum jemand hat genug Geld dafür, zum Glück geht es auch im kleinen Rahmen.
- In einem kleinen Theater in meiner Nachbarschaft kann man gegen eine bestimmte Geldsumme einen *Theatersessel* in den vorderen Reihen mit dem Namen eines

Lebenden oder eines Verstorbenen beschriften lassen. Dasselbe bietet unser Botanischer Garten mit *Sitzbänken* im Park an.

- Man kann seine Abschlussarbeit oder seine erste Kurzgeschichte dem Verstorbenen *widmen*.
- Man kann *ein ehrenamtliches Engagement* aufnehmen im Gedenken an den Verstorbenen. Viele Hinterbliebene engagieren sich nach einigen Jahren in der Hospizbewegung oder werden Trauerbegleiter. Meine Kollegin Mechthild Schroeter-Rupieper, die ein Zentrum für Familientrauerbegleitung leitet, erzählte mir von einer ganz besonderen Fortbildungsgruppe, die jetzt bei ihr startet. Darin sind ausschließlich junge Männer und Frauen, die selbst als trauernde Jugendliche in ihrem Zentrum Unterstützung gefunden haben und ihre guten Erfahrungen nun an andere Jugendliche weitergeben möchten.

Geschichte

Auf einer Tagung nahm ich an einem Workshop über Musik und Trauer teil. Das Seminar wurde von einem US-amerikanischen Ehepaar geleitet, sie stellten sich kurz vor und wiesen dann auf das Foto eines jungen Mannes, das sie an eine Wand des Workshop-Raums geklebt hatten. Das Foto zeigte ihren verstorbenen Sohn, dem sie diesen Workshop widmeten. Später erzählten sie, dies sei bereits ihr 32. Workshop, und sie wären damit schon durch die ganze Welt gereist. Sein Tod hätte dazu geführt, dass sie diesen besonderen Ansatz der Verbindung von Trauer und Musik entwickelt hatten, und bei ihren Seminaren berührten sie damit Menschen in verschiedenen Ländern. Ihr Sohn war ihnen dabei besonders nah und kam auch den Workshop-Teilnehmenden nah.

Trauerfacette Einordnen

In den weiteren Trauerjahren dreht sich vieles um die *Einordnung der Erfahrungen mit Tod und Trauer.* Sie haben in den Beschreibungen der anderen Facetten immer wieder den Hinweis darauf gelesen. Menschen beobachten und bewerten sich ständig. Das, was man tut, was man fühlt, was man erlebt, wird beurteilt und eingeordnet. Viele Trauernde empfinden sich als *»weniger wert«* im Vergleich zu ihrem Leben vor dem Verlust. Sie möchten ihr altes Leben zurück oder wenigstens wieder so sein wie zuvor. Andere sprechen von *Reifung und innerem Wachstum*. Manche Trauernde sagen sogar, es sei viel Gutes aus dem Verlust erwachsen. Menschen mit einem unzerstörten Gottvertrauen sagen: »Gott gibt, Gott nimmt« und fügen sich ohne Fragen und Anklagen in ihr *Schicksal*. Wieder andere vermuten einen *Sinn in dem Unglück,* den sie erleben und empfinden. Diese Einordnungen sind wichtig für uns. Es gibt dabei Ordnungsversuche, die das weitere Leben schwer, *bitter* und von Grund auf unglücklich machen. Es gibt andere Deutungsmuster, die den *Schmerz und das Glück nebeneinander* platzieren. Die Lebenden und die Toten kann man dann beide lieben und sich selbst auch. In meiner ganz persönlichen Lebens- und Trauergeschichte ist mir das im Lauf von vielen Jahren und Versuchen in sehr kleinen Schritten gelungen. Dieses Buch ist für mich ein weiterer Schritt meiner Einordnung und Sinngebung. Ich teile das, was ich selbst durchlebt habe und was ich von den vielen tausend Menschen, die mir begegnet sind, lernen konnte.

Das letzte Wort hat eine junge Frau, Carolin, deren Vater im März 2012 gestorben ist. An jedem seiner Todestage hat sie einen Text geschrieben. Sie hat mir diese Texte zur Verfügung gestellt, und ich gebe sie hier in Auszügen wieder. Denn sie zeigen eindrucksvoll, wie ein Trauerweg über vier Jahre durch alle Facetten des Prozesses kreist und sich dabei verändert.

»Weil du trotzdem da bist.«

2013, 08. März

Warum fürchtet man sich eigentlich so sehr vor Zahlen? Oder anders gesagt, vor Daten. Wir schreiben das Jahr 2013. Freitag, 8. März. Wieso habe ich so sehr Angst davor, wie dieser Tag wird? Was ich an diesem Tag durchleben muss? Nur weil sich der Tod heute zum ersten Mal jährt? Aber abgesehen davon, ist der Tod und der Schmerz nicht an allen Tagen genauso schlimm und unerträglich? Irgendwie nicht. Heute ist alles besonders präsent. Ich erinnere mich an diesen Tag vor einem Jahr nur verschleiert. Alles ist irgendwie verzerrt.

Und heute? Ich habe das Gefühl nicht atmen zu können. Es tut weh, irgendetwas, tief in mir, was ich in letzter Zeit ganz gut verdrängen konnte, tut so sehr weh. So, dass ich nicht richtig atmen kann. Der Schmerz schnürt mir die Kehle zu. Mir ist richtig schlecht. Und das aufgrund von Zahlen, Daten, weil auf einmal wieder alles so präsent ist. Ich erlebe diesen Tag im letzten Jahr noch einmal auf Zeitraffer. Schon die Tage vor dem Todestag- ich bin in die Vergangenheit zurückversetzt: Der Weg zum Notarzt. Die Notaufnahme im Krankenhaus. Die besorgten Blicke der Ärzte. Mein unbekümmertes Gefühl, dass alles nicht so schlimm ist. Meine beruhigenden Worte zu meiner Familie. Das Hoffen auf eine schnelle Genesung. Ein Gespräch im Krankenzimmer. Das Problem mit dem Sauerstoff. Das Atemzelt. Das künstliche Koma. Die Frage, was da zur Hölle eigentlich gerade passiert. Ganz viel Leere.

Ich renne nach draußen, um wieder atmen zu können. Hier bin ich allein. Hier kann ich schreien, fluchen, weg von der unerträglichen Stille am Krankenbett. Ich schreie zu Gott. Ich kann nicht glauben, was gerade passiert. Ich bete und schreie und weine und fluche. Ich kann keinen klaren Gedanken fassen. Ich renne wieder hoch, durchs Treppenhaus, mein Ziel ist nicht die Intensivstation, sondern die Kapelle. Sie ist zu. Ich breche im Treppenhaus zusammen und bitte Gott um ein Wun-

der, darum, dass er seine Allmacht zeigen soll. Ich nehme die Hand von meinem Vater und bitte ihn, wach zu werden. Er darf nicht aufgeben, er soll kämpfen. Er darf uns nicht alleine lassen. Aber auch er hört mich nicht.

Dann ging es ganz schnell. Nach einer Stunde der Anruf, dass wir zurückkommen können, um Abschied zu nehmen. Von einer Leiche, die nicht mehr mein Vater ist, sondern ein lebloser Körper, der unglaublich schnell kalt und gelb wird, wie man es sich niemals ausgemalt hätte. Und von da an Leere. Ich bin betäubt, gelähmt und kann nichts mehr denken.

Das ist jetzt ein Jahr her. Und jetzt sitze ich hier und kann nur schwer atmen. Es ist immer noch so verdammt unrealistisch.

2014, 8. März

Wir fahren heute zum See. Letztes Jahr an Papas Todestag waren wir auch dort. Ich weiß, mir ging es an diesem Tag schlecht, der Tod war immer noch so furchtbar unwirklich. Aber irgendwie tat es gut, dort zu sein. Ich erinnere mich, dass ich mich ihm dort sehr nah gefühlt habe. Früher war der See ein beliebtes Ausflugsziel der ganzen Familie. Am Wochenende, als man als Kind noch alle Zeit der Welt hatte, sind wir dort spazieren gegangen, Tretboot gefahren, haben Eis gegessen und waren unbekümmert und glücklich. Jedenfalls ist das in meiner Erinnerung so. Als ich älter und älter wurde, haben wir immer weniger solche Ausflüge gemacht. Oder anders gesagt: Meine Eltern haben sie ohne uns Kinder unternommen, denn als Jugendliche oder im jungen Erwachsenenalter hat man kaum Zeit für solche Sachen. Solche Sachen?

Wie idiotisch es mir jetzt, all die Jahre später, vorkommt, Besseres zu tun gehabt zu haben als solche Sachen. Denn schlicht und einfach war damit gemeint, sich glücklich und geliebt zu fühlen, frei und unbekümmert, von der Familie umgeben. Es ist traurig, dass einem viele Dinge erst später bewusst werden und man dann erst merkt, was für ein Glück man doch hatte. Wäre mir damals klar gewesen, dass mein Vater eines Tages sterben würde, ich hätte am liebsten jeden Tag mit meiner Familie am See verbracht. Aber einige Dinge weiß man scheinbar erst zu schätzen, wenn man sie nicht mehr hat.

Mit diesem Wissen und unseren Erinnerungen fahren wir heute wieder zum See und genießen unseren Familientag.

2015, 8. März

Papa,
heute ist es drei Jahre her. Es kommt mir seltsam vor. Wir hatten heute einen wunderschönen Tag am See, die Sonne hat zum ersten Mal in diesem Jahr wieder richtig warm geschienen. Ich war glücklich. An einem Tag, der vor drei Jahren der schlimmste in meinem Leben war. Heute aber habe ich mir gedacht, wir feiern diesen Tag dir zu Ehren. Wir feiern dich, dass du da warst, dass du gelebt hast. Und auch, weil wir uns einen schönen Tag verdient haben, denn immerhin war dieser Tag vor drei Jahren das Schlimmste, was uns je passiert ist.

Also sind wir zum See gefahren, wo wir auch kurz nach deinem Tod waren, wo wir schon letztes Jahr waren und das Jahr zuvor, wo wir jedes Jahr zu deinem Geburtstag waren, wo du immer gerne warst. Ich glaube, du hättest das gemocht. Wir haben in der Sonne ein Picknick gemacht, mit Blick auf den See. Ich hoffe, du hast das alles irgendwie mitbekommen. Und warst irgendwie mit uns dort. Ich habe heute viel gelacht und will nicht, dass du denkst, dass es mir egal war, was für ein Tag heute ist. Ich habe heute auch geweint; als der Tag dann fast vorbei war, ich meine erste ruhige Minute alleine hatte. Ich habe im Radio den Sender umgeschaltet, und auf einmal kam »Der Weg«. Ich habe dieses Lied so oft gehört und dabei an dich gedacht und dabei geweint und dabei gewütet. Ja, alles. Es ruft in mir direkt Emotionen hervor. Und so ist es vorhin, als es auf einmal im Radio kam, direkt über mich hereingebrochen: dass du tot bist. Dass du nicht mehr hier bist. Und mir blieb der Atem stocken. Ich fand es so unfassbar!! Und das jetzt schon drei ganze Jahre! Einfach unfassbar.

Drei Jahre lebe ich jetzt schon ohne dich. Und einerseits ist die Zeit wie im Flug vergangen, und andererseits ist es jetzt schon so lange her. Ich habe damals noch nicht mal studiert. Meinen Neffen Jonte gab es noch lange nicht. Und so viele Sachen, die jetzt da sind, und bei denen ich mich nicht mehr erinnern kann, wie es ohne sie war. Aber du warst damals da. Und jetzt nicht mehr. Und wenn ich daran so denke, kommt es mir vor, als wäre es erst gestern gewesen, als ich dich ins Krankenhaus gebracht habe. Andererseits weiß ich überhaupt gar nicht, wie mein Leben jetzt aussehen würde, wenn du noch da wärst. Ich kann es nicht erahnen, es wird mir immer ein Rätsel bleiben. Und das meine ich in keiner Weise wertend. Die Zeit ist verrückt. Und der Tod auch. Und erst recht das Leben.
Ich liebe und vermisse dich. Bis bald!

2016, 8. März
Heute war ein schöner Tag. Wie jedes Jahr an deinem Tag hat heute die Sonne geschienen. Es sind immer die ersten warmen Sonnenstrahlen des Jahres und es ist irgendwie verrückt, dass sie immer an deinem Tag da sind, so früh im März. Aber vielleicht kommt es auch nur mir so vor. Und vielleicht bin ich die Einzige, die die Sonnenstrahlen am achten März so wahrnimmt. Und vielleicht bist es auch einfach nur du, der mich mit Wärme umgibt. Vielleicht willst du mir damit zeigen, dass du bei mir bist, und das an diesem Tag des Jahres, deinem Tag, ganz besonders. Ich habe heute mit Jonte am Wasser gespielt, wir haben viele Fotos gemacht und waren alle fröhlich. Ich genieße es immer so sehr mit der ganzen Familie am See zu sein – so wie früher. Ich bin dankbar, dass wir als Familie diese neue Tradition gefunden haben.

Sie ist für mich ganz wertvoll und besonders – weil du zwar tot, aber trotzdem da bist.«

Danksagung

Ich danke Sigrid Fortkord und dem Team vom Gütersloher Verlagshaus für die Idee, dieses Buch zu schreiben! Ich danke meiner Lektorin Cornelia Schäfer und meinen Testleserinnen Martina Burkat-Paul und Marion Roberts für Ermutigung und viele wertvolle Anregungen! Meine Kollegin Mechthild Schroeter-Rupieper hat die Bitte um Geschichten innerhalb ihres Projekt weitergegeben und mich darin bestärkt, die Buchvorstellungen mit meiner Liebe zur Musik zu verknüpfen. Ida Maria Paul war unermüdlich unterstützend und liebevoll für mich da. Danke!

Die Lebens-Trauer-Geschichten von vielen Menschen sind in diesem Buch enthalten. Manche Ausschnitte dieser Geschichten habe ich ein wenig abgeändert erzählt, um die Privatsphäre zu schützen. Andere sind mir im Wortlaut zur Verfügung gestellt worden, dafür danke ich: Bettina und Anna-Alina Alex, Ludger Krüger, Bärbel Riegert-Boos, Melanie Fuchs, Martin Antonin, Bianca Streicher, Jeanette Colmsee, Franz Liessmann, Kerstin Winkel, Barbara Mühlberger, Carolin Siebert, Christiane Knabenschuh, Familie Teufert und Familie Roberts.

Chris Paul, Januar 2017

Literaturhinweise

Es gibt viele wertvolle Bücher über Trauerprozesse, hier nenne ich nur die Titel, auf die ich mich in diesem Buch beziehe und aus denen ich Wesentliches gelernt habe:

Sigmund Freud: Trauer und Melancholie. In Gesammelte Werke Bd. 10, Fischer 1969.

Roland Kachler: Hypnosytemische Trauerbegleitung. Carl Auer Verlag, 4. Auflage 2016.

Antoine Leiris: Meinen Hass bekommt ihr nicht. Blanvalet 2016.

Robert Neimeyer: Eine Umarmung des Himmels. In Chris Paul (Hg.): Neue Wege in der Trauer- und Sterbebegleitung. Vollständig überarbeitete Neuauflage, GTVH 2011.

Robert A. Neimeyer, ed.: Meaning Reconstruction & the Experience of Loss. Washington, APA, 2003.

Chris Paul: Warum hast du uns das angetan? 4. Auflage, Goldmann 2012.

Chris Paul: Schuld Macht Sinn, 4. Auflage GTVH 2015.

Luise Reddemann: Imagination als heilsame Kraft. Vollständig überarbeitete Neuauflage, Klett-Cotta 2016.

Ruth-Mareijke Smeding (Hg.)und Heitkönig-Wild (Hg.): Trauer erschließen, eine Tafel der Gezeiten. Hospiz-Verlag 2005.

Margret Stroebe und Henk Schut: Kultur und Trauer. In Chris Paul (Hg.): Neue Wege in der Trauer- und Sterbebegleitung. Vollständig überarbeite Neuauflage, GTVH 2011.

William J. Worden: Begleitung und Therapie in Trauerfällen. 4. vollständig überarbeitete Auflage, Huber 2010.

Für alle Lebensliebhaber bietet das Gütersloher Verlagshaus Durchblick, Sinn und Zuversicht. Wir verbinden die Freude am Leben mit der Vision einer neuen Welt.

UNSERE VISION
EINER NEUEN WELT

Die Welt, in der wir leben, verstehen.

Wir sehen Menschlichkeit als Basis des Miteinanders:
Mitgefühl, Fürsorge und Beteiligung lassen niemanden verloren gehen. Wir stehen für gelingende Gemeinschaft statt individueller Glücksmaximierung auf Kosten anderer.

Wir leben in einer neugierigen Welt:
Sie sucht ehrgeizig und mitfühlend Lösungen für die Fragen unseres Lebens und unserer Zukunft. Wir fragen nach neuem Wissen und drücken uns nicht vor unbequemen Wahrheiten – auch wenn sie uns etwas kosten.

Wir leben in einer Gesellschaft der offenen Arme:
Toleranz und Vielfalt bereichern unser Leben. Wir wissen, wer wir sind und wofür wir stehen. Deshalb haben wir keine Angst vor unterschiedlichen Weltanschauungen.

Das Warum und Wofür unseres Lebens finden.

Wir helfen einander, uns selber besser zu verstehen:
Viele Menschen werden sich erst dann in ihrem Leben zuhause fühlen, wenn sie den eigenen Wesenskern entdecken – und Sinn in ihrem Leben finden.

Wir ermutigen Menschen, zu ihrer Lebensgeschichte zu stehen:
In den Stürmen des Alltags geben wir Halt und Orientierung. So können sich Menschen mit ihren Grenzen aussöhnen und zuversichtlich ihr Leben gestalten.

Wir haben den Mut, Vertrautes hinter uns zu lassen:
Neugierde ist die Triebfeder eines gelingenden Lebens. Wir wagen Neues, um reich an Erfahrung zu werden.

Erfahren, was uns im Leben trägt und erfreut.

Wir glauben an die Vision des Christentums:
Die Seligpreisungen der Bergpredigt lassen uns nach einer neuen Welt streben, in der Vereinsamte Zuwendung, Vertriebene Zuflucht, Trauernde Trost finden – und Gerechtigkeit, Barmherzigkeit und Frieden herrschen.

Wir geben Menschen die Möglichkeit, den Glauben (neu) zu entdecken:
Persönliche Spiritualität gibt Kraft, spendet Trost und fördert die Achtung vor der Schöpfung sowie die Freude am Leben.

Wir stehen mit Respekt vor der Glaubenserfahrung anderer:
Wissen fördert Dialog und Verständnis, schützt vor Fundamentalismus und Hass. Wir wollen die Schätze anderer Religionen kennenlernen, verstehen und respektieren.

GÜTERSDIE
LOHERVISION
VERLAGSEINER
HAUSNEUENWELT

Bibliografische Information der Deutschen Nationalbibliothek

Die Deutsche Nationalbibliothek verzeichnet diese Publikation in der Deutschen Nationalbibliografie; detaillierte bibliografische Daten sind im Internet über https://portal.dnb.de abrufbar.

Rechtehinweis:

Seite 57, 69 und 142 aus: Antoine Leiris, Meinen Hass bekommt ihr nicht. »Freitag Abend habt ihr das Leben eines außerordentlichen Wesens geraubt, das der Liebe meines Lebens, der Mutter meines Sohnes, aber meinen Hass bekommt ihr nicht.« © 2016 Karl Blessing Verlag, München, in der Verlagsgruppe Random House GmbH. Übersetzung: Doris Heinemann.

Verlagsgruppe Random House FSC® N001967

1. Auflage
Copyright © 2017 Gütersloher Verlagshaus, Gütersloh,
in der Verlagsgruppe Random House GmbH,
Neumarkter Str. 28, 81673 München

Der Verlag weist ausdrücklich darauf hin, dass im Text enthaltene externe Links vom Verlag nur bis zum Zeitpunkt der Buchveröffentlichung eingesehen werden konnten. Auf spätere Veränderungen hat der Verlag keinerlei Einfluss. Eine Haftung des Verlags ist daher ausgeschlossen.

Umschlagmotiv: © Harald Biebel/Fotolia.com
Druck und Bindung: Těšínská tiskárna, a.s., Český Těšín
Printed in Czech Republic
ISBN 978-3-579-07308-8

www.gtvh.de